国家职业教育现代农业经济管理专业教学资源库配套教材

农产品物流管理

● 赵春杰　主编

U0359906

化学工业出版社

·北京·

内容简介

本教材以国家职业教育农业经济管理专业教学资源库核心课程"农产品物流管理"为依托，以农产品为载体，以物流业务流程为主线，以职业岗位能力和素质培养为核心，坚持技能人才培养方向，从职业岗位分析入手，以培养农产品物流作业管理高素质人才和新型职业农民为目标，内容包括农产品物流认知、农产品采购管理、农产品入库操作、农产品包装与流通加工作业、农产品仓储管理、农产品出库管理、农产品运输配送作业、连锁超市门店果蔬类农产品物流综合实训八个典型教学项目。八大典型教学项目中涵盖了农产品物流基本理论知识、农产品物流业务操作流程、农产品物流岗位技能应用等多方面内容，并且更贴近物流企业市场运作实际状况。

本教材主要定位于职业院校现代物流管理、冷链物流、现代农业经济管理、电子商务、连锁经营等专业教材，也可以作为其他相关专业的通识教材或农产品经营者和农产品物流企业员工的培训教材或自学用书。

本教材配有电子课件、电子教案、学习资料单、微课、动画等数字资源，供参考使用。

图书在版编目（CIP）数据

农产品物流管理/赵春杰主编 . —北京：化学工业出
版社，2024.1

ISBN 978-7-122-44377-9

Ⅰ.①农… Ⅱ.①赵… Ⅲ.①农产品-物流管理-高
等职业教育-教材 Ⅳ.①F724.72

中国国家版本馆 CIP 数据核字（2023）第 210893 号

责任编辑：王　可　　　　　　　　　　　文字编辑：林　丹　赵　越
责任校对：宋　玮　　　　　　　　　　　装帧设计：张　辉

出版发行：化学工业出版社（北京市东城区青年湖南街 13 号　邮政编码 100011）
印　　装：高教社（天津）印务有限公司
787mm×1092mm　1/16　印张 11½　字数 280 千字　2024 年 7 月北京第 1 版第 1 次印刷

购书咨询：010-64518888　　　　　　　　　售后服务：010-64518899
网　　址：http://www.cip.com.cn
凡购买本书，如有缺损质量问题，本社销售中心负责调换。

定　　价：35.00 元

编写人员名单

主　　编　　赵春杰　　黑龙江农业经济职业学院

副 主 编　　许继英　　黑龙江农业经济职业学院

　　　　　　李　薇　　江西生物科技职业学院

编写人员　　许继英　　黑龙江农业经济职业学院

　　　　　　李　薇　　江西生物科技职业学院

　　　　　　苏杜彪　　新疆交通职业技术学院

　　　　　　赵春杰　　黑龙江农业经济职业学院

　　　　　　夏　凡　　黑龙江农业经济职业学院

　　　　　　袁　平　　黑龙江农业经济职业学院

　　　　　　徐世玉　　黑龙江农业经济职业学院

　　　　　　曹建平　　江西农业工程职业学院

企业指导　　张群艳　　北京络捷斯特科技发展股份有限公司

主　　审　　张丽霞　　黑龙江农业经济职业学院

前　言

近年来，为促进农产品流通，农产品物流的作用日益提升。农产品现代物流面临的问题是如何把农产品从生产到消费的多个物流环节快速有效地整合起来，从而减少农产品流通中的价值损失，提高农产品流通效率，以此提高我国农产品的国际竞争力。

本教材针对农产品物流企业发展的实际情况，开展基于岗位能力与业务流程为导向的课程体系改革，在对相关岗位任职要求进行分析、归纳的基础上，将业务流程分解为知识、技能、素质的具体要求，同时参照职业标准进行教材模块设计，以此为基础进行教材资源开发。针对高职高专教育特点，教材编写力求具备如下特点：

1. 立足服务"三农"，突出"思政"引领，基于"岗课赛证"融通，重构典型教学任务

立足服务"三农"，实现乡村振兴的教材编写定位，以"爱党爱国爱'三农'"一条主线贯穿始终，明确五大课程思政主题，结合行企校调研结果，依托国家级职业教育专业教学资源库，面向农产品物流运营专员典型岗位，对接农业经济组织经营管理 1＋X 证书，以农产品为载体、物流业务流程为主线，以职业岗位能力和素质培养为核心，将教材内容重构为 8 大教学项目23 个典型工作任务。

2. 以职业能力为导向

该教材是根据农产品物流企业运营的实际业务流程及岗位要求设计教学任务，根据教学任务设计教学情境，共设计了八大教学项目 23 个典型工作任务的教学内容，实现学习与实践技能的一致性。同时在学情分析的基础上，选择相对应的教学方法。具体表现在：

（1）依据真实工作环境设计学习模式。通过对多家农产品物流企业的调研，总结出农产品物流运营典型的工作任务为农产品采购、农产品入库验收、农产品包装与流通加工、农产品在库保管、农产品出库、农产品配送（运输）等。在充分考虑农产品物流课程内容划分与界定的基础上，将农产品物流企业的真实业务引入教材，建立"业务流程导向、具体任务驱动、能力提升与延展"的教材设计思路。

（2）教学安排上体现一体化项目式教学，项目主体分为思维导图、学习目标，在此基础上，引入具体学习任务，以任务引领—知识研习—任务实施为教学步骤，循序渐进，使学生在做中学、学中做。

3. 校企合作，体现工学结合

为了更好地实现"教岗衔接""校企合作"，在编写团队选择上充分挖掘了物流企业力量，

编写团队由行业、企业专家与高校教师共同组成，共同探讨、研究，校企资源共享，充分发挥企业资源优势，从最初的框架构思到具体内容的编排及立体化教材的配套均以真实环境中的工作模块和工作任务为依据，校企联动，双方互相支持、互相渗透、双向介入、优势互补、资源互用、利益共享，共同开发理实一体化教材。

整本教材内容细分为 23 个工作任务，围绕知识点和技能点进行颗粒化学习资源打造，为了可同时满足各区域学生、专业教师、社会学习者、企业员工和新型职业农民学习的需要，每一个知识点都建设有教案、PPT、学习任务单、学习资料单。学习资源总数达到 300 余个，其中原创微课 85 个，原创动画 30 个，原创视频总时长 600 分钟。

4. 对标国家信息化教育平台

该教材对应的国家职业教育现代农业经济管理专业教学资源库核心课程"农产品物流管理"在国家职业教育智慧教育平台、智慧职教首页、智慧职教 MOOC 学院三个平台同时上线，分别满足不同学习者的需求。

本教材由赵春杰担任主编，负责全书的统稿工作，许继英、李薇担任副主编。具体编写分工如下：项目一、项目三、项目六～项目八由赵春杰编写，项目二由李薇、许继英编写，项目四由赵春杰、李薇、徐世玉编写，项目五由曹建平、苏杜彪、袁平编写。本教材由北京络捷斯特科技发展股份有限公司教学总监张群艳担任企业指导，黑龙江农业经济职业学院张丽霞教授担任主审。在此一并表示衷心的感谢！

由于时间仓促，加之编写水平有限，书中难免有不妥之处，敬请广大读者批评指正。

编　者

2023 年 10 月

目 录

· 项目一 ·
农产品物流认知

 思维导图

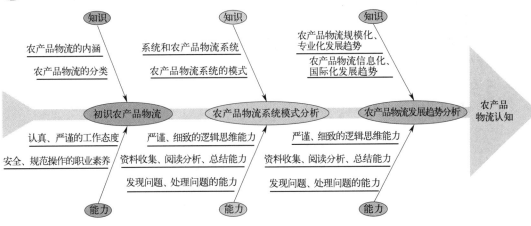

 学习目标

知识目标	1. 能够描述农产品物流的概念、特征并掌握农产品物流的分类方式； 2. 掌握农产品物流系统的含义和基本模式； 3. 掌握农产品物流的发展趋势
技能目标	1. 能够判定农产品物流的类别； 2. 对国内外农产品物流系统模式的差异进行分析； 3. 了解我国农产品物流系统的优化措施； 4. 对比国内外农产品物流模式特点，提出建议
素质目标	1. 培养学生敬业、专注、创新的职业价值取向； 2. 从农产品物流的概念及其发展历程中挖掘爱国主义、科学精神，树立和践行绿水青山就是金山银山的理念，发展绿色物流，提升环保意识，增强自信心和民族自豪感

任务一 初识农产品物流

任务引领

A 农产品物流公司的农产品物流过程如图 1-1-1 所示。

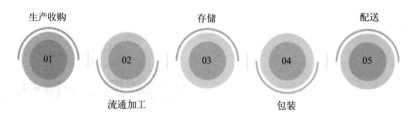

图 1-1-1　A 农产品物流公司的农产品物流过程

1．生产收购环节

（1）水果方面，公司从产地托运过来，如榴莲、火龙果、红毛丹等均从三亚地区批量采购。诸如苹果一类的水果，公司与承包商通过协议收购。蔬菜部分采用大棚栽培，部分从农户、基地处批量采购。

（2）肉类方面，公司有自己的养殖场和屠宰场，猪、牛、鸡等均自己养殖屠宰。下一级市场收购预处理的半成品。

2．流通加工环节

农产品流通加工环节如图 1-1-2 所示。

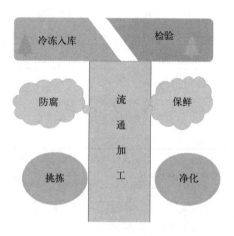

图 1-1-2　农产品流通加工环节

（1）蔬菜预处理，如去根、去叶等。经过预处理的蔬菜可直接配送至下一级市场，或进一步精加工，制成即食食品。

（2）水果（如苹果、橙子）进行打蜡、加包装纸等程序，对于不可长期存放或者易损坏的水果，如草莓等，则用菜筐、塑料筐等盛装。

（3）肉类方面，公司按部位分割，各分割部分按不同方法加工成各种食品。如鸡肉，有鸡腿、鸡翅、鸡块之分，部位不同，价格不一。羊肉则现场切片，冷冻成卷。

3. 存储包装环节

水果经过装袋、装箱等处理后，放入合适的环境中存放。

该公司主要供给猪肉、牛肉和鸡肉。对于从屠宰场送回的肉类，首先进行初检，然后按部位分割成块，存放至冷冻库。库内物品或配送至下一级市场，或公司自行精细加工，制成成品再批发出售。

4. 配送环节

配送环节如图 1-1-3 所示。

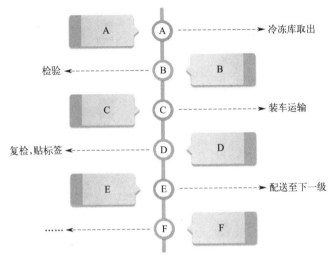

图 1-1-3　农产品配送环节

5. 价格对比

公司蔬菜的价格为季节性单价，较低的为时令季节单价，较高的为非时令季节单价。但是，不同的蔬菜，每日价格存在微调现象。表 1-1-1 为调查期间部分蔬菜收购价与零售价的对比。

表 1-1-1　调查期间部分蔬菜收购价与零售价对比

蔬菜名称	土豆	茄子	香菇	芹菜	尖椒	油菜	豆角	大葱	菠菜
收购价/(元/500g)	0.7	1.3	2.8	1.0	2.0	1.0	2.3	0.8	0.9
零售价/(元/500g)	1.3	2.3	3.5	2.0	3.2	1.4	6.8	2.9	1.9

小李是 A 农产品物流公司新入职的员工，看到这些数据，他不禁在想：为何该公司的农产品从收购环节到出售环节，中间差价这么大？如何改善这种现象呢？纵观我国农产品物流，农产品价格高幅度波动抑或是农产品滞销的原因，和物流环节有哪些关系？

M1-1 走进
农产品物流

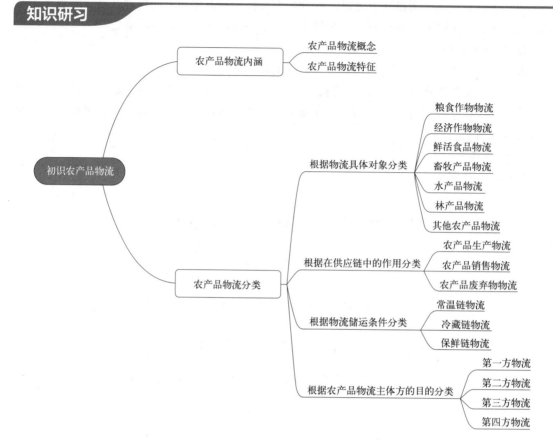

一、农产品物流内涵

（一）农产品物流概念

目前，国内学术界对农产品物流的研究还处在初级阶段，不同的学者对农产品物流的概念有不同的理解。借鉴我国正式实施的国家标准GB/T 18354—2021《物流术语》和美国物流管理协会对物流的定义，结合农产品运销特征，把农产品物流界定为：农产品物流是以农业产出物为对象，通过农产品产后加工、包装、储存、运输和配送等物流环节，做到农产品保值增值，最终送到消费者手中的过程。

M1-2 思政微课：
农产品物流认知

具体来说，农产品物流就是农产品运输、储存（常温、保鲜和冷藏）、装卸、搬运、包装、流通加工、配送和信息处理等环节的有机组合，包括一系列物质运动过程、相关的技术信息组织和处理过程，以及各个环节上的物流管理活动。在这一活动过程中创造了时间价值、场所价值和部分加工价值。因此，从概念上看农产品物流是农业物流的重要组成部分。

农产品现代物流从生产到消费包括多个环节，把农产品从生产、采摘、分类、包装、加工、储藏、运输、配送、销售等环节快速有效地整合起来，减少农产品流通中的价值损失，提高农产品流通效率，从而大大提高我国农产品的国际竞争力，是我国由一个农业大国走向农业强国的必经之路。

（二）农产品物流特征

相对于工业而言，农业是自然再生产和经济再生产交织在一起的再生产过程，农产品的生产、流通存在着非人力能控制的风险，再加上许多农产品是人们生活必需品，需求弹性小，这些特殊性使农产品物流表现出明显不同于工业品的特征。

M1-3 农产品
物流特征

1. 农产品物流的数量巨大

一方面，农产品的需求量大。广义上的农业不仅包括种植业，而且包含林业、畜牧业、渔业、副业等。不管是粮食、经济作物还是畜产品、水产品，都大量转化为商品，商品率很高，它们不仅直接满足人们的生活需要，而且为食品工业、轻纺工业、化工工业提供原料。2022 年全国粮食总产量 68653 万吨，油料产量 3653 万吨，猪牛羊禽肉产量 9227 万吨，禽蛋产量 3456 万吨，水产品产量 6693 万吨，这些商品除部分农民自用外，大都成为商品。另一方面，由于时间和空间的影响，产销之间的转移量大。农产品生产受自然条件制约，各地因气候、土壤、降水等情况的不同，适宜种植不同的农产品品种。然而，目前我国农村货运的特点是货源分散、运力分散、经营分散、管理粗放，这些极大地制约着农村物流的发展。因此，农产品物流的需求量大、物流量大、范围广，要求农产品进行空间范围的合理布局和规划，建设现代农产品物流体系。

2. 农产品物流运作具有相对独立性

农产品自身的生化特性和特殊性决定了它在基础设施、存储条件、运输工具、技术手段等方面具有相对独立的特性。农产品储运过程中，为使农产品的使用价值得到保证，需采取低温、防潮、烘干、防虫害等一系列技术措施。这并非交通运输部门和其他部门能做到的，它要求有配套的硬件设施，包括专门设立的仓库、输送设备、专用码头、专用运输工具、装卸设备等。同时，农产品物流中的发货、收货以及中转环节都需要进行严格的质量控制，以确保农产品品质、质量达到规定要求。

3. 农产品物流具有分散性

农业生产的异质性决定了农产品特别是鲜活农产品的供应主体数量多、规模小。纵观从生产到消费所经历的各个环节，每一个个体生产者都会发现，以他们个人的生产量与市场衔接，根本无法达到规模经济，且交易成本很高。这种特性决定了农产品的运输和装卸比多数工业品要复杂得多，常常需要两个以上的储存点和两次以上的装卸工作，单位产品运输的社会劳动消耗大。因此，只有科学规划农产品的物流流向，才能有效地避免对流、倒流、迂回等不合理运输现象。

4. 加工增值是农产品物流的重要内容

农产品不同于工业品的最大特点在于农产品市场价值的很大一部分是在离开生产领域后得到提升的，具有很大的加工增值潜力。一般来说，农产品物流增值环节主要包括以下几个方面：农产品分类与分类包装增值服务、农产品适度加工后小包装增值服务、农产品配送增值服务、特种农产品运输增值服务、特种农产品仓储与管理增值服务。农产品加工是农产品物流中一个不可缺少的重要组成部分，如粮食深加工和精加工、畜牧产品加工、果蔬加工和水产品加工等，具体包括研磨、抛光、色选、细分、干燥、规格化等生产性加工单元化和商品组合等促销加工作业等。

5. 农产品物流的非均衡性

农业生产是以自然再生产为基础的经济再生产过程，自然条件的差异决定了农产品的生产具有明显的地域性。一个品种只能在某个区域或某几个区域生产，农产品尤其是植物性产品，受自然条件的影响大，农业生产者不能在一个年度内均匀地分布生产能力，只能随着自然条件的变化在某一个特定时期内集中生产某一个品种，因而同一种农产品的市场供给有其明显的区域性、季节性和集中性的特点。成熟季节则在产区集中大量上市，而其他季节又供应不足。这就与社会对农产品的需求具有地域的广泛性、时间的均衡性产生了矛盾，于是农产品物流组织就要在旺季时组织市场营销，同时进行必要的农产品储备，通过适时吞吐，调控淡旺季之间的供求波动和价格波动，实行农产品的供求平衡。

6. 农产品物流的风险性

大多数农产品的消费都表现为满足人们生活需求，因此农产品流通的需求规模与人口数量的相关性很强。在人口总量增长趋缓的情况下，人们生活需求的相对稳定性使农产品市场需求量也表现出相对平稳的特点，有些农产品如粮食随着居民收入的增长，其需求反而有所减少。农产品的生产虽然受到土地等自然资源的约束，但农业生产要素之间具有可替代性，技术进步可以克服自然资源短缺的局限性，因而农产品的供给弹性较大。据测算，即使是科技水平不高的国家，农产品价格变动的供应弹性也在 0.3～0.9 个百分点。在农产品市场价格波动的条件下，农产品的需求变化幅度较小，而供给变化的幅度较大。

价格上升，则造成农产品生产过量和市场滞销；价格下降，则造成农产品生产不足和市场供应紧张。过大的经营风险会降低经营者的未来预期，往往会使经营者更多地采取短期的机会主义行为，不利于形成有序的市场竞争格局，从而影响社会经济生活的稳定。因此，农产品物流首先要承担的责任是保持物流的持续有效，充分发挥农产品物流组织的流通先导性作用，以保证农产品供求平衡，保证农产品商品价值的实现。

M1-4
物流在农产品
经营中的地位

🌱 **拓展知识**

物流在农产品经营中的地位和角色

唐代贵妃杨玉环最喜荔枝，唐明皇李隆基为了让杨贵妃吃到新鲜荔枝，专门修建驿道，名"荔枝道"，用快马以 800 里加急的速度将产自巴蜀的新鲜荔枝送往华清宫。到了现代，想吃新鲜的荔枝，强大的物流可以满足你的要求。请根据这个故事，谈一谈物流在农产品经营中的地位和角色。

二、农产品物流分类

农产品物流的对象是脱离了生产领域的农产品，农产品物流既服务于农产品消费者，也服务于农产品生产者，且农产品物流不等于农产品流通。根据分类标准的不同农产品物流可以有不同的分类方式。

（一）根据物流具体对象分类

1. 粮食作物物流

粮食是人类赖以生存的主要物质资源，主要用作主食，包括人的口粮、牲畜饲料和其他

M1-5 农产品
物流分类

工业用粮，具体有水稻、小麦、玉米、高粱、大麦、荞麦、大豆、油菜籽、芝麻、花生等。粮食作物物流流量大，搞好粮食物流对促进国民经济健康稳定发展具有重要意义。

2. 经济作物物流

经济作物除满足人们食用需求外，还是工业尤其是纺织工业和食品工业的原料，商品率大大高于粮食作物，物流需求大。具体包括：纺织原料，如棉、麻、丝、毛等；轻工业原料，如糖、烟、茶、可可等。

3. 鲜活食品物流

鲜活食品主要包括猪牛羊肉、禽、蛋、蔬菜、水果等。鲜活食品在储运过程中损失率比较高，对物流技术和装备水平要求也比较高。我国在这类食品物流作业过程中损失率有时高达 30％～35％，即有 1/3 的鲜活食品在物流作业中被消耗掉。

4. 畜牧产品物流

畜牧产品不但向人们提供肉、蛋、奶等食物，还向轻工、化工、制革、制药业提供原料，物流需求量大。畜牧产品物流可进一步分为肉类、蛋类、奶类产品物流等。

5. 水产品物流

随着人们生活水平的提高，人们对水产品的需求量越来越大。水产品也是我国出口的主要农产品之一，近年来一直保持增长势头。一般而言，淡水水产品比较分散，要求灵活性较强的短物流；而海洋水产品因常常需要加工，对物流的技术要求高。

6. 林产品物流

林产品是重要的工业原料，营林和竹木采伐对物流需求大，主要体现在林产品的运输、装卸和搬运物流上。

7. 其他农产品物流

不能归入上述几类的农产品物流，统称为其他农产品物流。

（二）根据在供应链中的作用分类

1. 农产品生产物流

是指从农作物耕作、田间管理到农作物收获的整个过程中，由于配置、操作和回收各种劳动要素所形成的物流。生产物流是生产农产品的农户或农场所持有的，它需要与生产过程同步。按照生产环节，农产品生产物流可以分为 3 种形式。

（1）产前物流。包括耕种、养殖物流及相关的信息物流，即为耕种、养殖配置生产要素的物流，如农业拖拉机等农业机械设备及生产工具的调配与运作，种子、化肥、地膜等的下种和布施。

（2）产中物流。主要指培育农作物生产的田间物流管理活动和养殖畜禽、鱼类等的管理活动，包括育苗、插秧、锄田、整枝、杀虫、追肥、浇水等作业形成的物流。

（3）产后物流。即为了收获农作物形成的物流，包括农作物收割、回运、脱粒、晾晒、筛选、处理、包装、入库作业或动物捕捞和处理等作业所形成的物流。

2. 农产品销售物流

农产品销售物流是指为了实现农产品的保值增值，在农产品流通过程中，农产品生产企业、流通企业在出售农产品时，伴随销售和加工活动将农产品所有权转移给消费者而引发的一系列物流活动。它包括为了销售农产品而实行的收购、保鲜、运输、检验、储存、装卸，以及为了满足消费者需要而实施的包装、配送、各类加工、分销等活动。

3. 农产品废弃物物流

在农产品生产、销售和消费过程中，必然产生大量废弃物、无用物，对它们主要从两方面进行处理。一是将其中有价值的部分加以分拣、加工，使其成为有用的物资重新进入生产和消费领域，以实现资源的再利用；二是对已丧失再利用价值的废弃物，从环境保护的目的出发，将其送到指定地点堆放焚烧、掩埋或采取特殊方法处理。在处理过程中发生的运输、搬运装卸、加工等物流活动便构成了农产品回收与废弃物流。

通过建立农产品生产、流通、消费的循环系统即废弃物的回收利用系统，实现资源的再利用，这也是现代物流管理的焦点——绿色物流的内容。

（三）根据物流储运条件分类

1. 常温链物流

是指在通常自然条件下对农产品进行的仓储、运输、装卸搬运以及物流加工处理，创造农产品物流过程中的时间价值、空间价值以及物流加工价值。大多数非鲜活类农产品不需要特殊条件就可以完成物流过程，如各种粮食作物、经济作物、活牲畜等。

2. 冷藏链物流：低温技术

冷藏链物流是指在低温下完成农产品的仓储、运输、保管、销售等活动，它是以制冷技术和设备为基本手段最大限度地保持易腐食品原有品质的物流活动。很多农产品从性质上要求从生产采摘到销售消费的全过程中，要连续不断保持适宜的温度、湿度等条件，因为降低温度可以抑制食品中微生物的生长繁殖，减弱农产品自身生理活动强度，有效延长易腐农产品的仓储期，保证储运质量。目前，随着人民生活水平提高和生活节奏加快，冷冻食品从过去的猪肉、整鸡等发展到速冻预制小包装食品、分割后的单体食品。

3. 保鲜链物流：各种适宜的保鲜方法和手段

保鲜链是指综合运用各种适宜的保鲜方法和手段，使鲜活易腐食品在生产、加工、储运和销售的各环节中，最大限度地保持其鲜活特性和品质的系统。要实现保鲜链，除了应具有实现冷藏链的所有条件外，还要具有 3M 条件，即保鲜工具与手段（Mean）、保鲜方法（Methods）和管理措施（Management）。

（四）根据农产品物流主体方的目的分类

1. 第一方物流

指农产品卖方、农产品生产者或者供应方组织的物流活动。他们的主要业务是生产和供应商品，为了其自身生产和销售的需要，也进行物流网络即设备的投资、经营与管理。供应方或者厂商一般都需要投资配备仓库、运输车辆等物流基础设施。卖方为了保证生产正常进行而建设的物流设施是生产物流设施，为了产品的销售而在销售网络中配备的物流设施是销售物流设施。总的来说，第一方物流是农产品生产企业或流通企业自己进行物流的运作，不依靠社会化的物流服务，它实质上是供方物流，是由供应方到其他各个用户的物流。

2. 第二方物流

是农产品需求方物流，或者说购进物流，如用户去农产品生产地购买并自己运送产品等。

3. 第三方物流

是指通过与农产品供应方（第一方）或需求方（第二方）的合作来提供专业化的物流服

务，它不拥有农产品，不参与农产品的买卖，而是向农产品的购买者提供以合同为约束，以结盟为基础的系列化、个性化、信息化的物流代理服务。

4. 第四方物流

1998 年美国埃森哲咨询公司率先提出，第四方物流是专门为第一方、第二方和第三方提供物流规划、咨询、物流信息系统、供应链管理等的物流活动。第四方并不实际承担具体的物流运作活动。

任务实施

步骤一：分析 A 农产品物流公司差价大的原因

首先，分析我国农产品物流运作方式，容易发现，我国农产品从生产者到消费者的过程中，经历的环节较多，而且渠道单一，中间商的数目对价格的影响呈正相关，中间商数目越多，农产品最终到达消费者手中的价格也会越高。

其次，结合案例，发现农产品物流过程中所产生的费用，仓储占绝大部分，一般来说，批发商会在农产品盛产的季节里大量囤货，进行反季销售，显然，反季销售的蔬果相对于时令季节的蔬果，价格会高出好几倍。

步骤二：提出改善措施

对现有的农产品的运作模式进行调整，删减农产品的中间环节，减少中间商数量，提高农产品的信息化手段等。

步骤三：分析我国农产品物流价格高幅度变动的原因

出现农产品价格居高不下现象的原因不仅仅与物流有关系，还是一个多因素共同作用的复杂问题。

一方面，我国农业生产中最为突出的矛盾之一是小规模经营与大生产、大流通的矛盾。农产品的生产基地在农村，而广大的农产品消费者生活在远离乡村的城市之中，由于不同地区的气候、土壤、降水等存在差异，各地适宜种植品种不同，农产品生产呈现出明显的季节性和区域性特征，而农产品的消费则是全年性的，这就决定了农产品物流过程中需要较大量的库存和较大范围的调度或运输。农产品容易感染微生物而腐败变质，从而对物流设备和工作人员提出了较高的要求；安全卫生性对生产和储运提出了更高要求。因此，农产品物流面临数量和质量上的巨大挑战，农产品物流技术要求高、专业性强、难度大，在运输储存过程中，各自要求的输送设备、运输工具、装卸设备、质量控制标准各有不同，使得农产品物流比工业品物流更具生产性，且要求根据农产品各自的物理化学性质安排合适的运输工具，从而保证农产品的性质和状态稳定，以确保农产品品质、质量达到规定要求。

另一方面，农产品生产的分散性、季节性，使得农产品物流的风险增大。农产品生产点多面广，消费地点分散，市场信息更加分散，使得人们难以全面把握市场信息，容易造成供给不适应需求的状况；而且，由于农作物有生长过程，牲畜亦需经过发育成长期，故农产品生产受季节性限制明显，难以连续不断地生产，无法依农产品价格的高低短期内有所增减，难以在短时间内对供给进行有效的调节，导致市场价格波动大。过大的流通风险会降低物流经营者的预期利润，往往会使经营者更多地采取短期的机会主义行为，不利于形成有序的市场竞争和培育市场主体。

任务二 农产品物流系统模式分析

任务引领

B农副产品市场是X地区最大的果蔬批发市场，该市场的水果供应占X地市场的90%以上。除了拥有蔬果市场，B还拥有小商品调料市场和海鲜市场，是全品类农产品的综合性批发市场。B农副市场作为X地区主要的农副产品物流中转站，在当地有着举足轻重的地位。

B农副产品市场的物流模式主要包括两种：一种是批发商自有车辆，自行运输；另一种是批发商委托运输企业，以整车或零担的方式运输。

B农副产品市场的交易原则和交易方式如下：

（1）资格交易者制度。凡进入B农副产品市场的经营者，必须符合法定条件，由政府审查批准后，方可进场交易。

（2）保证金制度。凡经过批准有资格的交易者，必须向B市场拨付一次性定额资格保证金，这笔保证金仍归拨付者所有，主要用于交易资格及信誉保证，由B市场的结算部门代为保管。退出市场时，保证金将如数退回。

（3）定期开市制度。B市场可以根据实际情况和国家的有关政策明确规定各自的交易日期。交易时间一旦确定，则不得随意变动和更改；否则，要通过市场和管理机构来决定。

（4）限定价幅制度。B农副产品市场内当日成交的农产品价格不能超过规定的升降幅度。当市场出现价格暴涨暴跌时，B市场管理者有权宣布闭市和交易合同无效。同时，报请有关部门采取农产品吞吐措施，稳定农产品市场。

（5）交易合同标准化制度。

（6）公开叫价制度。B市场遵守公开叫价制度，如拍卖、协商价格等。

小张是一名农产品市场调查员，近期供应链管理模式被广泛提及，结合B农副产品市场的内部组织及运营架构，他期望能更深层次地了解农产品物流系统模式的特征，思考基于供应链管理模式的农产品物流系统尚存在哪些问题，符合现实需要的农产品运作模式又应具备哪些特点。

知识研习

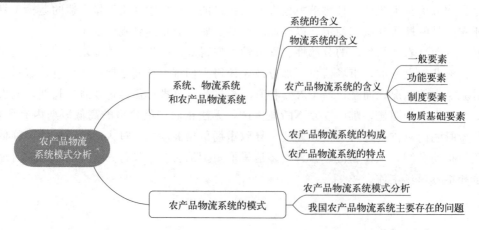

一、系统、物流系统和农产品物流系统

（一）系统的含义

著名科学家钱学森认为系统是由相互依存和相互作用的若干元素构成的，并具有特定功能的有机整体。构成系统的三个要素有：

（1）有两个或两个以上元素；

（2）各元素之间相互联系、相互作用，有一定的结构；

（3）系统的功能是组成的元素所不具备的。

例如，构成一辆自行车的元素有车把、脚蹬、车闸、车轮、链条和链轮等，单独拿出任何一个元素都不具备系统的全部功能，反之，系统也不能脱离元素而独立正常运转，这辆自行车的车闸橡皮松了、链条断了、车轮变形都会对系统功能产生影响。系统具有以下判别特征：

（1）系统由若干要素组成。

（2）系统具有一定的结构。

（3）系统具有功能和目的。

（4）系统要有环境适应性。

（二）物流系统的含义

物流系统是指在一定的时间和空间里，由所需输送的物料和有关设备、输送工具、物流设备、人员以及通信系统等若干相互制约的动态要素构成的具有特定功能的有机整体。物流系统和一般系统一样，具有输入、转换、输出、反馈四大功能 。最基本的物流系统由包装、装卸、运输、储存、加工及信息处理等子系统中的一个或几个有机地结合而成。每个子系统又可以往下分成更小的子系统，而物流系统本身又处在更大的系统之中。物流系统的特征：

（1）物流系统是客观存在的。

（2）物流系统对信息的依赖程度高。

（3）物流系统稳定性较差而动态性较强。

（4）物流系统具有可分解性。

（5）物流系统具有复杂性。

（6）物流系统要素具有"二律背反"的特点。

（三）农产品物流系统的含义

现代物流是一个复杂而巨大的系统工程，它强调物流的总体性和综合性。与工业物流和商业物流相比，农产品具有大众生产、大众消费的市场特征，其物流主体间相互选择的余地很大，容易产生较多的交易费用，同时农产品易腐烂的鲜活特性要求物流时间尽量缩短。因此，从宏观的角度建立高效的农产品物流体系至关重要。

M1-6 农产品
物流系统认知

农产品物流系统就是将农产品通过各个物流子系统的组织与运作以有效的低物流成本向消费者提供优质服务的机制。农产品物流系统的要素可分为一般要素、

功能要素、支撑要素和物质基础要素。

1. 一般要素

(1) 劳动者要素。它是现代物流系统的核心要素、第一要素。提高农产品物流主体劳动者的素质，是建立一个合理化的现代农产品物流系统并使其有效运转的根本。

(2) 资金要素。交换是以货币为媒介的。实现交换的现代农产品物流过程，实际也是资金流动过程。同时，农产品物流服务本身也需要以货币为媒介。现代农产品物流系统建设是资本投入的一大领域，离开资金这一要素，现代农产品物流不可能实现。

(3) 物的要素。物的要素包括农产品物流系统的劳动对象，即各种实物。现代农产品物流的物的要素还包括物流设施、物流装备、物流工具、信息设施等硬件。

2. 功能要素

农产品物流系统的功能要素是现代物流系统所具有的基本能力，这些基本能力有效地组合、联结在一起，组成现代物流的总功能，便能合理、有效地实现物流系统的总目的。从农产品物流活动的实际工作环节来考察，一般认为现代农产品物流系统的功能要素有采购、包装、装卸搬运、运输、储存保管、流通加工、配送等。

(1) 采购功能要素。为做到低成本、高效率地为农产品生产经营企业进行物流服务，采购功能在农产品经营企业中越来越重要。采购功能是，选择企业各部门所需要的适当物流，从适当的来源，以适当的价格、适当的送货方式（包括时间和地点）获取适当数量的原材料。

(2) 包装功能要素。包括农产品的成品、半成品包装，生产过程中制品的包装以及在物流过程中换装、分装、再包装等活动。

(3) 装卸搬运功能要素。包括与农产品输送、保管、包装、流通加工等物流活动进行衔接，以及在保管过程中进行农产品检验、养护活动发生的装卸搬运活动。

(4) 运输功能要素。农产品运输是运用设备和工具，实现农产品由其生产地至消费地的空间转移，包括供应及销售物流中车、船、飞机等运输方式以及生产物流中传送带等方式的运送。

(5) 储存保管功能要素。包括堆存、保管、保养、维护等活动，主要是对农产品数量、质量进行管理控制的活动。其目的是克服农产品生产与消费在时间上的差异。

(6) 流通加工功能要素。又称流通过程的辅助加工活动。农产品销售企业等部门为了弥补生产过程中加工程度的不足，更有效地满足用户或本企业的需求，更好地衔接产需，往往需要进行分类、切割等加工活动。流通加工的农产品主要包括冷冻产品、分选农副产品、分装农产品、精制农产食品等。

(7) 配送功能要素。农产品配送作为一种现代农产品流通方式，是指在经济合理区域内，根据顾客的要求，对农产品进行拣选、加工、包装等作业，并按时送达指定地点的农产品物流活动。农产品配送不是单纯的农产品运输，在整个农产品运送过程中处于"二次运输""末端运输"的地位，更直接面向并靠近用户。

3. 支撑要素

在复杂的社会经济系统中，由于农产品物流的特殊性，现代农产品物流系统的建立需要有许多制度、法律等支撑手段。

(1) 体制、制度。农产品物流系统的体制、制度决定农产品物流系统的结构、组织、领导、管理方式，国家对其控制、指挥和管理的方式是现代物流系统的重要保障。有了这个支撑条件，才能确立现代农产品物流系统在国民经济中的地位。

（2）法律、规章。现代农产品物流系统的运行，都不可避免地涉及企业及人的权益问题。法律、规章一方面限制和规范物流系统的活动，使农产品物流与社会经济系统或其他物流系统协调；另一方面是给予保障，合同的执行、权益的划分、责任的确定等都靠法律、规章来维系。

（3）行政、命令。现代农产品物流系统和一般系统的不同之处在于，现代物流系统关系到国家经济、政治安全等，所以行政、命令等手段也常常是现代农产品物流系统正常运转的重要支撑要素。

（4）标准化系统。标准化系统是保证农产品物流环节协调运行，保证现代农产品物流系统与其他系统在技术上实现联结的重要支撑条件。

4. 物质基础要素

现代农产品物流系统的建立和运行需要有大量技术装备手段，这些手段的有机联系对现代物流系统的运行有决定意义。这些要素对实现农产品物流和某一方面的功能也是必不可少的。

（1）物流设施。物流设施是组织现代农产品物流系统运行的基础物质条件，包括物流站、场，物流中心、仓库，建筑，公路，铁路，港口等。

（2）物流装备。物流装备是保证现代农产品物流系统运行的基本条件，包括仓库货架、进出库设备、加工设备、运输设备、装卸机械等。

（3）物流工具。物流工具是现代农产品物流体系运行的各种物质条件，包括包装工具、维护保养工具、办公设备等。

（4）信息技术及网络。信息技术及网络是掌握和传递农产品物流信息的手段，根据所需信息水平不同，分为通信设备及线路、计算机及网络设备等。

（5）组织及管理。组织及管理是农产品物流网络的"软件"，起着联结、调运、运筹、协调、指挥其他各要素以保障农产品物流系统运行的作用。

（四）农产品物流系统的构成

农产品物流系统由三个子系统构成，如图1-2-1所示。

（1）农产品物流主体子系统。

（2）农产品物流作业子系统。

（3）农产品物流信息子系统。

（五）农产品物流系统的特点

1. 农产品物流系统是一个多目标的系统

农产品物流系统的总目标是实现农产品在空间位置上的高效转移。围绕这个总目标会出现很多目标，如物流数量要达到合适的规模、物流时间要最短、物流服务要最好、物流成本要最低等。

2. 农产品物流系统是一个大跨度的系统

这主要是指地域跨度大，因为很多农产品的配送往往要跨区域进行。大跨度系统带来的主要问题是管理难度大，对信息的依赖程度高。

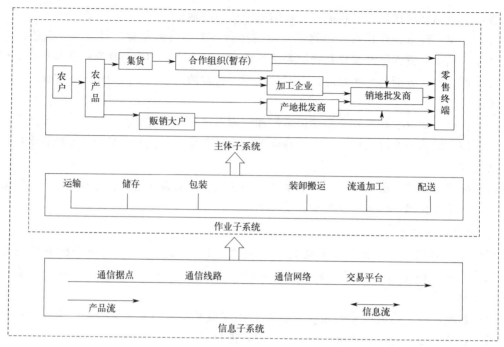

图 1-2-1 我国现行的农产品物流系统

3. 农产品物流系统是一个动态系统

一方面，生鲜农产品物流系统往往由多个运作主体构成，系统内的要素及系统的运行经常发生变化，难以长期稳定；另一方面，农产品物流受季节影响很强，不同季节对物流系统的要求差异很大，这也使物流系统的运行比较难以稳定。动态性强要求系统必须有足够的灵活性与可改变性。

4. 农产品物流系统的功能要素之间存在效益背反现象

主要指物流系统中某一个功能要素效率的提高并不一定使整个系统的效率提高，有时甚至使整个系统的效率降低。如物流系统的运输效率提高，但物流信息服务滞后，那么盲目的高效率运输反而会使产品大量积压，造成损失。效益背反现象要求我们必须从系统的角度去看待物流，使物流的各个环节相互协调，达到整体的效率最大。

二、农产品物流系统的模式

（一）农产品物流系统模式分析

改革开放以来，我国形成了以批发市场为核心的农产品流通体系，并据此形成了以批发市场为核心的多渠道、多环节的"商物合一"的物流系统模式（图 1-2-2）。

M1-7 农产品物流
系统模式（动画）

M1-8 农产品物流
系统模式（微课）

M1-9 批发市场物流
系统模式分析

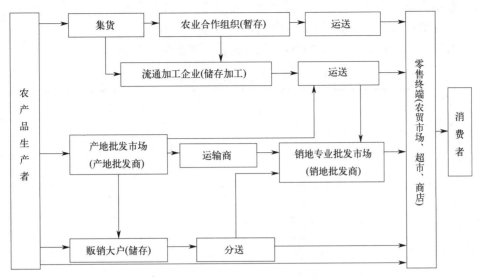

图 1-2-2 现代农产品物流系统运行结构

一般认为，一个完整的农产品物流体系应该包括三个方面的要素：一是参与农产品物流的主体；二是农产品的物流通道；三是功能性物流业务，包括运输、仓储、包装、装卸搬运、流通加工、配送和物流信息传递等（图 1-2-3）。

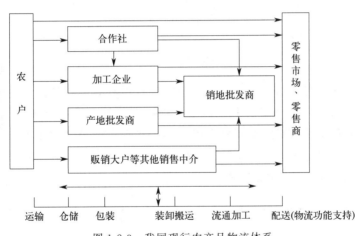

图 1-2-3 我国现行农产品物流体系

我国现行农产品物流体系具有以下特点：

（1）物流主体多元化。

（2）物流通道分散化。

（3）物流组织模式以"产、销、物"一体化为主。

（二）我国农产品物流系统主要存在的问题

通过与发达国家农产品物流系统模式进行对比（表 1-2-1、图 1-2-4），不难发现，目前我国农产品物流系统主要存在的问题有：

（1）系统环节多，流通时间长，效率低。

（2）系统运作主体多且分散，组织化程度低，物流管理水平低下。

（3）系统物流功能单一，作业手段简陋，技术落后，附加值低。

（4）系统节点信息处理功能弱，手段落后，传递渠道不畅。

（5）系统网点布局不合理，设施现代化程度低，集散能力薄弱。

表 1-2-1 国内外生鲜食品物流状况比较

项目	美国	日本、韩国	中国
流通渠道	配送中心	批发市场	批发市场
终端销售渠道	超市、食品商店	超市、食品商店	农贸市场
日循环数/次	3	2～3	1～2
流通形式	冷链成型配套	低温保鲜	常温、冷链
保鲜量占总量比率	＞50％	＞50％	10％～20％
损耗率	1％～2％	＜5％	25％～30％
物流成本占总成本比率	10％左右	10％左右	30％～40％
综合毛利率	20％左右	20％左右	0～10％

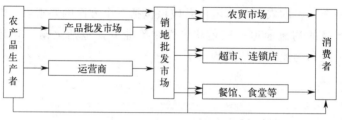

图 1-2-4 我国农产品物流流通模式

基于"批发市场"的"商物合一"物流系统模式所存在的问题，借鉴国外农产品物流发达国家的经验和实践，根据物流理论"商物分离"的原理，将农产品流通的物流职能剥离出来，逐步实现农产品"物流中心化""配送中心化""第三方化"应是我国农产品物流系统革新的趋势，也是农产品物流系统模式变革的精髓所在。

M1-10 农产品物流系统模式创新

任务实施

步骤一：分析以 B 农副产品市场为典型代表的农产品批发市场模式的特点

农产品批发市场为买卖双方提供长期、固定、公开的批发交易场所和设施，B 市场运行机制以现货、现金交易为主，具有商品集散的功能。该农产品批发市场模式下，农民生产的农产品首先由收购商收购，并聚集在原产地批发市场，再由中间批发商收购并运输到销地或集散地，有的农产品要经过多级批发才能到达零售市场。这种农产品批发市场模式扩大了农产品销售的半径，但由于存在中间商，尤其是经过多级中间商流转后，商品价格逐层累加，农民的利润空间相对较小。

步骤二：归纳我国农产品物流系统运作现存的问题

目前我国的农产品流通成本仍旧过高，高效的流通体系尚未建立起来。总的来说，我国农产品运作模式主要是"超市＋农户""加工企业＋农户""批发市场＋农户""公司＋基地＋农户"等。现阶段我国农产品物流主要存在以下问题：①近年来，通过财政投资、金融机构投资、农民集体投资等途径，国家对农业基础设施进行了大量建设且取得了举世瞩目的成绩，但由于易受到城乡二元经济结构影响和农村生产力水平较低等各方面因素的制约，我国一些农产品批发市场和农贸市场流通设施少且简陋，缺失相应的仓储、检验、保险、冷藏以及冷链设施，在车辆进场管理、农产品检验等方面比较落后，效率低下；②县、乡地区农产品流通设施建设落后，没有农产品专业交易市场，大部分乡镇集贸市场还是规模较小的集市，并且多数是露天交易，仍有相当多的农产品交易市场依旧停留在提供场地、出租摊位、自由成交和收取管理费的初级市场经营管理阶段；③农产品对物流运输设备、储存方法等都有着较为严格的要求，农产品运输需要大量针对农产品和农用物资特性的专业运输工具，而我国农产品专用运输工具较为缺乏，且冷链物流的硬件设施建设不足。

步骤三：综上，思考符合现实需要的农产品物流系统模式的实现途径

市场体系是市场经济的载体、纽带和渠道，农业向市场化发展必须充分发挥交易市场的作用。随着农产品流通体制的改革和发展，中国农产品流通呈现出较为活跃的状态，目前已建立三级流通市场，即农产品产地批发市场—销地批发市场—零售农贸市场和超市、零售菜店。既有流通体系使得生鲜农产品能够较快地聚集到产地批发市场，通过现场直接交易，转移到销地批发市场，进入零售农贸市场或零售商店，最终面向普通消费者。

（1）政府需要为农产品提供公共农业的社会化服务系统，主要通过农业教育、农业科研和农产品推广等对农产品给予支持；

（2）农业合作社和农户联盟应进行规模化销售，充分发挥"1＋1＞2"的效应，在商品交换的基础上，以互助互利、社会获益为宗旨；

（3）企业需为农产品提供产后流通、产前生产资料供应等服务，同时可以为农业注入资金，促使为农业生产服务的环节从农业生产过程中分化出来，发展成为独立的新兴涉农经济部门。

任务三　农产品物流发展趋势分析

任务引领

以下是农产品物流服务的3个成功案例：

（1）蒙阴县依托电子商务和农村物流的快速发展，实现了快快合作、邮快合作、交快合作的"联配联送"，打造了一张"电子商务＋联配联送"的农村物流服务品牌，将快递企业化零为整，大幅降低快递成本。

（2）湖南攸县打造"城乡驿站＋邮政快递"农村物流服务品牌，高效整合电商、邮政、快递、供销等物流资源，以物流园区为核心、城乡驿站为节点，农村物流服务网络覆盖所有自然村，实现"串联式"配送一日达。

（3）富川瑶族自治县通过"电子商务＋特色产业"发展模式，推动特色产业与电商物流融合发展的网络化、集约化、标准化，有效降低农村电商物流成本，提高物流运作效率（图1-3-1）。

图 1-3-1　富川县级物流集散中心

小安所在的公司近期成功招标了一个乡村助农项目。看完以上案例，小安开始思考：目前农产品市场上的企业应如何做好"产销结合"，如何把握农产品物流的未来发展趋势？

知识研习

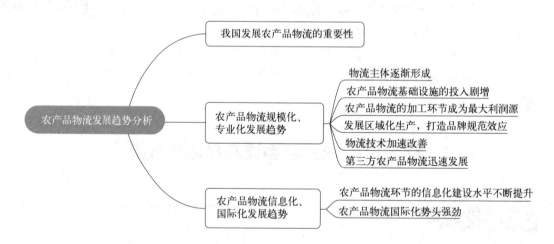

一、我国发展农产品物流的重要性

大力发展农产品物流对于降低农产品流通成本、提高农产品价值、实现农产品生产和消费的有效对接具有不容忽视的作用，具体表现为：

1. 有利于创造农产品价值

农产品物流本身就是一个能够创造时间价值和空间价值的过程。农产品从生产到消费的转移过程总是有个时间差，改变这一时间差而创造的价值，称为"时间价值"。它主要通过农产品从生产到销售的各个环节（如运输、储存、装卸搬运、包装、配送等），大大缩短农产品在流通中的时滞，进而缩短时间、创造价值；也可以通过系统、科学的方法，如集中储存、分散供给或者将农产品加工转化为其他产品形式，更方便地储存、改变、弥补、延长生产者和消费者在供给和需求上的时间差，创造时间价值。农产品生产受地理环境和气候条件影响，呈现出明显的区域性特征，而对农产品的消费呈现出普遍性特征，如农村生产的粮食、蔬菜在城市消费，南方生产的荔枝和香蕉在北方消费等，如此错综复杂的供给与需求的空间差都要依靠农产品物流来弥合，并从中获取收益。

2. 有利于农产品实现加工增值

农产品不同于工业品的一个显著特征在于加工潜力大。一般来说，刚刚脱离农业生产领域的初级农产品，由于形态各异、大小不一，市场价格较低，而经过一定的简单加工如挑选、整理、清洗、分段、包装等，送入超市或者连锁店，价格就会上升 2～10 倍。若再进行深加工改变其原有形态，如将蔬菜水果加工成蔬菜汁、水果汁，将会进一步增值。农产品物流正是抓住了农产品的这一特性，紧紧围绕流通加工环节，以农产品加工企业为龙头，以满足消费者要求为目标，实现整个农产品的增值过程。

3. 有利于农业实现规模化经营，提高农业生产的整体效益

现代农产品物流的发展要求农产品生产实现专业化和区域化，以此促使农业实现规模经营，增加农产品供应总量，这样既便于组织货源及第三方物流或流通经纪人，也有利于采选、分拣、包装、加工等农产品流通业的发展。

4. 有利于扩大劳务输出和创造新的就业机会

传统销售方式束缚了大量的农村强壮劳动力，影响了农民劳务输出。大力发展农产品物流，可以解放大量低效的农业销售劳动力，节约农产品流通成本，使更多农业劳动力参与劳务输出。

同时，农产品物流的发展还可以创造大量的就业岗位和就业机会，农产品的采选、分拣、包装、加工会从传统农业中分离出来，与此相关的农村二、三产业便可得到迅速发展，从而吸纳大量的农村剩余劳动力就业。

5. 有利于提升农产品相关企业的核心竞争力

发展农产品物流，尤其是第三方物流，使一些农产品相关企业，尤其是中小型农产品加工企业，可以集中精力发展自身的核心竞争力，将自身非核心的物流业务外包给农产品物流部门运营。而农产品物流部门根据自身具备的专业设备和专业知识，结合企业情况，加快农产品从原材料购入到产成品销售的周转速度，不仅可以大大降低企业的库存数量，还可以加快资金的周转速度，从而增加企业的利润，提高农产品相关企业的竞争力。

二、农产品物流规模化、专业化发展趋势

1. 物流主体逐渐形成

我国农产品物流大致经历了由国有企业全盘负责购销的阶段，到改革开放后农产品物流主体多元化发展的过程。经过几十年的发展，我国农产品物流主体已经形成了政府、企业和个体农户等多元主体并存的格局。

同时，也产生了专门从事农业生产资料和农产品储运及流通加工的第三方物流企业，第三方物流模式得到了快速发展。因此，流通领域市场竞争力开始加剧，流通运营效率和服务

水平也逐渐提高。

2. 农产品物流基础设施的投入剧增

农产品物流的基础设施建设，包括农产品物流中心、农产品仓储、交通运输等设施的建设。目前，我国正在不断改善农产品物流的社会环境，增加基础设施投入。首先，正在陆续加强农村道路建设和农产品运载工具的开发生产，尤其是各式农用运输车发展与改进；其次，大力着手各种农用仓库的建设；再次，积极发展农产品加工配送中心；最后，努力增加产地、销地农副产品批发市场。

3. 农产品物流的加工环节成为最大利润源

农业最大利润领域是加工环节。目前，我国的农产品加工向着多样化发展：一是从空间上看除了常见的品种外，不断发展"名特稀"产品；二是从时间上看，发展反季节农产品；三是多用途开发产品，以适应不同的消费需要；四是将产品分成不同的等级以适应不同的消费档次；五是逐渐实现农产品的循环使用和综合利用，形成梯次开发。

4. 发展区域化生产，打造品牌规范效应

发展区域化、专业化生产，可以有效地削弱土地分散化给农产品物流带来的不利影响。地方政府可以在充分发挥区域优势的前提下，引导分散农民开展集约化生产，对产品集中开展物流配送，从而提高物流效率。打造品牌效应主要指打造产品品牌和物流企业品牌。打造产品品牌主要是着眼于树立地域特色农产品生产品牌，如沧州金丝小枣、阳澄湖大闸蟹等。通过地域化、规范化生产和严格的质量控制，这些产品不仅能树立品牌，获得较高的产品附加值，而且由于其生产质量标准会逐渐上升为同类产品标准，还能推动同类产品的规范化。打造物流企业品牌，一方面要引导传统物流企业的现代化转型；另一方面要鼓励新兴物流企业发展，规范行业标准，发挥示范效应。

5. 物流技术加速改善

物流技术低是我国农产品物流成本高、损耗大、竞争力不强的重要原因。因此，我国正不断加强专用农产品运输工具（冷链物流车）的使用，对鲜活、易变质腐烂的农产品进行保鲜。农产品物流不仅包括运输流通过程，而且需要在流通过程中采取必要的分类、加工、包装等过程来实现升值。所以我国农产品不论是采摘后的保鲜、再加工技术，还是冷链运输技术都在不断提高。

6. 第三方农产品物流迅速发展

第三方农产品物流使得农产品仓储业、加工业、运输公司、配送中心以及零售商等各部门之间，形成一个以信息技术为桥梁和纽带的虚拟大组织。在这个大组织中，各个成员管理和共享信息。由于不同合作伙伴的共同目标是降低物流有关的成本并提高整个运营系统的效率，各成员之间可以集中精力开发其专门领域的潜力从而取得竞争优势，彼此之间又通过合作来降低整体的成本。因此，在政策支持下，第三方物流公司不断创立，发展势头强劲。

思政园地

党的二十大报告对新时代新征程"三农"工作作出了"全面推进乡村振兴""加快

建设农业强国""全方位夯实粮食安全根基"等一系列重要决策部署。首先，粮食安全是"国之大者"，为此，要把农业综合生产能力提升置于重中之重。强化粮食和重要农产品的储备能力，包括国家、地方的战略储藏和农户的家庭储藏能力都要提升。应当重视从农村的物流设施到城市的商流体系建设，实现从产地批发市场到销地批发市场无缝衔接，维护农业生产和农产品流通秩序正常运转，确保物流商流产品流畅通，确保产得出、供给及时，销售不断档。其次，要强化政策支持，通过价格补贴、金融信贷、农业保险等各项政策支持，让种粮农民收益不低于经济作物生产收入，不低于畜禽水产养殖收入，不低于非农产业经营收入。最后，党政同责保粮食安全，强化各级党委政府保障粮食安全的主体责任，保耕地、保面积、保产量、保自给率，层层压实责任，抓早抓好抓落实。

推进农业走出去，培育发展具有国际影响力的大粮商和农产品贸易商，提高关键物流节点调控能力，增强我国农产品全球供应链韧性。拓展"一带一路"农业合作领域，强化南南合作和中非合作，帮助非洲国家、欠发达国家种粮和提高农业科技水平，缓解全球粮食供给压力。

三、农产品物流信息化、国际化发展趋势

1. 农产品物流环节的信息化建设水平不断提升

信息化是我国农产品物流业发展的重中之重，从农产品的生产到存储环节、运输环节和销售环节，农产品物流信息一定要进行快速处理，力求做到传递更加精准。一是提升农民群众应用信息的能力，全面加强农民培训，以提升广大农民群体的受教育程度以及掌握信息化知识的能力；二是尊重广大农民群众的意愿，加快农地的流转进程以及规模化经营的程度，提升农民群众对于信息化工作的需求。同时，各地政府部门也应当进行统一协调，运用市场化导向，认真实施好农产品交易信息的采集以及发布等工作。逐步完善农产品物流方面的信息交流以及服务机制建设，积极创建现代物流产业信息发展平台，落实农产品的信息化服务工作，形成快速、高效的现代物流业发展体系。

2. 农产品物流国际化势头强劲

随着我国经济水平的不断提升和电子商务技术的不断普及，以及一系列促进消费升级、扩大国内外市场的政策实施，"一带一路"建设全面推进，我国经济将继续保持平稳增长、消费需求不断升级、食品安全意识不断提高、农产品物流不断标准化，我国农产品物流正在大规模走出国门进入国际领域，参与国际竞争，如多趟中欧农产品冷链物流班列和多架次国际航空冷链物流班机的开通等。

M1-11 伊利集团的信息化、国际化尝试

M1-12 物联网技术推动农产品物流进一步发展

任务实施

步骤一：目的与要求

通过任务实施，学生能够初步认识农产品流通过程中主要存在的问题，通过调研并进行深入思考如何解决产品滞销的问题，在此基础上了解农产品物流的发展趋势。

步骤二：内容、实施步骤与方法

选择某一特色农产品，了解其产销对接情况与农产品流通情况，思考应该通过怎样的方式与方法做好产销对接、精准营销方能令企业在激烈的市场激战中取得优势，企业应如何做到"产销结合"，如何解决农产品物流存在的问题，又如何把握农产品物流未来的发展趋势。

具体实施步骤如下：

（1）教师根据下面的"资料"，指导学生进行分析并展开课堂讨论。

（2）学生进行分组，小组成员通过网络和图书收集资料，并通过实际调研，对所掌握的信息进行分析和讨论：分析涉及哪些农产品流通存在的问题，这些问题应该如何解决。在此基础上撰写小组分析报告。

（3）小组代表利用 PPT 阐述本小组观点和结论。

（4）教师总结和点评。

步骤三：考核办法

提交分析报告，组长根据表现对本组成员进行评分；教师针对小组综合表现评定小组成绩；小组成员个人分析报告为个人成绩评定依据。

步骤四：资料

我国作为农产品生产和消费大国，农产品物流的发展比较滞后，市场特点由传统的消费模式"价格导向"逐步转向为"品质导向"，而该变化也导致了传统运作模式下的农产品物流遭受严峻考验。满足"品质导向"的市场需求，与农产品生产和流通两个要素密切相关：在生产环节，要求更好的品质控制；而在流通环节，则进一步提高了对农产品流通成本和流通质量的要求。

我国目前的农产品流通过程中，主要存在的问题有：（1）农产品流通时间长；（2）流通货损高；（3）增值加工率不足；（4）经营分散，缺少集约化，成本高。针对上述问题，不少发达国家已经从分散农业向着集约化农业发展，自动化水平大大提升，从而降低了农产品的生产成本。在农产品物流领域，通过农产品预处理、集中加工及全程温控物流等形式，降低了农产品的货损率，提升了产品的质量水平。虽然农业领域的从业人员数量较少，但是通过有效的生产流通过程，实现了低成本、高效率的农产品流通，流通到消费端的农产品质量显著提高。

为解决农产品滞销的难题，应从源头入手解决供需之间的矛盾，做到"产销对接"。具体的做法是：（1）努力降低物流的非必要成本，如避免在转换运输方式时，对农产品重新包装，节省时间和费用。（2）物联网信息化，以促进运力应用最大化，避免空跑。（3）打通流通渠道。据有关部门统计，由于设备简陋、流通渠道不畅、方法原始、工艺落后，我国农产品产后损失惊人，粮食损失率超过 8%，蔬菜损失率达到 25%～30%。（4）大力发展仓储、加工及冷链物流。农产品生产的季节性规律，导致大量产品集中上市，一时之间造成供大于求，同时也给物流带来较大压力，因此大力发展仓储、加工及冷链物流，利用仓储、加工环节对由于农产品集中上市而引起的滞销以及价格暴跌现象能够起到很好的缓冲作用。尤其是像土豆、苹果等耐储藏的农产品，完全可以利用这种方式错开上市高峰期。但目前由于仓储能力有限，农产品加工业落后，农户无力承担高昂的仓储费，只能选择将农产品烂在田地里。

思与练

1. 以小组为单位完成农产品物流分类实训任务：

（1）将全班同学进行分组（8组），选出小组长，负责组织本小组成员参与活动及小组成员分工。

（2）学生以学习小组的形式收集我国农产品类别及对应的农产品物流类别。

（3）学生进行成果展示。

2. 对比发达国家农产品物流系统模式，针对我国农产品物流系统主要存在的问题提出发展策略。

·项目二·
农产品采购管理

🌱 **思维导图**

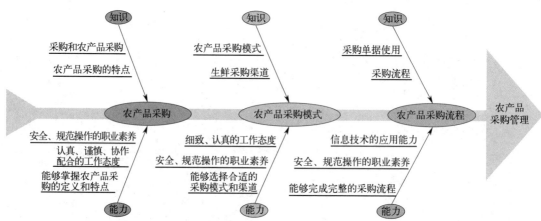

🌱 **学习目标**

知识目标	1. 能够举例解释采购的内涵并了解农产品采购的特点； 2. 掌握农产品采购作业的基本流程； 3. 掌握农产品采购业务模式和采购渠道
技能目标	1. 能够熟练、规范地完成农产品采购工作； 2. 能够高效、合理地处理农产品采购合同问题
素质目标	1. 培养学生爱岗敬业、吃苦耐劳和团结协作等良好的职业道德； 2. 培养学生的质量意识、安全意识、环保节约意识，树立社会责任心； 3. 培养学生敬业、精益、专注、创新的职业价值取向和行为表现，遵守操作规范和行业标准； 4. 崇尚宪法、遵纪守法、诚实守信、履行道德准则和行为规范，具有职业认知、社会责任感和社会参与意识

任务引领

Y 超市在日常经营中，主要采用的是"农超对接"采购模式。表 2-1-1 是零售管理系统中生成的请购单示例。小王是物流工程与管理专业的学生，凭借优秀的表现成为该超市果蔬组采购实习专员。经过培训，小王正式上岗，上岗后的第一个工作任务就是学会处理系统请购单。那么，小王该如何开展这项工作任务呢？

表 2-1-1　请购单

填表日期：2022 年 10 月 9 日

请购部门：　　　　　　　　　　　　　　　　　　　　　　　请购单编号：

序号	品名	规格型号	预计单价	库存量	需用量	到货时间	备注
001	特级苹果	横径大小：75mm 以上；5kg/箱		2 箱	6 箱	11 月 1 日	
002	枇杷	5kg/箱		3 箱	9 箱	10 月 29 日	
003	马铃薯	15kg/箱		2 箱	10 箱	10 月 29 日	

请购人：　　　　　　　　　　　　　　　　　　　　　　　　审批人：

知识研习

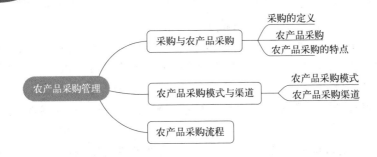

一、采购与农产品采购

1. 采购的定义

说到采购，我们经常会想到"买东西""购买"。作为家庭或者个人，我们通过购买生活资料满足生活所需。同样，企业通过采购生产资料或服务保证正常运转。

采购是指企业在一定的条件下从供应市场获取产品或者服务作为企业资源，以保证企业生产及经营活动正常开展的一项企业经营活动。

广义的采购是指从各种不同途径，包括购买、租赁、借贷、交换、外包等，获得所需商品及劳务的使用权或所有权以满足使用需要。

（1）租赁。即一方以支付租金的方式取得他人物品的使用权。

（2）借贷。即一方以无须支付任何代价的方式取得他人物品的使用权，使用完毕，仅返还原物品。这种无偿借用他人物品的方式，通常是基于借贷双方的情谊与密切关系，特别是借方的信用。

（3）交换。就是以物易物的方式取得物品的所有权及使用权，但是并没有直接支付物品的全部价款。换言之，当双方交换价值相等时，不需要以金钱补偿对方；当交换价值不等时，仅由一方补贴差额给另一方。

2. 农产品采购

农产品采购活动是企业经营活动必不可少的组成部分，是十分重要的一个环节，需要动用一定的人力资源和资金，应对其实行科学管理。从管理过程看，为了做好农产品采购工作，需要事前做好大量的准备工作，如：目标设定、农产品供应商选择、制订农产品采购计划、确定农产品采购时间与数量；农产品采购过程中的操作策略和方式方法，包括谈判技巧、交货方式、付款策略等；事后的考核与检查、农产品采购人员的行为规范、农产品供应商的信用与服务质量等。

随着企业经营策略的转变，农产品采购的方法、手段也会改变，以适应新的经营环境。

3. 农产品采购的特点

（1）农产品采购多样性。农产品是重复生产、批量生产的，同一时期多家企业可以生产同一产品，因此具有同一性和横向可比性。同时，农产品品种多样也使采购具有多样性。

（2）农产品采购受自然条件影响大。由于农业生产受自然条件影响极大，从而使农产品采购也受自然条件因素的制约。主要表现在：

① 农产品上市季节性强，而消费则比较均衡。农业生产有较强的季节性，农产品收获季节也极为集中，从而使农产品收购活动有明显的淡季和旺季之分，必须在特定季节集中人力、物力、财力组织收购工作，否则会降低农产品质量，造成农产品资源浪费。同时，农产品消费比较均衡，为了保证供应，必须做好仓储保管工作。

② 农产品上市极为分散，而消费则相对集中。农产品生产分散在广大农村地区，而农产品消费集中在城镇或工业区，直接供应给城镇居民生活消费和供给工厂作加工原料。因此，农产品流转方向是由分散到集中，由农村到城镇。要把分散在广大农村地区和农民手中的农产品集中起来，再供应到城镇消费者手中，需要有大量分散在农村的收购网点和人员，并要做好极其繁重的集运工作。

③ 农产品上市的数量和质量不稳定。由于受自然条件的影响，农业生产有明显的丰歉周期，有些野生植物原料还受大、小年的影响，质量也有明显差异，使农产品采购在年际间、地区间波动大。要做好采购工作，必须注意产需平衡、留有余地，搞好安全储备。

（3）技术性强。农产品采购经营技术性强，主要表现在：商品品种繁多、等级规格复杂，加之大多数农产品没有统一的质量规格标准，分等定级难度大，需要经营者具备丰富的经验和专业知识。同时，农产品中的鲜活产品、易腐产品和轻泡产品（棉、麻、毛等）较多，远距离采购运输时，需要进行特殊的养护，需要具备特殊的储存和运输设备。

（4）市场制约因素多。农产品既是人民基本生活消费品，又是农业生产资料，还是重要的工业原料。其经营活动不仅受市场供求关系、价格变化的影响，还受当地经济发展水平、消费习惯和国家政策的影响。因此，从事农产品采购与供应活动，必须树立政策观念和全局观念。

思政园地

2022年12月，财政部、农业农村部、国家乡村振兴局、中华全国供销合作总社下发《关于进一步做好政府采购脱贫地区农副产品有关工作的通知》（以下简称《通知》），要求各地依托脱贫地区农副产品网络销售平台（以下简称"832平台"）深入推进政府采购脱贫地区农副产品工作。

根据《通知》，申请入驻"832平台"的供应商，应为注册在832个脱贫县域内生产农副产品的企业、农民专业合作社、家庭农场等市场主体，有较强的产业带动能力和明确的联农带农机制；供应商在"832平台"所售农副产品应出产自脱贫县，符合农产品质量和食品安全国家标准，对本地区脱贫群众增收带动作用明显。该平台优先支持绿色食品、有机农产品、地理标志农产品、取得食用农产品承诺达标合格证的产品、脱贫县特色产业规划确定的主导产业相关产品。

《通知》要求各地加大产销对接力度，进一步激发全社会参与积极性，鼓励承担帮扶任务的国有企业、国有金融企业通过"832"平台采购脱贫地区农副产品，各单位通过"832"平台采购脱贫地区农副产品工作情况纳入本单位消费帮扶工作成效评价。

二、农产品采购模式与渠道

以大型连锁超市的生鲜农产品采购来说明采购模式及渠道。

1. 农产品采购模式

按农产品采购的集权程度分类，采购模式可分为门店分散采购和总部集中采购。

（1）门店分散采购。这种方式由各门店商品部自行采购生鲜农产品。

优点：采购具有弹性，具有市场针对性；价格由门店自定，机动性强，有较好的经营主导权；较能符合消费者需求。

缺点：较难发挥大量采购、以量制价的功能；利润很难控制；无法塑造连锁经营的统一形象。

门店分散采购，多适用于门店之间分布较广的连锁产业，并且适宜于保质期相对较短的生鲜农产品，如蔬菜中的叶菜、鲜活水产等。

（2）总部集中采购。这种方式是把采购权集中在总部，由专职的采购部门负责，采购权不下放。门店无采购决定权，但有建议权。

优点：连锁店不负责采购，可专心致力于搞好门店销售工作；可发挥集中议价功能，有利于降低采购成本；价格形象一致，利润较易控制；促销活动易于规划，易掌握货源。

缺点：门店工作弹性小，较难满足消费者的需求；采购工作和销售工作较易脱节。

总部集中采购是连锁超市非食品以及干杂食品最常用的采购方法。在生鲜食品上，较多地运用于门店较为集中的企业，特别是局限在某一城市的连锁企业；在品种上比较适宜保质期较长的农产品，如冻肉、冷冻水产等。

2. 农产品采购渠道

从采购的渠道可分为当地采购渠道和跨地区产地采购渠道。

（1）当地采购。当地采购主要是因为保鲜，用于不适于远途运输的生鲜农产品。当地采购渠道又可分为农产品批发市场采购渠道和城市周围农产品生产基地采购渠道。生鲜农产品的品类包括：蔬菜中的叶菜类；按照政府规定，必须从当地肉联厂采购的鲜肉类产品；淡水养殖的鲜活水产品；各种半成品凉菜和切配菜等。

（2）跨地区采购。跨地区采购的生鲜农产品主要是可以在一定时间和距离内远途调运，或者经过保鲜加工处理的生鲜农产品，它包括具有耐储存、大批量等特点的农产品（如大白菜、洋葱、马铃薯和冬瓜等），部分果实类水果（如柑橘、苹果、香蕉和箱装水果等），冷冻水产品，干鲜产品和保鲜封装的加工制成品。

目前，超市生鲜区的经营品种很大程度上依靠当地采购渠道，其主要原因：一是大量非标准化的生鲜农产品因保鲜问题，不适于远途贩运；二是超市生鲜区的销售流量无法支撑批量采购，所以现在同一地区的超市生鲜经营经常会出现商品雷同化的倾向，超市生鲜经营的特色未能得到发挥。

然而真正能形成品种、价格和新鲜度等渠道优势的还是产地采购，包括城市周围农产品生产基地采购和跨地区产地采购。但生鲜采购渠道优势的发挥程度与连锁超市生鲜经营规模（销售量）和生鲜供应链中配送体系的完善程度密切相关。随着农产品保鲜运输问题的逐步解决和超市区域性连锁规模的扩大，跨地区采购的品种和数量不断增加，超市生鲜经营也越来越丰富。

三、农产品采购流程

农产品采购因不同的采购方式、采购对象，在采购作业流程方面可能存在个别差异，但农产品采购的基本作业流程一般如图 2-1-1 所示。

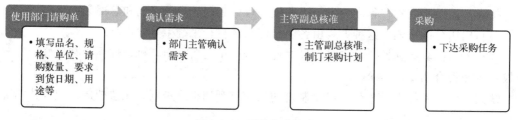

图 2-1-1　采购作业流程

1. 明确需求

采购任务来自有采购需求的部门，各部门将其采购需求填写到"请购单"，递交给公司采购部门。采购部门将收到的请购单进行汇总，制订统一的采购需求计划，经部门负责人审批后确认采购任务。请购单详见表 2-1-2。

表 2-1-2　请购单

填表日期：　　年　　月　　日

请购部门：　　　　　　　　　　　　　　　　　　　　　　请购单编号：

序号	品名	规格型号	预计单价	库存量	需用量	到货时间	备注
1							
2							
3							

请购人：　　　　　　　　　　　　　　　　　　　　　　　　审批人：

2. 制订采购计划

采购部门根据接受的采购任务，制订出切实可行的采购计划，如采购背景说明、详细的采购物品清单（包括详细的农产品分等定级要求或标准等）、具体的采购方式、运输进货策略以及进度计划等，解决什么时候采购、采购什么、采购多少、向谁采购、怎么采购、怎么进货、怎么付款等一系列具体的问题。

3. 寻找供应商

寻找合适的供应商是企业采购中非常重要的环节，关系到企业能否及时获得所需的产品或服务。简单来讲，寻找并选择供应商就是企业在研究所有建议书和报价之后，选出一个或几个供应商的过程。

4. 洽谈磋商

与供应商进行价格、交货日期、运输方式及费用、交货地点、保险等的谈判，签订采购合同。

5. 安排采购订单

根据需求，向供应商下达采购订单。订单量的确定需要在周密的市场预测的基础上进行，不可随意变动，以免给企业带来不必要的损失。

6. 跟踪订单

向供应商下达采购订单后，采购人员就坐等农产品上门了吗？如果供应商不能及时履行合同导致延迟交货，进而影响企业正常运营怎么办？因此，下单后，采购人员应及时与供应商沟通确认交货日期。不能按时送达的，及时协调，以便再次确认一个合适的交货期。如果不能按时供货，采购员还需及时采取相应措施。

7. 货物接收和检验

货物入库时，采购员要与仓库收发员一起验收货物品质，凡供应商所交货品验收不合格者，应依据合约规定退货，并立即重购。

采购人员组织采购物品进货时，通常有 3 种进货方式：自提进货、供应商送货、委托外包进货。

（1）自提进货。顾名思义就是在供应商的仓库里交货，交货以后的进货过程全部由采购者负责管理。

（2）供应商送货。进货的职责和风险由供应商承担，采购商只需进行入库验收。对采购商来说，这是一种简单轻松的进货方式。

（3）委托外包进货。把进货的职责和风险转移给第三方物流公司。对供需双方来说，这是一种比较省事的进货方式。同时，对于第三方物流公司来说，这种方式有利于其专业能力的发展，能提高物流运作效率，降低物流运作成本。

8. 货款结算

供应商在交货验收合格后，应该核对相关发票和单据，根据合同对合格农产品经财务部门办理付款。

采购业务的货款结算有两种方式：第一种，COD 付款方式，即货到付款；第二种，月结付款方式，即由供应商提供发票，采购员填写人民币申请表，附总经理签订的订购合同、发票、采购单和经采购经理、营业部经理、总经理签字后的申请现金表，交由财务核对后转交财务经理签字。

9. 供应商考评与结案

上述环节结束后，应对相应供应商进行考评。通过建立具体的考评指标，整理供应商在供货过程中的相关数据，进行量化考评，优胜劣汰，从而加强供应商管理，促进双方建立长期的合作关系。

同时，采购部门要办理结案手续、清查各项资料是否齐备等，并报相关负责人核阅批示。

10. 归档

对采购过程中的相关单据、文件等资料进行归档，并分类编号，予以保管，以便事后查阅。

任务实施

步骤一：确定清单中商品的采购模式

因为小王所在的超市为大型连锁超市，门店之间的距离在配送的经济范围内。为发挥集中议价能力、降低采购成本、控制利润率，保证连锁门店能够专心致志地搞好门店销售工作，采购模式为由总部（小王所在的采购部门）进行采购。此次需采购的农产品（苹果、枇杷、马铃薯）为可以在一定时间和距离内远途调运，或者经过保鲜加工处理的生鲜农产品，因此可选择跨地区产地采购。不过，安义枇杷为本地优势枇杷品种，故决定本次采购渠道为苹果、马铃薯可选择跨地区产地采购，枇杷选择当地采购。

步骤二：根据请购单，制订采购计划

根据请购单，按最小包装数量调整确认采购数量，如表 2-1-3 所示。

表 2-1-3　采购计划单

商品名称	计量单位	补货量	最小采购箱数	调整后采购量
特级红富士苹果	箱	6	5	6
安义枇杷	箱	9	10	10
马铃薯	箱	10	10	10

步骤三：接洽供应商

坐等供应商上门是一种方法，但对于果蔬农产品来说，价格、品种变化较大。按照"就地生产，就地供应"的原则，小王主动前往当地和周边省份的批发市场及生产基地了解情况，发现当地最大的农产品批发市场在市郊，交通较为方便；周边有四五家果蔬生产基地，种植面积都比较可观。

在接洽供应商时，小王强调供应商应提交的有关资料具体包括：供应商的生产许可证、产品的有关证明文件等。同时要求供应商提供样品，以便检查和判断。

步骤四：采价与议价

小王在收到供应商的产品报价后，首先需要到市场上了解同类产品的价格，与供应商的报价进行比较、取舍。采价后，还将与供应商面对面地商定供应商品的价格。但在商议前，小王要通过各种途径了解供应商向其他超市的实际供货价，再具体分析本超市的经营优势和劣势，以增加自己在价格谈判中的砝码，为本企业争取到最优的供应价格。

采购过程中，采购主管告诉小王，事先应确定一个可接受的最高价格，超过则应果断地放弃，并继续寻求与其他供应商的合作。

步骤五：签订采购合同

经过比较，小王将供应商的相应情况上报给了采购主管，并最终确定了一家供应商。但在正式签订采购合同前，还需注意以下问题：

（1）配送问题的规定。生鲜食品主要是供给日常生活所需，要求商品周转很快。此时如欲保证充分供应，就必须依靠供应商准时配送商品。因此，在配送方式、配送时间、配送地点、配送次数等方面，通常在采购时就要和供应商在合同中予以规定，并要清楚规定供应商若违反则必须承担的责任。

（2）缺货问题的规定。若出现缺货现象，必然会影响经营活动。因此小王在合同中规定一个比例，要求供应商缺货时应承担的责任，以保证供应商能准时供货。如：容许供应商的次品率为4%，超过4%时，每月要付1.2万元罚金等。

（3）商品品质的规定。进行商品采购时，小王作为采购人员应了解果蔬的等级及品质等是否符合政府卫生部门或工商行政等部门的规定。但因为小王的能力尚不足以判断各类果蔬品质，所以在采购时，必须要求供应商在合同中作出保证符合政府法律规定的承诺，并提供政府核发合法营业的证明，以确保在商品销售中不会出现问题。

（4）价格变动的规定。果蔬价格变动较大，在签订永续订单时，要对未来价格变动的处理作出规定，如在价格上涨时，要在调整生效前通知超市并经超市同意方为有效等。

（5）付款的规定。采购时，支付货款的日期是一种采购条件，在合同中须对付款方式有所规定。例如：对账日定在每月的哪一天、付款日定在哪一天、付款方式等均要明确，并请供应商遵守。

（6）退货的规定。超市最头痛的问题便是退货，厂商送货很快，但退货却不积极。但若不退货，门店的利益就会受损，因此必须制定退货规定。如规定出现哪几种情况可退货、费用如何分摊等。

步骤六：下订单

由采购部履行，填写采购订单（图2-1-2）。

采购订单											
订单号：											
TO:						FROM:					
采购商：						采购商：					
地址：						地址：					
电话：						电话：					
联系：						联系：					
日期：						日期：					
传真：						传真：					
交货地址：											
收货人：		电话：									
	商品基本信息				价格（元）		物流要求			质量及索赔		备注（交期及票据等）
序号	名称	规格型号	数量	单位	单价	小计	包装	送货日期	送货地点	质量要求	索赔规范	
1												
2												
3												
	合计数量及金额：											
	合计金额大写（元）：											

图2-1-2 采购订单

步骤七：将商品导入卖场

小王在确定了供应商以后，要将准备采购的商品经过规定的程序进行报批，一经通过就要着手导入市场。

（1）根据超市的规定为商品确定一个代码，以便对商品进行统一管理。

（2）建立商品档案。要将商品的品名、规格、代码、所属部门等资料录入超市的计算机系统，便于经营者及时了解该商品的销售情况，进行恰当的进销调存决策。

同时，小王根据供应商反馈的信息，制作到货通知单，并发给仓库管理员，以供货物验收时进行信息核对。到货单样式可参考发货单，如图 2-1-3 所示。

<table>
<tr><td colspan="12" align="center">发 货 单</td></tr>
<tr><td colspan="6" align="center">年 月 日</td><td colspan="6">NO:01</td></tr>
<tr><td colspan="5" align="center">商品基本信息</td><td colspan="7" align="center">物流信息</td></tr>
<tr><td>编号</td><td>品名</td><td>品牌、规格、型号</td><td>数量</td><td>包装单位</td><td>发货地址</td><td>送货地址</td><td>发货时间</td><td>送到时间</td><td colspan="2">运输方式</td><td>附注</td></tr>
<tr><td>1</td><td></td><td></td><td></td><td></td><td></td><td></td><td></td><td></td><td colspan="2"></td><td></td></tr>
<tr><td>2</td><td></td><td></td><td></td><td></td><td></td><td></td><td></td><td></td><td colspan="2"></td><td></td></tr>
<tr><td>3</td><td></td><td></td><td></td><td></td><td></td><td></td><td></td><td></td><td colspan="2"></td><td></td></tr>
<tr><td>4</td><td></td><td></td><td></td><td></td><td></td><td></td><td></td><td></td><td colspan="2"></td><td></td></tr>
<tr><td>发货公司</td><td></td><td>收货公司</td><td></td><td colspan="2">承运公司</td><td></td><td></td><td colspan="4"></td></tr>
<tr><td>发货员</td><td></td><td>收货员</td><td></td><td colspan="2">司机</td><td></td><td></td><td colspan="2">承运车辆信息</td><td></td><td></td></tr>
<tr><td>联系方式</td><td></td><td>联系方式</td><td></td><td colspan="2">联系方式</td><td></td><td></td><td colspan="4"></td></tr>
</table>

图 2-1-3　发货单

首次进货必须由小王亲自负责，集中进货，熟悉采购通道，了解供应商的实情，一旦发现不妥，及时调整采购方案。

步骤八：财务部门依据采购合同实际履行情况支付货款

步骤九：供应商考评与结案

步骤十：归档

🌱 **思与练**

对于商超企业来说，果蔬、畜禽等农产品，如何完成采购工作？

·项目三·
农产品入库操作

🌱 思维导图

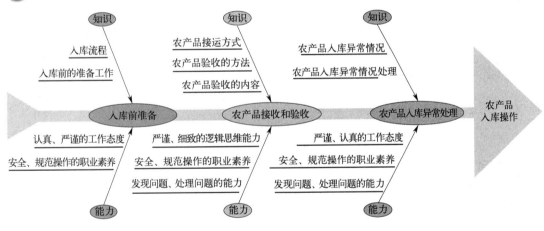

🌱 学习目标

知识目标	1. 掌握农产品接收和验收的方法; 2. 掌握农产品接收和验收的注意事项; 3. 掌握农产品入库异常情况处理的方法
技能目标	1. 能够规范完成农产品的接收和验收工作; 2. 能够高效、合理地处理农产品入库异常问题
素质目标	1. 培养学生爱岗敬业、吃苦耐劳和团结协作等良好的职业道德; 2. 培养学生的质量意识、安全意识、环保节约意识,树立社会责任心; 3. 培养学生敬业、精益、专注、创新的职业价值取向和行为表现,遵守操作规范和行业标准; 4. 培养 5S 理念和严谨、认真、精益求精的职业素养

任务一 农产品接收和验收

任务引领

Z农商储运公司是一家以农产品为主要储存业务的农商储运公司，小张是该公司新入职的员工，有一天接到了上级主管部门下发的入库通知单（表3-1-1），那么，小张应该做好哪些入库工作呢？

M3-1 入库之旅
任务发布

表 3-1-1　入库通知单

入库任务单编号：R20200420　　　　　　　　　　　计划入库时间：2022年4月22日

序号	商品名称	包装规格	数量	备注
1	纯牛奶	220mL×18袋/箱	40箱	送货
2	散装大米	50kg/袋	1000袋	送货

供应商：某乳业有限公司、某米业有限公司

知识研习

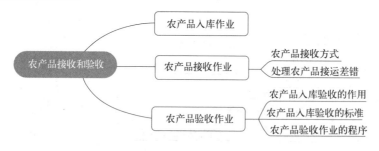

M3-2 入库操作
流程

一、农产品入库作业

农产品入库作业也称收货业务，是农产品仓储管理工作的第一步，标志着农产品仓储工作正式开始。农产品一旦收入仓库，将对农产品的完好承担全部责任。因此，农产品入库作业管理至关重要。

1. 农产品入库作业的概念

是指接到入库通知单后，经过接运提货、装卸搬运、检查验收和办理入库手续等一系列作业环节所形成的整个工作过程（图3-1-1）。

2. 农产品入库前的准备工作

仓库应根据农产品仓储合同或者农产品入库通知单、入库计划，及时、高效地进行库场准备，以便农产品能按时保质入库，保证农产品入库过程顺利进行。仓库的农产品入库准备需要由仓库的作业部门、管理部门、设备作业部门等分工合作，共同做好以下工作。

M3-3 农产品入库
作业流程

（1）加强日常业务联系。库管人员应按仓储计划定期与货主、生产厂家以及运输部门进行联系，了解将要入库农产品的品种、类别、性能、数量和到库时间，以便做好农产品入库前的准备工作。

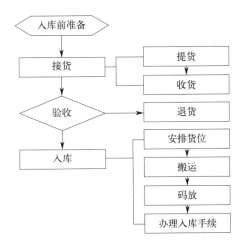

M3-4 农产品入库准备

图 3-1-1　入库作业流程

（2）合理调配人员。根据农产品入库的数量和时间，安排好相关作业人员（接货人员、质检人员、验收人员和装卸搬运人员等），保证农产品到达后，人员能够及时调配到位。

（3）准备验收和装卸搬运器械。准备好码放农产品所需的空托板或托盘，合理配置好农产品检验、计量和装卸搬运设备（如电子秤、叉车等），堆码设备以及必要的防护用品。

（4）合理安排货位。仓库部门根据入库农产品的性能、数量、储存时间，结合仓库分区分类保管的要求，核算所需的货位面积大小，根据农产品物动量 ABC 的计算，确定农产品存放的位置和堆码方法、苫垫方法以及进行必要的清仓、打扫、消毒和准备验收场地等相关工作。

（5）准备苫垫材料、劳保用品。根据入库农产品的性能、数量和储存场所的条件，核算所需苫垫用品的材料和数量，尤其对于底层仓和露天堆场存放农产品，更应注意苫垫用品的选择和准备。同时根据需要准备好劳动保护用品。

二、农产品接收作业

（一）农产品接收方式

农产品接收到库的方式有很多，只有少部分的农产品会由供货商直接送货到库，大部分要经过火车、飞机、轮船和汽车等运输工具转运。凡经过运输转运的农产品，都必须经过仓库接货后，才能进行入库验收。因此，农产品的接运是入库业务流程的第一道作业环节，也是仓库直接与外部发生的经济联系。它的主要任务是及时而准确地从交通运输部门提取入库农产品，要求手续清楚、责任分明，为仓库验收工作创造有利

M3-5 农产品
接收作业

条件。因为接运工作是仓库业务活动的开始，如果接收了损坏或错误的农产品，将直接影响后续商品出库。农产品接运是农产品入库和保管的前提，接运工作完成的质量直接影响农产品的验收和入库后的保管保养。因此，在接运由交通运输部门（包括铁路）转运的农产品

时，必须认真检查，分清责任，取得必要的证件，避免将一些在运输过程中或运输前就已经损坏的农产品带入仓库，造成经济损失，为验收和保管保养创造良好的条件。

农产品接运的方式主要包括到站点（车站、码头、航空站）提货、自提货、送货到库及铁路专用线路接货4种情况。

1. 到站点提货

这是由外地供货商委托铁路、水运、航空等运输部门代运农产品到达仓库最近的车站、码头、航空站后，仓库依据到货通知单派车提运农产品的作业活动。此外，在接受货主的委托，代理完成提货、末端送货活动的情况下也会发生此类作业活动。

提货人员应了解所提取的农产品品名、型号、特性和一般保管知识以及装卸搬运注意事项等，在提货前应做好接运农产品的准备工作，如准备装卸运输工具，腾出存放农产品的场地等。到货前，提货人员应主动了解到货时间和交货情况，根据到货多少，组织装卸人员、机具和车辆，按时前往提货。

提货时应根据运单以及有关资料详细核对品名、规格、数量，并注意农产品外观，查看包装、封印是否完好，有无沾污、受潮、水渍、油渍等异状。若有疑点或不符，应当场要求运输部门检查。对短缺损坏情况，凡属运输方面责任的，应进行商务记录；属于其他方面责任需要运输部门证明的，应进行普通记录，由运输员签字。注意记录内容与实际情况要相符。

农产品到库后，提货员应与保管员密切配合，尽量做到提货、运输、验收、入库、堆码一条龙作业，从而缩短入库验收时间，尽快办好内部交接手续。

2. 自提货

自提货是指仓库接受货主委托直接到供货商所在地提货的方式。仓库应根据提货通知，了解所提农产品的性能、规格、数量，准备好提货所需的机械、工具、人员，在供货商所在地检验质量、清点数量，并做好验收记录，接货与验收一并完成。

3. 送货到库

送货到库是指供货商或其委托的承运商将农产品直接送达仓库的一种供货方式。通常是托运商与仓库在同一城市或附近地区，不需要长途运输。当农产品到达后，接货人员及验收人员应直接与送货人员进行交接工作，当面验收并办理交接手续。如果有差错，应该会同送货人查实，并由送货人出具书面证明、签章确认，以留作处理问题时的依据。

4. 铁路专用线接货

是指仓库备有铁路专用线，大批整车或零担到货接运的形式。一般铁路专线都与公路干线联合。在这种联合运输形式下，铁路承担主干线长距离的农产品运输，汽车承担短距离的运输。

接到专用线到货通知后，应立即确定卸货货位，力求缩短场内搬运距离；组织好卸车所需要的机械、人员以及有关资料，做好卸车准备。车辆到达后，引导对位，进行检查，查看车辆封闭情况是否良好；根据运单和有关资料核对到货农产品品名、规格、标志并清点数量；检查包装是否损坏或有无散包；检查是否有进水、受潮或其他损坏现象。在检查中发现异常情况，应请铁路部门派员复查，做出普通或商务记录，记录内容应与实际情况相符，以便交涉。

卸车时要注意为农产品验收和入库保管提供便利条件，分清车号、品名、规格，不混不乱；保证包装完好，不碰坏，不压伤，更不得自行打开包装；应根据农产品的性质合理堆放，以免混淆。卸车后在农产品上应标明车号和卸车日期。编制卸车记录，标明卸车货位规格、数量，连同有关证件和资料，尽快向保管员交代清楚，办好内部交接手续。

（二）处理农产品接运差错

在农产品接运过程中，有可能会遇到送货凭证差错、农产品包装破损、数量短缺、质量变质、送错货等异常情况，遇到这些问题时，库管人员要与供货商进行沟通确定差错产生的原因，与供货商沟通协调，寻求最佳的解决方式。

1. 凭证差错

在进行农产品接运时，要检查送货凭证的真伪性和有效性，如果凭证上的供货商名称、品名、规格、数量、送货时间存在差错，应第一时间与供货商取得联系，进行沟通，协商解决问题。

2. 包装破损

农产品到货时，如果发现外包装存在破损、沾污、受潮、水渍、油渍等现象，接货人员要与送货人员进行沟通，分清责任。农产品包装破损责任如属于供货商、发货单位或承运单位，提运员或接运员应向承运部门索取有关的事故记录并交给库管员，作为向供应商或承运单位进行索赔的依据。如因接运过程中的装卸不当等造成破损，签收时应写明原因、数量等，报仓库主管处理，一般由责任方负责赔偿。

3. 数量短缺

农产品接运时如果发现数量短缺，要分清数量短缺造成的原因，如果是供货商少发造成的短缺，应第一时间与供应商进行沟通确认，提运员或接运员进行相关记录，相关记录交给库管员，作为向供应商索赔的依据。如因运输过程中装卸不牢、运输不当而导致短缺，或无人押运导致被窃造成丢失，应由运输部门承担责任。

4. 质量变质

农产品质量变质，如果是供货商的原因造成，可退货、换货或索赔，库管员在签收时应详细记录变质的数量和变质程度；如运输不当导致农产品变质，责任由运输方承担，库管员在签收时应索取有关记录，交货主处理；提运中，因农产品混放、雨淋等原因造成变质，责任由接货人员承担。

5. 到货错误

因发运方造成的错发、错装等，应与发运方进行沟通，协商解决；因提运、接运操作不当造成的错卸、错装等，库管员在签收时应详细注明，并报主管部门进行处理；因承运方造成的错运、错送等，应索取承运方记录，交货主交涉处理。对无仓储合同、无计划的到货，应及时与货主进行沟通，经确认后，才能办理入库手续。同时，货主要及时补送订货合同、到货计划。

三、农产品验收作业

农产品入库验收是指仓库在农产品正式入库之前，按照一定的程序和手续，对到库农产品进行数量和外观质量的检查，以验证农产品是否符合订货合同规定的一项工作。

M3-6 农产品验收概述

思政园地

环江毛南族自治县牢固树立以人民为中心的发展思想，深入开展食用农产品质量安全源头治理，切实保障群众"舌尖上的安全"，不断提升人民群众幸福感、安全感。

加强畜禽屠宰管理。对城区屠宰场严格执行生猪定点屠宰管理制度，落实生猪进厂验收管理制度、肉品品质检验管理制度和肉品质量追溯制度，生猪检验合格后出具"两证两章"。制定打击私屠滥宰专项整治工作方案，在开展专项整治活动中未发现私屠滥宰、添加"瘦肉精"、注水或注入其他物质、屠宰病死畜禽等各类违法犯罪行为，未发现生猪定点屠宰企业采购、屠宰、销售病死生猪等违法行为。

（一）农产品入库验收的作用

农产品入库验收可以避免出现货损、货差等现象，避免企业由此造成经济损失，同时起到监督供货单位和承运商的作用，具体表现为以下几点：

（1）入库验收为农产品保管和使用提供可靠依据；

（2）入库验收记录是向货主退货、换货和索赔的依据；

（3）入库验收是规避农产品仓储经营风险的重要手段；

（4）入库验收有利于维护货主利益。

货物入库前必须进行货物验收工作。货物验收工作是一项对时间性、技术性、准确性要求很高的工作。

（二）农产品入库验收的标准

为了准确高效地验收农产品，必须明确农产品验收标准。在农产品实际入库作业过程中，通常依据以下标准验收农产品。

（1）采购合同或采购订单中规定的农产品的具体要求和条件；

（2）采购合同中农产品的规格或图解；

（3）议价时合格农产品的样品；

（4）各类农产品的行业或国家品质标准。

通常，农产品验收的标准，如果合同中有规定，按合同中的规定执行；如果合同中没有规定，则按行业或国家标准执行。

M3-7 农产品验收
作业程序

（三）农产品验收作业的程序

农产品验收工作是一项技术要求高、组织严密的工作，关系到整个仓储业务能否顺利进行，所以必须做到准确、及时、严格、经济。

1. 验收准备

仓库接到农产品到货通知后，应根据农产品的性质和批量提前做好验收准备工作，具体包括以下内容：

（1）人员准备。安排好负责农产品质量验收的专业技术人员或验货人员，以及配合验收工作的接货人员和装卸搬运人员。

（2）资料准备。收集并熟悉待验农产品的有关文件，如技术标准、订货合同等。

（3）器具准备。准备好验收用的检验工具，如衡器、量具等。

（4）货位准备。针对到库农产品的性质、特点和数量，确定农产品的存放地点和保管方法，其中要为可能出现的不合格农产品预留存放地点。

（5）设备准备。大批量农产品的数量验收，必须要有装卸搬运机械的配合，应做好设备的申请调用工作。

2. 核对凭证

农产品入库必须具备以下凭证：

（1）货主提供的入库通知单或订货合同副本，是仓库接收农产品的凭证；

（2）供货单位提供的农产品质量证明书、装箱单、磅码单、发货明细表等；

（3）承运单位提供的运单，若农产品在入库前发现残损情况，还要有承运部门提供的货运记录或普通记录，作为向责任方交涉的依据。

3. 实物验收

实物验收就是根据入库单和有关技术资料对农产品外包装、数量和质量进行检验。一般情况下，或者合同没有约定检验事项以及无须开箱、拆捆就可以直观判断时，仓库仅对农产品的品种、规格、数量、外包装等外观质量情况进行检验。但是在进行分拣装配作业或合同约定等情况下就需要检验农产品的品质及状态。

（1）包装检验。包装检验是对农产品的外包装进行检验，也称运输包装、工业包装的检验。实物验收的第一步一般是检查外包装。农产品包装具有保护农产品、便利物流等功能。外包装是否受到破坏可以初步判断农产品是否可能损坏。因此，包装检验是实物验收的重要内容。包装检验的标准与依据，一是国家颁布的包装标准，二是合同或订单的要求与规定。具体包括：

① 包装是否安全牢固。包装验收要从包装材料、包装造型、包装方法等方面进行检验。例如：检验箱板的厚度，卡具、索具的牢固程度，包装箱的钉距，内封垫和外封口的严密性等。此外，还需检验农产品包装有无变形、水湿、油污、生霉、商品外露等现象。

② 包装标志、标记是否符合要求。商品标志、标记主要用于识别农产品、方便转运及指示堆垛。包装标志、标记要符合规定的制作要求，起到识别和指示商品的作用。

③ 包装材料的质量状况。包装材料的质量和性能状况直接关系到包装对农产品的保护作用，因此必须符合规定的标准。

（2）数量检验。按农产品性质和包装情况，数量检验主要有计件、检斤、检尺等形式。在进行数量检验时，必须与供货方采用相同的计量方法。采取何种方式计数要在验收记录中记载，出库时也按同样的计量方法，避免出现误差。

① 按件数供货或以件数为计量单位的农产品，做数量检验时，要点清件数。一般情况下，计件农产品应全部逐一点清，固定包装的小件农产品，如果包装完好，打开包装则不利于以后进行保管。所以通常情况下只检查外包装，而进口农产品则按合同或管理办法处理。

② 按重量供货或以重量为计量单位的农产品，做数量检验时，有的采用检斤称量的方法，有的采用理论换算的方法。按理论换算重量的农产品，先要通过检尺，然后按规定的换算方法换算成重量检验。对于进口农产品，原则上应全部检斤，但如果订货合同规定按理论换算重量交货，则按合同办理。

③ 按体积供货或以体积为计量单位的农产品，做数量检验时要先检尺后求积。

一般情况下，数量检验应全验，即按件数全部进行点数，按重量供货的全部检斤，按理论重量供货的全部检尺后换算为重量，以实际检验结果的数量为实收数。但对于大批量、同规格、同包装、较难损坏、可信赖的农产品可以采用抽验的方式检验。

（3）质量检验。仓储部门一般对入库的农产品不进行内在质量的检验，通常所指的质量检验，主要是检验农产品的外观质量，有否沾污、霉变、虫蛀、渗漏、变色、变形等，目的是配合货主单位，发现问题采取相应的措施，或从速处理，同时也可以分清送货方与仓库的责任界限。

由于入库农产品的品种繁多，批量大小不一，若要件件开箱拆包检验，既有困难也无必要。同时，仓库的检验设备和人力也有限，有些农产品开包后反而影响保管。因此，仓库对入库农产品的质量检验一般都是按一定的比例抽验。确定抽验率或免验，通常依据以下标准：

① 农产品性能。凡容易生霉、虫蛀、串味等性能不稳定的农产品，抽验比例较大；反之抽验比例较小。

② 农产品价值。价值越高的农产品抽验比例越大；反之抽验比例较小。

③ 农产品包装情况。农产品包装不完整或包装强度较小的抽验比例较大；反之抽验比例较小。

④ 生产条件。生产条件和农产品质量差的抽验比例较大；反之抽验比例较小。

⑤ 气候条件。不利于农产品保管的气候条件下抽验比例较大；反之抽验比例较小。

M3-8 农产品验收
的方法和内容

⑥ 运输条件。经过长途运输、装卸环节多、运输条件差等情况下抽验比例较大；反之抽验比例较小。

⑦ 货源渠道。渠道不够稳定、可靠的情况下抽验比例较大；反之抽验比例较小。

🌱 **拓展知识**

农产品质量验收的目的是查明入库农产品的质量状况，发现问题，以便分清责任，确保到库商品符合订货要求。质量验收通过感官鉴别、理化检验、对比检验、试用检验等方法实现。

感官鉴别法。感官鉴别法又称为感官分析、感官检查或感官评价。该方法是把人的感觉器官作为检验器具，对农产品的外形、色、香、味、手感等感官质量特性，在一定的条件下做出判断或评价的检验方法。这种方法简单易行，快速灵活，成本较低。

试用检验法。对那些急需上生产线而来不及检验或批量质量不稳定的农产品，可以采用试用检验法，通过中小批量的实际使用，来确认该批农产品的质量。

理化检验法。理化检验法是在实验室的一定环境条件下，利用各种仪器、器具和试剂，运用物理、化学及生物学的方法来测试农产品质量的方法。它主要用于检验农产品成分、结构、物理性质、化学性质、安全性、卫生性以及对环境的污染和破坏性等。

对比检验法。对那些没有可参照的检验标准的农产品，可对比以前使用过的农产品，参照判断农产品是否合格。

如果必须对农产品的物理结构、化学成分等进行鉴定，一般要由专业技术检验单位进行，检验后出具检验报告说明农产品质量。

任务实施

步骤一：信息沟通及入库前准备工作

小张接到入库任务后，与供应商进行了沟通，确认任务单上的货物没有差错。

1. 合理调配人员

根据入库任务单上牛奶和大米的数量和到货时间，安排了装卸搬运人员 1 名，验收人员 1 名，保证货物到达后，人员能够及时调配到位。

2. 准备验收和装卸搬运器械

准备好码放箱装牛奶所需的空托盘 2 个、叉车 1 辆、地磅 1 台，合理配置好农产品检验和计量及装卸搬运设备、堆码设备以及必要的防护用品。

3. 合理安排货位

根据入库牛奶和大米的性能、数量、储存时间，结合仓库分区分类保管的要求，核算所需的货位面积大小，确定箱装牛奶组托的方式，确定袋装大米就地堆码的位置和堆码方法、苫垫方法，以及进行必要的清仓、打扫、消毒和准备验收场地等相关工作。

步骤二：货物接收和检验

（一）核对凭证

供应商把货物送到仓库门口后，小张首先要进行送货单的核对，确定送货单位、货物名称、规格、数量、送货时间都准确后，进行实物验收。

（二）实物验收

1. 数量验收

（1）箱装牛奶采取计件验收的方式进行数量验收。

（2）大米采取检斤的方式进行数量验收，大米的重量只有在误差允许范围内才算验收合格。

2. 质量验收

（1）箱装牛奶采取感官鉴别法进行验收，首先查验外包装是否完好，然后检查牛奶的名称、规格和保质期是否合格，全部合格的验收入库。

（2）大米质量验收采取感官鉴别法和抽样验收法，查看大米的外包装是否完好，大米的品质是否合格，有没有发霉受潮的现象，如果都合格即可验收入库。

步骤三：入库完成

小张把验收合格的货物摆放在指定的货位，填写入库单，入库完成。

任务二　农产品入库异常情况处理

任务引领

在农商储运公司实习的小张，某一天，在入库接货时发现到货的 40 箱纯牛奶中有 5 箱包装破损，应到货的 1000 袋散装大米只到了 900 袋。有物料进仓时，公司规定仓库管理员必须凭送货单、检验合格单办理入库手续，而出现以上问题，小张应该如何处理这些异常情况呢？

知识研习

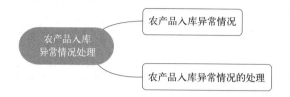

M3-9 农产品入库
异常情况介绍

一、农产品入库异常情况

农产品入库异常情况的处理相对普通货物要复杂一些。这是因为农产品具有易腐、易损、寿命短、常温难以储存等特性；农产品物流对冷链运输条件、运输时间和相应仓储技术的要求高；农产品笨重、外形品质差异大，又决定了农产品物流成本高、价值低；农产品的生产存在季节性、区域性、产量相对固定等特点，因此价格波动频繁，这也会影响农产品物流企业利润。

农产品正式入库前，按照一定的程序和手续，对到库农产品进行数量和外观质量的检查，以验证它是否符合订货合同的相关规定。入库的农产品来源复杂、渠道繁多、产地和厂家各有不同，又都经过不同的运输方式和运输环节的装卸搬运，有可能在数量、质量上发生不同程度的变化，因而可能出现入库异常情况。因此，需要按照一定的标准和流程对农产品进行验收，同时对已经出现的入库异常情况进行及时、准确和快速的处理，这样不仅可以防止企业遭受经济损失、规避仓储经营风险，而且可以起到监督供货单位和承运商的作用。农产品入库验收记录是货主退货、换货、索赔的重要依据，也是保障农产品交易有序进行的重要步骤。农产品入库异常情况主要有以下几种：

1. 数量不符

数量不符分为件数不符和重量（体积）不符，后者主要是针对散装货物和裸装货物。件数不符通常包括多件与少件两种情况，运输距离、运输条件、转运等具体情况的存在，造成仓库多装、卸货差错、货物丢失的可能性很高。因此，核对件数是入库验收最简单、最重要的操作之一。

农产品入库验收时数量溢缺经常会发生，原因有很多。例如，农产品出库数量清点不准确；送货时点数不准确或分拣不清；运输周转过程中错装、漏装和遗失；货主单位开具的单证差错等。因此，仓储部门必须认真把好农产品入库的数量关，及时消除数量溢缺的隐患，以免不必要的保管损失。

2. 包装异样

包装异样的具体情况有：

（1）包装破损、松动。若包装出现变形、水湿、油污、生霉、破裂、商品外露等，均属于不合格现象。

（2）包装标志、标记异样。由于包装标志、标记主要用于识别农产品、方便转运及指示堆垛。包装标志、标记要符合规定的制作要求，才能起到识别和指示作用。包装上指示性、警告性的包装标志短缺或模糊不清的，属于包装标志、标记异样。

（3）包装材料的质量状况。包装材料的质量和性能状况直接关系到包装对农产品的保护作用，因此必须符合规定的标准。如箱板的厚度，卡具、索具的牢固程度，包装箱的钉距、内封垫和外封口的严密性等都应符合货物实际及相关要求。

3. 单货不符

（1）有货无单。货物送达仓库时，仓库管理人员尚未收到有关单证。由于农产品包装、数量等无法与相关单证进行核对，因此暂时不能做验收入库处理，应及时与发货方或运输方联系，查询单证情况。

（2）有单无货。为了方便仓储方事先准备相关事项，货物的单证往往先期送达仓库，如果在合理时间之内，这种情况不用特别处理。然而有时却可能遇到农产品迟迟未到的情况，考虑到运输过程中的多重影响因素，这种情况应加以重视。

4. 货未到齐

这是由于某种原因（如分批运输等），同一单证所列农产品未能全部运抵库场的情况，需要与货物丢失、损耗、漏发相区别。

M3-10 农产品入库
异常情况处理

二、农产品入库异常情况的处理

农产品入库验收牵涉面较广，因此仓库验收人员必须认真负责，做好各项验收记录，以便在与客户发生纠纷时能够分清责任。仓库对农产品验收中发现的具体问题，如农产品数量溢余、短少、残损、变质等情况可用书面形式通知业务部门和发货方要求查明情况进行处理。一般采用的表格有入库验收单（表3-2-1）。

表 3-2-1　入库验收单

入库单号：R20200420

供应商：某乳业有限公司、某米业有限公司　　　　　　　　　　时间：2022 年 4 月 22 日

序号	商品名称	包装规格	应收数量	实收数量	验收结果	差异原因
1	纯牛奶	220mL×18 袋/箱				
2	散装大米	50kg/袋				

送货员：　　　　　　　　　　　　　　　　　　　　　　仓管员：

具体农产品入库异常情况的处理：

1. 数量不符

如果验收时发现入库农产品的实际数量与入库单上的数量不一致，经复验核准后，应在入库验收记录上作相应记录，按实收数量签收，并将短缺情况通知有关方。如果人为丢失则相关责任人承担经济损失。

2. 包装异样

点收时对农产品包装有疑问的（如已被拆过或已破损），收货人员应会同送货人员开箱查验。如发现有缺损情况，立即做好有关记录，并对破损货物单独堆放，以便处置。

在物流信息化背景之下，部分包装货物还可能出现入库时没有条形码或标签的情况：货物正常的操作流程是通过标签和条形码进行入库，对于没有条形码和标签的采取编码入库或

者根据供应商、重量、产品型号进行入库。

3. 单货不符

（1）有货无单。可将农产品作暂存处理，并即刻通知有关方补送单证，并等单证到齐后再验收入库。

（2）有单无货。应立即与农产品托运人联系，当查实无货来库时，按合同办理相关手续或将单证退回并注销。

4. 货未到齐

同一单证上的农产品未能全部运抵库场。仓库管理人员应该按实际收到的数量在有关单证上签收。

任务实施

步骤一：信息沟通确认，填写入库验收单

小张发现入库异常情况后，第一时间与送货人及发货方进行沟通，查明异常原因后认真做好入库验收记录，填写入库验收单（表3-2-2）。

表 3-2-2　入库验收单

入库单号：R20200422

供应商：某乳业有限公司、某米业有限公司　　　　　　　　　　　2022 年 05 月 22 日

序号	商品名称	包装规格	应收数量	实收数量	验收结果	差异原因
1	纯牛奶	220mL×18 袋/箱	40	35	少收 5 箱	运输造成包装破损 5 箱，退回厂家
2	散装大米	50kg/袋	1000	900	数量少 100 袋	少发货

送货员：小金　　　　　　　　　　　　　　　　　　　　　　　仓管员：小张

步骤二：入库异常处理方法

1. 包装破损

小张发现由于运输和装卸搬运不当，有 5 箱牛奶的外包装破损，虽然不影响内部袋装奶的使用，但是因为仓库没有可替换的包装箱，也不零售该商品，所以包装破损的牛奶没办法处理，因此做出退货并再补发 5 箱合格品的处理意见。

2. 数量不符

经与发货方沟通，小张发现负责大米发货的工作人员由于疏忽少发了 100 袋大米，发货方承诺两天内补发缺少的 100 袋大米，并表示歉意，小张与自己的上级主管沟通后，同意了发货方的补救方法，等待对方补发短缺的大米并验收了 900 袋大米。

思与练

小瓜接到上级主管部门的入库任务单后，根据入库时间和货物的相关特性，做了入库前的准备工作，小瓜提前准备了地牛、电子秤，货物送到的时候，小瓜发现送到的货物信息如表 3-2-3 所示。

1. 小瓜所做的入库准备工作是否合理？需要做哪些调整呢？

2. 小瓜接到送货单后，对比上级主管部门下发的入库通知单，发现接货的异常问题有哪些？应该如何处理？

表 3-2-3 送货单

收货单位：某农商储运有限公司

NO.20220625

地址：某市某区物流基地 1 号

2022 年 6 月 25 日

序号	商品名称	包装规格	单位	数量	备注
1	酸酸乳	112mL×40 袋/箱	箱	40	送货
2	散装大米	100kg/袋	袋	1000	送货

收货单位及经手人（签章）：　　　　　　　　　　　　　　送货单位及经手人（签章）：

·项目四·
农产品包装与流通加工作业

🌱 思维导图

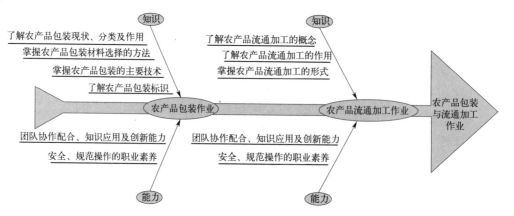

🌱 学习目标

知识目标	1. 了解农产品包装的现状、分类及作用； 2. 掌握农产品包装材料选择的方法； 3. 掌握农产品包装的主要技术； 4. 了解农产品包装的主要标识； 5. 了解农产品流通加工的概念、作用及形式
技能目标	1. 能够熟练、规范地合作完成农产品接收和验收工作； 2. 能高效、合理地处理农产品入库异常问题； 3. 能够根据不同的农产品特性选择合适的包装材料和包装技术； 4. 能够结合农产品特征和包装材料及方式制作合适的包装标签； 5. 能够根据农产品特性选择合适的流通加工形式
素质目标	1. 培养学生爱岗敬业、吃苦耐劳和团结协作等良好的职业道德； 2. 培养学生的质量意识、安全意识、环保节约意识，树立社会责任心； 3. 崇尚宪法、遵纪守法、诚实守信、履行道德准则和行为规范，具有职业认知、社会责任感和社会参与意识； 4. 培养5S理念以及严谨、认真、精益求精的职业素养

任务一 **农产品包装作业**

任务引领

    A 农产品公司的主营业务范围包含粮食、果蔬和肉类等。小赵在仓库管理工作中，发现常见的农产品外包装有纸箱、木箱、塑料筐（箱）、竹筐等（图 4-1-1）。那么，小赵应该如何根据不同的农产品特点选择合适的包装容器呢？

纸箱　　　　木箱　　　　塑料筐　　　　竹筐

图 4-1-1　农产品外包装

知识研习

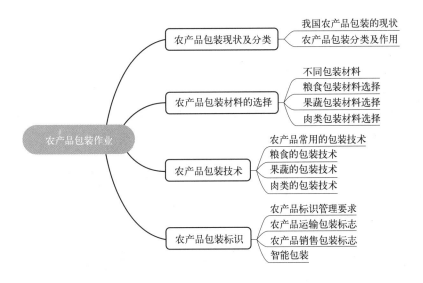

一、农产品包装现状及分类

    农产品包装是对即将进入或已经进入流通领域的农产品或其加工品采用一定的容器或材料加以保护和装饰，其主要功能在于保护产品、传递信息、便携运输与使用，促进销售、提高产品附加值。在流通过程中，粮食、肉类、蛋类、水果、茶叶、蜂蜜等农产品，不加包装则难以运输、储存、保管和销售。随着包装机械的运用，农产品包装正在实现工厂化、自动化。

（一）我国农产品包装的现状

农产品包装是一门综合性学科，生产包装需要掌握农产品特色属性、选择适宜材料、优化结构设计、巧妙运用工艺手段等，才能有效地保护产品。这是一个科学化、系统化的工程，每个环节都必须符合科学性。成功的农产品包装，除了要充分体现产品和艺术的完美结合，还应具备货架印象、可读性、外观图案、商标印象、功能特点等5个要点，从而广泛吸引消费者的关注。从目前市场来看，我国农产品包装还处于起步阶段，缺少成熟完整的体系，如规范标准不严格，市面品牌、商标鱼龙

M4-1
各种包装形式
发展现状分析

混杂，包装形式单一，材料品质参差不齐，生产工艺落后，欠缺实用性，环保不达标等。而发达国家在农产品包装领域已经成熟，不但拥有完善的体系和科学规范，同时更注重知识产权的保护，使我国同类农产品在国际市场的竞争力较弱。

1. 保鲜意识和环保意识薄弱

包装除了具有防止挤压的作用外，还要有一定的保鲜功能，如市场上已经出现的葡萄专用保鲜纸袋，荔枝和杨梅用碎冰覆盖等来进行保鲜，苹果、橙子、樱桃、杨梅等放在冷库中进行暂存销售。温湿度控制对农产品保鲜非常重要，农产品采后处理、运输、销售和仓储过程中都应严格控制温湿度。但是农产品采后到销售这一链条中温湿度的控制不能保持连续性，温度时高时低，这样对农产品的保鲜非常不利，容易加剧腐烂变质。

另外，目前国内的农产品包装材料种类不少，有竹筐、木箱、纸箱、塑料箱、泡沫箱等，但由于做工简单、质量差，有的是材料自身的缺点，导致不能重复利用，还有的可能会对环境造成污染。这些都是需要克服和改进的，因此研发绿色环保型包装材料已经迫在眉睫。

2. 质量追溯意识薄弱

在国内的农产品包装上，产地、品种、规格、重量等标注不完善或缺乏，消费者不易了解产地情况、病虫害及施药情况，出现质量及安全问题较难追溯。

3. 产品分级标准不严格

批发市场的农产品，许多没有进行严格的农产品分级，无法进入大商场，更卖不上好价钱。有些超市销售的农产品没有进行分级售卖，大的、好的被顾客挑走，剩下的只能坏掉扔掉，造成了极大的损耗和浪费。

4. 物流配套措施不到位

为了减轻农产品在物流环节的机械损伤，保持农产品品质和降低损耗，现在都提倡物流一体化包装，但国内一体化包装受到很多限制，尤其在包装材料方面一直没有比较好的物流中介。如瓦楞纸箱以重量轻、缓冲性能好、造型结构可塑性强、无废弃公害、符合环保要求等优点，被广泛应用于水果包装。但是纸箱在湿度高的环境下容易受潮变形，承压能力减弱。塑料箱强度大，易堆垛码货，并且可以重复利用，符合绿色环保要求，也广泛用于农产品包装，但是其造价较高，保温保湿效果差。

5. 包装形式单一，档次偏低

虽然发泡网的使用在一定程度上提升了包装档次，纸箱包装也由普通纸箱向瓦楞纸箱发展，并且包装规格也在向小型化和精品化发展。但从整体上看，农产品的包装规格、尺寸、

印刷方式以及纸箱打眼位置、形状和大小五花八门，质量参差不齐，造成了"一流产品，二流包装，三流价格"，使农产品的销售大打折扣。

6. 品牌意识薄弱

由于品牌意识薄弱或为了节约成本，厂家常常直接在印刷厂订购一种通用的包装，缺乏品牌特色，没有考虑将产地名称和特色标识出来，更没有将品牌和包装进行统一，推广自己的品牌，这在一定程度上也给盗用假冒者可乘之机。

（二）农产品包装分类及作用

农产品包装形式和材料众多，根据包装在流通中的作用和用途分类，农产品包装主要分为运输包装和销售包装两大类。

M4-2
农产品包装
分类及作用

1. 运输包装

运输包装也称为工业包装或外包装，是以满足农产品运输存储为主要目的的包装，能够保障农产品安全、方便储运，提高效率。整个物流环节包括运输、存储、搬运、包装、流通加工、配送、信息处理，其中运输环节将整个流通过程联通，因此，运输包装至关重要。运输包装的作用主要体现在以下几个方面：

（1）保证农产品的在途质量。农产品在物流过程中，一般都会造成一定的损耗，为了保护农产品的使用价值和延长农产品的保鲜时限，都会对农产品进行包装，从而保证在途质量，降低损耗率。例如，带叶蔬菜会在长途运输时用泡沫塑料盒装载并在底部放一些冰袋以保持一定的低温，保证蔬菜的新鲜度。

M4-3
农产品运输
包装的作用

（2）提升物流转运效率。对于农产品企业而言，物流的快慢影响着企业的经济发展。农产品的需求量随着季节和地域的变化发生改变，运输前对农产品适当流通加工，比如进行集装箱包装、托盘包装，不仅能让整体物流操作更加方便，而且有效降低农产品流通过程中的物流损失。另外，包装物上的操作说明可用于指导搬运作业。

（3）有利于识别农产品，方便检验、计数和分拣。一些农产品因为受到设备、人力、场地等各种因素的影响无法进行细致精美的包装，只能通过筐、绳、箱等进行初步包装。即使是这种初步包装，对于运输过程也是极有利的，方便货物从外观识别，并且使得检验过程、计算统计和分拣都方便很多。

（4）保持农产品鲜度和使用价值。农产品如蔬类需要保持鲜活，肉类易腐，粮食如大米、大豆易受潮生虫，蛋类易碎等，因为这些特性，所以运输时需对农产品进行外包装以维持农产品鲜度和使用价值，一般还会考虑加入防腐剂、冰块、防虫剂、缓冲剂等材料，以保持农产品的鲜度，提高其使用价值。

2. 销售包装

销售包装也称商业包装、内包装等，是直接接触商品并随之销售或与消费者直接接触的包装。其以促销为主要目的，外形美观，适用于购物场所陈设。农产品销售包装的作用主要体现在保护功能、方便功能、标识及促销功能和服务功能。

（1）保护功能。防止农产品破损变形，减缓化学变化；防止有害生物对农产品的侵害以及异物流入造成的污染；防止农产品丢失、散落。保护功能的好坏与包装的结构、材料有着直接的关系。

（2）方便功能。方便运输、方便装卸、便利储存、便于商家和消费者使用、便于包装制品本身的生产和废弃后的再生利用。

（3）标识及促销功能。销售包装能有效地通过包装外表识别包装内部产品。精美的包装能激起消费者高层次的社会性需求，深具艺术魅力的包装对购买者而言是一种美的享受，是促使潜在消费者变为显在消费者，甚至变为长久型、习惯型消费者的驱动力量。

（4）服务功能。在农产品包装设计时，要考虑与客户使用的搬运、存储设备相适应，虽然可能会导致包装成本增加，但有利于提高服务水平，从而吸引并留住大批客户。另外，可以根据不同客户、不同量、不同用途的需求，设计不同的销售包装来满足客户多样性需求。

二、农产品包装材料的选择

（一）不同包装材料

M4-4
不同包装材料
的优缺点

对于粮食、肉类、蛋类、果蔬、茶叶、蜂蜜等必须包装后，才能进入储运和销售环节。适用于这些农产品的包装材料主要有纸、塑料、木材、植物材料（叶、芦苇、草秆、竹）、金属、玻璃、陶瓷、纺织品、复合材料等。

1. 纸制包装材料

纸制包装指以纸和纸板为原料制成的包装。凡定量在 $225g/m^2$ 以下或厚度小于 $0.1mm$ 的称为纸，以上的称为纸板。常见的纸制包装种类有牛皮纸、纸袋纸、包装纸、玻璃纸；包装纸板以箱板纸、黄板纸、瓦楞纸、白板纸、白卡纸为主。纸制包装容器多做成纸板箱、瓦楞纸箱、纸盒、纸袋、纸筒等。

（1）优点。适宜的强度、耐冲击性和耐摩擦性；密封性好，容易做到清洁卫生；优良的成型性和折叠性，便于采用各种加工方法，适用于机械化、自动化的包装生产；最佳的可印刷性，便于介绍和美化商品；价格较低，且重量轻，可以降低包装成本和运输成本；用后易于处理，可回收利用和再生，不会污染环境。

（2）缺点。难以封口，受潮后牢度下降以及气密性、防潮性、透明性差等。

2. 塑料包装材料

（1）优点。多数塑料的密封性、耐化学腐蚀性、防潮性等方面都优于纸和金属材料；相对密度小，重量轻，可以用于制造承重较大的包装容器，节约搬运和运输费用；塑料的加工性能好，便于加工成不同形式和复杂外形的容器，可以采取吹塑、挤塑、注塑、吸塑、中空成型、压延、共挤、涂塑等多种成型工艺；塑料的品种较多，性能各异，能适应不同商品包装功能的要求。

（2）缺点。可能有异味；污染环境；常温下的物理机械强度（表面硬度、抗压强度、抗弯强度等）低于金属和玻璃；热膨胀系数较大；耐热性差，大多数的塑料难以承受150℃以上的高温；相对密度小，包装缺乏重量感和高贵感；多数塑料易带静电，表面容易受到灰尘和脏物的污染。

3. 复合材料

复合材料的性能基本上是各层基材性能的总和，主要有纸与塑料复合、纸与铝箔和塑料复合。这类材料具有较好的综合性能，应用范围日渐广泛。如铝箔与纸、玻璃纸、聚乙烯复合后，可弥补铝箔本身易破裂、缺乏柔软性、无热黏合性等缺点，成为较理想的包装材料。

（二）粮食包装材料选择

M4-5
农产品包装
材料的选择

目前，粮食的包装样式有很多，选用的包装材料也多种多样。以大米为代表，要求包装材料对大米的品质和食用安全具有较好的保护作用，大米的包装材料应具备：安全、卫生、无毒、无污染；有足够的强度，不易破损；不与大米发生任何的物理和化学反应；防潮、防霉、防虫、延长大米保质期等作用。

大米的包装一般以麻袋、布袋、塑料编织袋为主，但是麻袋、布袋不能长时间保护大米，所以一般不建议用这两种材料。下面介绍两种最常见的大米包装材料：

1. 聚丙烯等材料制成的塑料编织袋

塑料编织袋对大米进行包装时，常缝线封口。塑料编织袋是用塑料薄膜（聚乙烯、聚丙烯、尼龙等薄膜）制成的一定宽度的窄带，或用热拉伸法得到强度高、延伸率小的窄带编织而成。这种包装材料对大米的防虫、防霉及保鲜的效果相对来说比较差，通常只能对粮食起到容纳的作用。但塑料编织袋强度高、耐冲击性好，且不易变形，表面有编织纹，防滑易堆储。包装质量在5kg以上的大米可以采用此种包装，保质期在3个月左右。

2. 复合塑料袋

复合塑料袋是由高阻隔性包装材料EVOH、PVDC、PET与PE、PP等多层塑料复合而成，这种包装比塑料编织袋防虫、防霉及保鲜的效果都好。另外，包装图案等印刷也较清楚，文字、条码清晰，容易吸引顾客，促进销售。包装质量在5kg以下的大米可以采用此种包装。但是复合塑料袋不容易降解，较难处理，从环保角度出发使得复合塑料袋的使用受到一定限制。

（三）果蔬包装材料选择

1. 果蔬运输包装材料选择

M4-6
果蔬运输包装
材料选择

根据果蔬性质不同，选择合适的运输包装，可以减少果蔬在搬运和运输中受到的损伤。目前，我国的运输包装种类很多，主要有板条箱、竹筐、塑料箱、纸箱、麻袋、草袋和尼龙网袋等。

板条箱是运输果蔬比较好的一种形式，但造价高，不易回收。竹筐多用于各类叶菜、花椰菜、菜豆等的运输包装，根据不同蔬菜种类应选择不同形状和大小的竹筐，还应在筐内衬1～2层清洁的纸屑或牛皮纸，以避免损伤。纸箱在发达国家是比较普遍的包装容器，适用于多种蔬菜的包装运输，但在没有预冷和保温车的条件下，不宜使用纸箱包装。纸箱包装应避免雨淋、浸泡和结霜，最好选用具有防潮性能的瓦楞纸箱。麻袋和尼龙袋一般适合于不怕挤压的根茎类蔬菜，或一些体积小、重量轻的蔬菜，比如洋芋、大蒜头、洋葱和萝卜；塑料箱是短途汽车运输比较理想的包装，几乎适用于各类蔬菜，它强度高，耐挤压，不易损伤，能很好地保护蔬菜。

从保鲜角度考虑，包装时可加入保鲜剂以及各种衬垫缓冲材料，如脱氧剂、杀菌剂、去乙烯剂、蓄冷剂、二氧化碳发生剂、吸湿剂等。农产品包装常见的缓冲材料是纸和植物材料。纸作为缓冲包装材料应用得很普遍，最便宜的是旧报纸。与植物材料相比，它不会与产品发生任何不好的相互作用，并且可以较明显地改进商品在市场上的外观视觉。植物材料是最易得、最便宜的缓冲包装材料。它们主要用于衬垫，在保护商品方面十分有效。我国很多地方用叶子作为筐装商品的填充物。但是植物材料是生物组织，长时间储放会影响商品质量，使包装容器内温度升高、微生物菌群增多。

2. 果蔬销售包装材料选择

蔬菜的销售包装一般在产地和批发市场上使用，也有些在零售商店使用。包装材料主要是塑料薄膜和塑料盒。常用的薄膜保鲜材料有 PE、PP、BOPP 等薄膜，以及热收缩膜和拉伸膜。这些薄膜常制成袋、套、管状，可根据不同需要选用。果蔬内包装可防止水分蒸发，保持蔬菜鲜嫩、美观，提高商品质量，便于消费者携带。

果蔬销售包装一般应遵循：一是包装的果蔬质量好，重量准确；二是尽可能使顾客看清包装内部果蔬的新鲜或鲜嫩程度；三是避免使用有色包装来混淆蔬菜本身的色泽；四是对于一些稀有果蔬，应在包装上贴营养价值和食用方法的说明；五是塑料薄膜包装一般透气性差，应打一些小孔，使内外气体交换，减慢果蔬腐烂。

包装材料选择还受到果蔬产品本身成本的限制，因此，选择相应包装时要考虑产品价值、包装材料成本、对保护产品质量的作用以及销售价格等因素。

（四）肉类包装材料选择

随着生活水平的提高，人们越来越注重肉类食品的安全卫生质量，同时对肉的加工体系和消费形态有更高的要求。在肉品的流通和销售中，主要以冷鲜肉、冷冻肉和肉制品为主。在我国，冷鲜肉大多是以裸露或简单包装的形式仓储、运输和销售，过程中受周围环境因素的影响，肉品会加速出现腐败变质、肉色变暗和汁液流失等现象，大大降低了其商业价值。冷冻肉的保质期一般较长，但由于冷冻肉在冷冻过程中冰晶生长，造成细胞脱水，而大冰晶的压迫又会使肌细胞破损，从而造成解冻时汁液大量流失，营养成分减少，肉质老化干枯无味。肉制品是指用畜禽肉为主要原料，经调味制作的熟肉制成品或半成品，如香肠、火腿、培根、酱卤肉、烧烤肉等。肉制品含有丰富的蛋白质、脂肪等营养物质，易在微生物、光照、氧气的作用下发生败坏。目前，肉品的主要包装依赖于包装材料、包装技术的选择，材料一般为高阻隔性的多层复合膜，要求氧气透过率低，包装技术主要包括真空包装、气调包装、智能包装等。

肉品市场的竞争在很大程度上是由包装的科学可行性和质量竞争来决定的。近几十年来，材料、方法和机械技术的进步提高了肉品包装的效率和功能。包装材料日新月异，从普通的塑料包装（如聚丙烯、聚乙烯等）到可食性薄膜、纳米复合薄膜等，而肉品包装理念也出现新特色，能够控制包装内环境、监控食品质量的智能包装越来越受到人们的重视。

1. 复合包装材料

市场上肉品生产和销售环节使用的包装材料主要为非生物可降解材料，如铝箔、尼龙（PA）、聚乙烯（PE）、聚苯乙烯（PS）、聚丙烯（PP）、聚对苯二甲酸乙二酯（PET）、乙烯-乙烯醇共聚物（EVOH）和聚偏氯乙烯（PVDC）等。铝箔通常与其他材料合成铝箔复合材料，对水蒸气与氧气的阻隔性极好。聚氯乙烯和聚偏氯乙烯具有较强的阻隔性，但不耐热封；聚酯的柔软性较好；聚乙烯氧气透过率较高，尤其是低密度聚乙烯，但是其抗酸碱、抗油性和水蒸气透过性好；尼龙防氧气透过率较低，耐热、耐寒性较高，机械性较强，但其水蒸气透过率却很大。单层的包装材料大都不能满足肉品仓储保鲜的需要，因此，肉类的包装材料多以多层复合的形式制成复合塑料薄膜，通过阻隔外界微生物、调节包装体系内的气体成分降低环境温度，达到保鲜肉品的目的。

具有高阻隔性的普通塑料复合包装材料对于肉品的微生物生长、过氧化值升高、蒸煮损失、滴水损失、pH 波动等化学和物理变化过程有较明显的抑制作用。

2. 活性包装材料

相比于传统包装材料，活性包装材料不仅能包裹食品，而且对于食品具有一定有益的作用。活性包装的作用是使食品与环境相互协调，创造出一种适宜食品保存的内在条件，这样可以保持食品原有品质，延长食品货架期。目前研究较多的活性包装有抗菌、抗氧化、吸收不良气味等功能。常用的活性包装材料有抗菌性活性包装材料和抗氧化活性包装材料。

3. 可食用薄膜

可食用薄膜是由天然可食用物质（如蛋白质、多糖、脂质、纤维素及其衍生物等）制成，或者将这些物质组合形成复合材料。可食用薄膜近年来受到相当大的关注，因为它们可用作可食用包装材料，并且是可生物降解的环保型包装材料。肉和肉制品的可食用包装通过将活性化合物（如抗菌剂和抗氧化剂化合物）掺入到包装基质中来提高包装的保鲜作用。在基质中掺入一些活性物质还可以改善包装食品的营养和感官特性。

4. 纳米复合材料

聚合物复合材料是聚合物与具有某些几何形状（纤维、薄片、球体、颗粒）的无机或有机添加剂的混合物。纳米级填料的使用使聚合物纳米复合材料迅速发展，也是传统聚合物复合材料的一种替代方案。纳米复合材料还具有低密度、透明、流动性好和可回收性等优点。

三、农产品包装技术

（一）农产品常用的包装技术

农产品常用的包装技术主要有防震包装、防潮包装、防霉包装、防虫包装、特种包装和集合包装等。

M4-7 思政微课：
农产品物流
包装 3R1D

1. 防震包装

防震包装又称缓冲包装，是指为减缓内装物受到的冲击和振动，保护其免受损坏所采取的一定防护措施的包装，在各种包装方法中占有重要地位。农产品从生产到销售要经过一系列的运输、保管、堆码和装卸过程，并置于各种不同的环境之中，随时可能造成农产品损坏。为了防止农产品遭受损坏，就要设法减小外力的影响，所以通常采用防震包装技术。

2. 防潮包装

水分过高会加速农产品腐败变质，为防止潮气侵入外包装而影响内装物质量，常用的包装加工工艺有涂布法、涂蜡法、涂油法、涂塑法等。一些防湿材料可以用于易受潮农产品的包装，如牛皮纸、柏油纸、邮封纸、铝箔、塑料薄膜等，它们可以用来直接包裹产品。

3. 防霉包装

在流通过程中防止包装及内装物霉变影响质量而采取的包装措施。农产品的霉腐是微生物的作用引起的，包装时要根据微生物的生理特点，选择合适的抗霉性材料（如钙塑瓦楞纸箱），以达到抑制霉菌生长的目的，也可以通过密封包装来加以解决。

4. 防虫包装

为保护内装物免受虫类侵害而采用的包装防护措施。可采用真空包装、充气包装、脱氧包装、收缩包装等技术来防止害虫。

5. 特种包装

（1）充气包装（气体置换包装）。将产品装入气密性包装容器，用氮气、二氧化碳等不活泼气体置换包装容器内气体。通过降低氧气的浓度，抑制微生物的生理活动、酶的活性以及鲜活产品的呼吸作用来达到防霉、防腐、保鲜等作用。

（2）真空包装。将产品装入气密性包装容器之后抽去容器内的空气，使得密封后的容器达到预定的真空度。一般的肉类商品、谷物加工商品以及容易氧化变质的商品都可以采用真空包装，真空包装不仅可以避免或减少脂肪氧化，而且能够抑制某些霉菌和细菌的生长。

（3）拉伸包装。依靠机械装置在常温下用弹性薄膜围绕被包装件并拉伸、裹紧，最后在其末端进行封合的一种包装方法。拉伸包装可以捆包单件物品，也可用于托盘包装之类的集合包装。

6. 集合包装

集合包装是现代运输包装的新发展，在当代商品包装运输中占有十分重要的地位。集合包装是指将一定数量的产品或包装件组合在一起，形成一个运输单元，以便于装卸、储存和运输，常见的集合包装方式有托盘、集装箱、集装袋等。

（二）粮食的包装技术

大米和小麦等粮食包装应该具有防霉、防虫、保质、方便运输的功能，下面以大米为例，介绍目前市场上大米包装的主要方法：

M4-8
粮食常用
包装技术

1. 普通包装

使用聚丙烯等材料制成的塑料编织袋对大米进行包装，用缝线封口。包装过程中基本不采用任何保鲜技术，这种包装方式对大米的防虫、防霉及保鲜效果相对较差，通常只能对粮食起到容纳的作用。

2. 真空包装

真空包装可以较好地保持大米品质的原因在于，该方法是抽出包装袋内或仓储环境中的空气，形成负压，降低袋内或储藏环境的氧气浓度，抑制大米的呼吸强度和霉菌的繁殖，防止大米陈化、发霉、生虫等，保持大米的新鲜色泽，从而更好地保持大米的品质。

尤其是高温环境下，真空包装的保质效果更明显，能有效地抑制大米的陈化速度。采用真空包装方法，不仅能有效抑制霉菌生长繁殖，而且能保持米和饭的色泽鲜艳、口感和米饭香味。科学实验表明，真空包装是最能抑制还原糖含量的变化、延缓大米品质劣变的气调包装方式之一。

3. 充气包装

充气包装是指在塑料袋内盛装大米后，用氮气、二氧化碳等惰性气体置换袋内的空气，然后封口，这种包装也称气包装，又称冬眠包装。它主要是利用二氧化碳等惰性气体抑制大米的呼吸作用，防止大米中脂肪的分解和氧化，延缓大米的陈化，达到保持大米品质的目的。采用该方法包装的大米，经过一定时间后，由于大米具有吸附二氧化碳的特性，袋内二氧化碳气体被吸附而形成了负压，使袋子与大米贴紧，呈现出与真空包装相同的密实块状态。形成这种状态后非常坚实，抗压防潮，提高大米的仓储品质，便于运输。即使在高温条件下运输、仓储，也能较好地保持大米的品质。充气包装大体上分为装袋、充气、封口、成形等工序。

（三）果蔬的包装技术

果蔬包装技术主要体现在销售包装上，对果蔬进行包装主要是为了保鲜。常见的果蔬内包装有以下几种。

1. 塑料袋（塑料盒）自发气调包装

选择具有透气性、透湿性的薄膜，可以起到简易气调效果。自发气调是利用密封在塑料薄膜内果蔬的呼吸活动消耗包装内空气中的氧气和产生二氧化碳，逐渐构成包装内低氧与高二氧化碳浓度的气调环境，并通过塑料薄膜与大气进行气体交换维持包装内的气调。目前，新鲜果蔬保鲜包装普遍采用自发包装形式，如用保鲜薄膜包裹塑料浅盘包装的番茄和塑料薄膜包装的鲜切蔬菜等，保鲜效果取决于塑料薄膜的透气率。

M4-9
果蔬类常用
包装技术

2. 充气或活性气调包装

果蔬充气气调包装建立气调的方法有两种：一种是将果蔬放入塑料包装袋或盒内，先抽出空气构成局部真空，再充入低氧与高二氧化碳浓度的混合气体或充入氮气稀释包装内的残氧，得到低氧浓度的气调环境，最后密封；另一种是包装内封入氧气吸收剂或二氧化碳释放剂的小袋，快速建立低氧与高二氧化碳浓度的气调环境。充气式活性气调包装的缺点是增加了包装成本和操作工序。

3. 穿孔膜包装

传统的保鲜膜透气透湿率偏低，主要是在低温下使用，或仅适合呼吸强度低的果蔬使用，而对于常温储存的果蔬或呼吸强度高的果蔬易受低氧或高二氧化碳伤害，尤其在袋内水汽比较严重时，保鲜膜往往不能起到保鲜作用，反而会加速果蔬腐烂。因此，对于呼吸强度较大的果蔬，市场上一般采用穿孔膜包装的方法，这种包装能够降低包装袋内的水汽和二氧化碳浓度，避免二氧化碳对果蔬的伤害，适宜大部分叶菜的包装。但是，现有果蔬穿孔膜普遍存在的一个问题是对氧气和二氧化碳渗透率没有选择性，因而不能形成适合不同特性果蔬使用的系列产品。

4. 简易薄膜包装

常用 PE 薄膜对单个果蔬进行简单裹包拧紧，该方法只能起到有限的密封作用。

5. 硅窗气调包装

硅窗气调包装是一种在塑料袋上烫接一块硅橡胶窗，通过硅橡胶窗上的微孔调节袋内气体成分的包装方法，这种方法通常适用于果蔬的包装。硅窗的透气性很强，比聚乙烯或聚氯乙烯大几十倍到几百倍，这样使果蔬生理代谢所需要的氧气和排出的二氧化碳、乙烯等能通过硅窗与包装体外的大气进行交换，又由于包装创造的小气候适宜于果蔬保藏的需要，所以气调包装果蔬使其耐储性增强。使用硅窗气调包装技术来保鲜，具有省工、省时、节能、管理方便、气体成分稳定、储期长、损耗小、品质好的特点。

（四）肉类的包装技术

鲜肉以肉色为判断品质最简易、最重要的指标。肉的颜色是由肌肉中肌红蛋白的变化决定的。肌红蛋白呈暗紫色，如果和氧发生反应就会

M4-10
肉类常用
包装技术

变成氧合肌红蛋白，呈漂亮的鲜红色。如果肉继续放置氧化或受加热等其他不良条件影响，肌红蛋白中的铁离子就会被氧化成 3 价，变成褐色的高铁肌红蛋白。所以，氧合肌红蛋白总量越多，比例越大，肉的颜色越鲜艳。因此，鲜肉的包装非常重要，应选择透氧率良好的包装材料，但这种包装材料仅适用于鲜肉的短期储存，因为鲜肉长时间放置仍会变为褐色，同时也增加微生物的滋长和脂肪的氧化酸败。实际生产中常见的鲜肉包装有如下几种方式：

1. 托盘包装

M4-11
鲜肉托盘式
气调包装

一般在大型市场销售的冷藏肉，多使用聚苯乙烯托盘，托盘底层垫放吸水纸以吸附肉汁，整个托盘包裹一层透明膜，肉显得格外鲜红，刺激消费者的购买欲。常用的透明膜材料有以下几种：一是玻璃纸，一面涂覆硝化纤维，以此面与肉品接触可吸收肉表面水分而呈饱和状态，进而促进氧气渗透以保持优良色泽，减少失重；二是聚乙烯，对氧的通透性大，此外，抗酸碱、抗油性和水蒸气透过性亦佳，很适合包装鲜肉。

2. 真空包装

真空包装是指抽取包装内几乎所有的空气并配合氧气透过率极低的包装材料，使外界氧气无法渗透入内，降低了鲜肉氧化、酸败的速率以确保鲜肉的新鲜度，抽真空包装之后，由于阻断了氧气，一般肉品都会呈暗红色，有损外观。但是拆除包装后，冷却肉遇氧气又恢复成鲜红的颜色，因此，真空包装一般用于储存时间较长而又要求高品质的酒店及一些大卖场等。

真空包装所使用的材料，除了防氧气透过性及收缩性良好的聚偏二氯乙烯外，还有聚酯、聚酰胺，或者聚酰胺、聚酯和聚乙烯等多层材料。其中聚偏二氯乙烯在防止氧气和水蒸气的透过性方面为各种膜料之冠，然而最大的缺点是不能耐热封。聚酯具有很强的张力强度、软性；聚酰胺防止氧气透过率尚好，耐热、耐寒性亦佳，机械性也很强，但水蒸气透过率大，且价格昂贵。所以多以多层复合的形式作为鲜肉真空包装的材料。

3. 气调包装

气调包装也称充气包装，就是将包装袋内的空气抽去后再充入一定比例的氮气、二氧化碳，以抑制微生物的生长繁殖，进而延长了产品的保鲜期。冷鲜肉采用气调包装还可以保持肉的颜色。

4. 真空热缩包装

大块肉的包装还可以采用真空热缩包装，这种包装形式的好处在于既能有效减少破袋率，又能消除抽真空包装的汁液渗出现象。真空热缩处理既抑制了冷却肉表面需氧菌的繁殖，又能预防冷却肉的二次污染，有效延长货架期，相比气调包装，运输方便，包装费用低廉。随着社会经济的发展及消费者对品质生活的追求，肉品包装与人们日常生活的关系日益密切，因此肉品包装材料与包装技术有着广阔的市场前景。

四、农产品包装标识

农产品标识是指用来表达农产品生产信息、质量安全信息和消费信息的所有标示行为和结果的总称，可以用文字、符号、数字、图案及相关说明物进行表达和标示。

（一）农产品标识管理要求

根据《农产品包装和标识管理办法》，农产品标识相关规定如下。

（1）农产品生产企业、农民专业合作经济组织以及从事农产品收购的单位或者个人包装销售的农产品，应当在包装物上标注或者附加标识标明品名、产地、生产者或者销售者名称、生产日期。

有分级标准或者使用添加剂的，还应当标明产品质量等级或者添加剂名称。

未包装的农产品，应当采取附加标签、标识牌、标识带、说明书等形式标明农产品的品名、生产地、生产者或者销售者名称等内容。

（2）农产品标识所用文字应当使用规范的中文。标识标注的内容应当准确、清晰、显著。

（3）销售获得无公害农产品、绿色食品、有机农产品等质量标志使用权的农产品，应当标注相应标志和发证机构。禁止冒用无公害农产品、绿色食品、有机农产品等质量标志。

（4）畜禽、粮油等属于农业转基因生物的农产品，还应当按照有关规定进行标识。

（二）农产品运输包装标志

1. 运输标志

指贸易合同、发货单据中有关标志事项的基本部分。内容包括：分类标志、供货号、品名、规格、数量、生产日期、有效日期、体积、重量（毛重、净重、皮重）、目的地名称或代号收货人或发货人的代用简字或代号、件号（即每件标明该批货物的总件数）以及生产国家或地区等。

M4-12
农产品运输
包装标识

2. 指示性标志

也称包装储运图示标志。

3. 警告性标志

包装上用图形和文字表示危险品的标志。对于标志的图形、颜色、标志形式、图形位置等，在国家标准《危险货物包装标志》（GB 190—2009）中有明确的规定。

常见农产品包装标志见图 4-1-2。

图 4-1-2 常见农产品包装标志

（三）农产品销售包装标志

消费者在购买农产品时，通常会留意农产品包装上的各种质量标志。下面介绍几种最常用的标识。

1. 食品质量安全标志

即 QS，是英文"质量安全"（Quality Safety）的首字母缩写。获得食品质量安全生产许可证的企业，其生产加工的食品经过出厂检验后合格的，在出厂销售之前，必须在其食品包装上标注由国家统一制定的食品质量安全生产许可证编号，同时也要加印或者加贴食品质量安全市场准入标志"QS"。

2015 年 10 月 1 日，新修订的《食品安全法》开始施行，作为其配套规章，原国家食品药品监督管理总局制定的《食品生产许可管理办法》（下称《办法》）同步实施。《办法》明确规定，新获证食品生产者应当在食品包装或者标签上标注新的食品生产许可证编号"SC"加 14 位阿拉伯数字，不再标注"QS"标志。为能既尽快全面实施新的生产许可制度，又避免生产者包装材料和食品标签浪费，《办法》给予了生产者最长不超过 3 年的过渡期，即 2018 年 10 月 1 日及以后生产的食品，一律不得使用原包装和标签以及"QS"标志（图 4-1-3）。

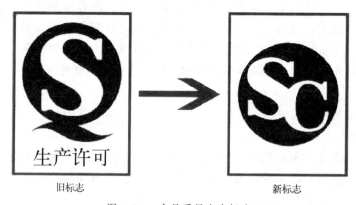

旧标志　　　　　　　　　　　新标志

图 4-1-3　食品质量安全标志

2. 国家免检产品标志

国家免检产品标志是原国家质量技术监督局统一规定的免检标志。标志呈圆形，正中位置为"免"字的汉语拼音声母"M"的正、倒影连接图案，上实下虚，意思是免检产品的外在和内在质量都符合有关质量法律法规的要求。在这一中心图案的上方，有"国家免检产品"的字样，显示了国家免检的权威性；图案的下方是呈弧形排列的"国家质量监督检验检疫总局"字样及其英文缩写"AQSIQ"（图 4-1-4）。自 2008 年 9 月 18 日起，国家取消了免检产品，免检标志不再有效。

3. 绿色食品标志

绿色食品是指产自优良生态环境，按照绿色食品标准生产，实行全程质量控制并获得绿色食品标志使用权的安全、优质食用农产品及相关产品。绿色食品标志是由绿色发展中心在国家市场监督管理总局商标局正式注册的质量证明标志。标志由三部分构成，即上方的太阳、下方的叶片和中心的蓓蕾，象征自然生态；颜色为绿色，象征着生命、农业、环保；图形为正圆形，意为保护。AA 级绿色食品标志与字体为绿色，底色为白色，A 级绿色食品标志与字体为白色，底色为绿色（图 4-1-5）。

AA级

A级

图 4-1-4　国家免检产品标志　　　　　　　　图 4-1-5　绿色食品标志

4. 有机食品标志

有机食品是指生产、加工和销售符合中国有机产品国家标准的供人类消费、动物食用的产品。有机食品是最高档、最安全、价格最高的安全食品，是根据有机农业原则和有机农产品的生产、加工标准生产出来的，是经过有机农产品颁证机构颁发证书的一切农产品。

对于符合认证要求的认证委托人，中绿华夏有机食品认证中心（COFCC）将颁发有机产品认证证书，证书的有效期为 1 年。认证委托人获得中国有机产品认证证书后，可在产品上加施认证标志（图 4-1-6），表明其获证产品符合《有机产品　生产、加工、标识与管理体系要求》（GB/T 19630—2019）标准。认证委托人的认证证书和认证标志适用范围仅限于核准产地、核准产量的认证产品。认证委托人不得以任何目的、任何形式将认证证书和认证标志转让给第三者使用。

5. 无公害农产品标志

无公害农产品是指产地环境、生产过程和产品质量符合国家有关标准和规范的要求，经认证合格获得认证证书，并允许使用无公害农产品标志的未经加工或者初加工的农产品。获得无公害农产品认定证书的单位可以在证书规定的产品及其包装、标签、说明书上印制或加施无公害农产品标志（图 4-1-7）。

图 4-1-6　有机食品标志　　　　图 4-1-7　无公害农产品标志　　　　图 4-1-8　农产品地理标志

6. 农产品地理标志

农产品地理标志是指标示农产品来源于特定地域，产品品质和相关特征主要取决于自然生态环境和历史人文因素，并以地域名称冠名的特有农产品标志。农产品地理标志实行公共标识与地域产品名称相结合的标注制度。公共标识基本图案由相关信息中英文字样和麦穗、地球、日月图案等元素组成（图 4-1-8）。

（四）智能包装

智能包装是指通过创新思维，在包装中加入了更多机械、电气、电子和化学等新技术，使其既具有通用的包装功能，又具有一些特殊的性能，以满足商品的特殊要求和特殊的环境条件。其中涉及保鲜技术、水溶膜包装技术、二维码技术、包装性与结构创新技术、便携包装技术、纹理防伪技术、磁共振射频防伪识别技术、食品安全溯源技术等。这些智能包装技术大部分可归纳为材料与工艺、感知传感器以及交互入口 3 个方面。

1. 材料与工艺

是指通过包装材料、工艺生产、结构设计等包装农产品的智能技术创新。可以通过包装材料的研发创新赋予更多智能技术，如温变或光变油墨、活性保鲜塑料膜等；也可以通过生产工艺技术结合新材料形成智能包装技术，如可变油墨印刷技术；还可以通过结构设计创新形成智能包装技术，如与瓦楞纸板配合制成 AR 眼镜，让消费者更好地了解农产品的使用和注意事项等。

2. 感知传感器

感知传感器的嫁接或植入，使包装更具"智慧"表现，例如光敏、温控、振动、重力等感知传感器。这类感知传感器可以与包装容器结合或配合，通过嵌入式或置入式使包装容器获得更多的功能性。例如：光敏传感器放在密闭不透光的包装箱内，通过对光照强弱来感知包装箱是否被开启过，从而起到防开启的作用，进一步起到了防盗的作用。也可以通过加入温控传感器，对包装箱内的温度进行监控，以确认在整个产品物流过程中是否出现过脱温现象。

3. 交互入口

是指更加简单、便捷地实现人机数据及信息交互的方式，例如二维码、RFID 技术等。目前智能包装细分市场规模最大的为 RFID 市场，RFID 技术与标签的结合大力地推动了这个市场。利用此技术在整个农产品的流转中起到了很好的防窜货功能。

智能包装可以实现产品全流通过程中的全程定位，相当于间接监控了产品全供应链中的制造端、物流端及零售端，充分表现出产品的实际品质。因此，发展智能包装必将成为社会包装的发展主流趋势。

任务实施

通过日常工作观察、请教经验丰富的库管人员以及查找资料，小赵发现粮食、果蔬和肉类农产品因其特点不同，适宜选择的包装材料也存在差异。

步骤一：粮食包装材料选择

小赵发现粮食的包装样式很多，选用的包装材料也多种多样。以大米为代表，要求包装材料对大米的品质和食用质量安全具有较好的保护作用，并具有防潮、防霉、防虫、延长大米保质期的作用。因此，市面上大米的包装一般以麻袋、布袋、塑料编织袋为主，但是麻袋、布袋通透性很差，不能长期储存大米，所以现在市场上最常见的大米包装材料是聚丙烯等塑料编织袋和复合塑料袋。

步骤二：果蔬包装材料选择

小赵发现果蔬的包装材料主要分成两大类：一种是运输包装，也称外包装；另一种是销售包装，也称内包装。

根据果蔬的不同性质，果蔬运输包装主要有板条箱、竹筐、塑料箱、纸箱、麻袋和尼龙网袋等。从包装保鲜考虑，外包装可同时封入保鲜以及各种衬垫缓冲材料，如脱氧剂、杀菌剂、去乙烯剂、蓄冷剂、二氧化碳发生剂、吸湿剂等。农产品包装常见的缓冲材料是纸和植物材料。

果蔬的销售包装一般在产地和批发市场上使用，也有些在零售商店使用。包装材料主要是塑料薄膜和塑料盒。

M4-13 思政
微课：农产品
销售包装的作用

步骤三：肉类包装材料选择

小赵发现，目前肉类包装材料主要有复合包装材料、活性包装材料、可食性薄膜、纳米复合材料等，可根据具体需求进行选择。

任务二　农产品流通加工作业

任务引领

小赵是江西赣州人，家乡特产是赣南脐橙。因此，每逢寒假，小赵都要去叔叔的赣南脐橙果园里帮忙。去年是进入果园帮忙采收脐橙，今年叔叔安排他去包装车间进行分选加工，即将脐橙按形状、大小、色泽等因素进行分级，分别有 AAA 级、AA 级、A 级。对此，小赵有些发蒙，不仅不太明白脐橙的分级标准，而且觉得给脐橙分选很困难，几千千克的脐橙真的要一个一个用肉眼去观察吗？

知识研习

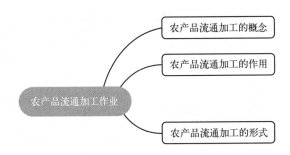

一、农产品流通加工的概念

M4-14 农产品流通加工概念（微课）

M4-15 农产品流通加工概念（动画）

　　资料显示，我国果蔬类农产品在途流通中的损耗率高达 25％～30％，而在发达国家，损耗率一般控制在 5％以下，美国甚至达到了 2％以下。另外，我国农产品加工前后的产值比只有 1：1.8，低于美国等发达国家的 1：3.8，因此，我国农产品物流流通加工还需加强。

　　随着消费方式越来越呈现出个性化、多样化的特征，消费者对农产品的需求越来越高。为了满足消费者的需求，提高产品的附加值，流通企业会对农产品进行补充性加工，如蔬菜的清洗、肉类的分割，以及其他刷标志、贴标签等。伴随着生活节奏的加快，流通加工在促进产品销售、增加商品附加价值等方面发挥着越来越重要的作用。

　　在物流领域中，流通加工可以成为高附加值的活动。这种高附加值的形成，主要着眼于满足用户的需求、提高服务功能而取得，是贯彻物流战略思想的表现，是一种低投入、高产出的加工形式。

　　农产品流通加工是指根据客户的需要，在流通过程中对农产品实施的简单加工作业活动（如除杂、清洗、分级、涂蜡、包装、分割、计量、预冷、刷标志、贴标签等）的总称（图 4-2-1）。

图 4-2-1　流通加工作业活动

　　流通加工是在流通领域从事的简单生产活动，具有生产制造活动的性质。它和一般的生产加工在加工方法、加工组织、生产管理方面并无显著区别，但在加工对象、加工程度等方面差别较大，其主要差别表现在 6 个方面，如表 4-2-1 所示。

表 4-2-1　生产加工与流通加工的区别

指标	生产加工	流通加工
加工对象	原材料、零配件、半成品	进入流通过程的商品
所处环节	生产过程	流通过程
加工程度	复杂的、完成大部分加工	简单的、辅助性、补充加工
价值贡献	创造价值和使用价值	完善其使用价值并提高价值
加工单位	生产企业	流通企业
加工目的	交换、消费	服务消费、流通

二、农产品流通加工的作用

　　流通加工是生产加工在流通领域的延续，在物流领域有着非常重要的地位。流通加工是一种低投入、高产出的加工方式，往往通过简单加工就可以提高产品价值。流通加工一方面可以提高物流服务水平，另一方面其提供的利润并不亚于从运输和仓储中挖掘的利润，是物流中的重要利润来源。

M4-16
农产品流通
加工作用

具体来说，流通加工在现代物流中的作用有以下几点。

1. 提高原材料利用率

利用流通加工环节进行集中下料，是将生产厂商直接运来的简单规格产品，按使用部门的要求进行下料，如对鱼肉的集中处理。

2. 进行初级加工，方便用户

原材料用量小或临时需要的使用单位，缺乏进行高效率初级加工的能力，依靠流通加工可使使用单位省去进行初级加工在金钱、设备及人力方面的投资，方便用户。

3. 提高加工效率及设备利用率

由于建立集中加工点，可以采用效率高、技术先进、加工量大的专门设备，降低加工费用及原材料成本。

4. 充分发挥各种输送手段的最高效率

由于流通加工环节一般设置在消费地，因而，它将实物的流通分成两个阶段：从生产厂到流通加工这第一阶段输送距离长，可进行定点、直达、大批量的远距离输送；从流通加工厂到消费环节的第二阶段距离短，可输送经过流通加工后的多规格、小批量、多用户的产品。这样可以充分发挥各种输送手段的最高效率，加快输送速度，节省运力运费。

5. 改变功能，提高收益

在流通过程中进行一些改变产品某些功能的简单加工，可以提高产品收益。

思政园地

党的二十大报告中提出要"全面推进乡村振兴""全方位夯实粮食安全根基"，粤港澳大湾区重点建设工程掀起学习党的二十大报告热潮，以学习促生产，将党的二十大精神落地到大湾区建设实践中。

粤港澳大湾区（广东·惠州）绿色农产品生产供应基地项目是服务粤港澳大湾区、服务全面乡村振兴和农业农村现代化的重大民生工程，承接了大湾区粮食、冻肉等政策性储备任务，对整个大湾区农产品保价保质稳供，拉动周边50多万农户增收具有重要作用。

项目规划用地1500亩，目前已开发700余亩，建设内容包括智慧冷链、粮食仓储、食品及粮食加工、展示展销、通关贸易、工业污水处理等多种业态。建成后，预计每年可提供农产品流通服务约500万吨，实现农产品流通额约300亿元，带动周边农户和各类新型农业经营主体50万户以上，成为粤港澳大湾区规模最大、品类最全、功能最优、联农最广的现代农业与食品产业集群。

三、农产品流通加工的形式

农产品流通加工的类型有很多，只要我们留意超市里的货柜就可以看出，那里摆放的各类造型的蔬菜、水果、禽肉、鲜鱼等都是流通加工的结果（图4-2-2）。这些商品的除杂、分类、清洗、分割、计量、贴标签、包装等是在摆进货柜之前进行了加工作业，这些流通加工作业都是

M4-17
农产品流通
加工的形式

在流通领域进行的。

图 4-2-2　超市流通加工后的产品

（一）冷冻加工

为解决鲜活农产品，如鲜鱼、鲜肉，在流通中保鲜及装卸搬运的问题，需要采取低温冷冻的方式进行加工。加工后的农产品保质期延长，流通中的损耗明显减少，有利于农产品销售。

低温冷冻仓储能降低农产品基质中的水分活性，抑制微生物的生命活动和酶的活性，降低各种化学、生物化学反应速率，减缓腐烂变质速度，可以较长时间保持农产品的品质。冷冻加工包括肉类、禽类、鱼类、蛋类的冷却与冻结，以及在低温状态下的加工作业，也包括水果蔬菜的预冷与速冻。这个环节上涉及的冷冻装备是冷却冻结装置和速冻装置。一般冷冻水产品的保质期为 6～12 个月。

1. 水产品的冷冻加工

鲜鱼首先要用清洁的冷水洗干净，海水鱼可使用 1% 食盐水来清洗，以防止鱼体褪色和眼球白浊。特别是乌贼，使用 2%～3% 的食盐水保色效果更好。小型鱼类一般都整条冻结，也有剖腹、去内脏后冻结。虾有带壳冻结，也有剥壳冻虾仁，且常常是去头后冻结。蟹有在盐水中煮熟后带壳冻结，也有除壳冻蟹肉。乌贼有整只冻结，也有去除内脏，切成片、丝后冻结。大型鱼类一般都要经过形态处理，可用手工，也可用机械将鱼肉根据冻结制品的要求，切成鱼段、鱼肉片、鱼排、鱼丸等。处理的刀具必须清洁、锋利，防止污染。整个处理的过程中，原料都应保持在低温状态下，以减少微生物的繁殖。

原料鱼经过水洗、形态处理、挑选分级后，有些品种还要进行必要的物理处理和化学添加剂处理，如抗氧化处理、盐渍、加盐脱水处理、加糖处理等，然后称量、包装、冻结。在操作顺序上，不同品种也会不同。采用块状冻结方式，一般都是冻前包装，或者把一定重量的原料装入内衬聚乙烯薄膜的冷冻盘内进行冻结。

生产出来的水产冷冻食品应及时放入冷藏库进行冻藏。水产冷冻食品与其他冷冻食品一样，其冷藏温度必须保持在 -18℃ 以下。由于它与其他动物性食品相比品质稳定性差，特别是多脂肪鱼类仓储性更差，所以尽可能采用 -30℃ 的仓储温度。有些品种为了防止其特有的品质发生变化，如红色金枪鱼肉的褐变、鳕鱼肉的海绵化等，需要采用 -40℃ 以下的仓储温度，并要求仓储温度稳定、少变动，才能使制品保持 1 年左右而不失去商品价值。

冷加工工艺流程（以冷冻鳕鱼片为例）：原料→解冻→清洗→消毒→去皮→冲洗→开片→修整→摸刺→灯检→复验→消毒→漂洗、沥水→过磅称重→摆盘→速冻→脱模→称重→检验→包装入库。

2. 肉类的冷冻加工

冻结加工大致可分为 3 种方式：胴体劈半直接包装后冻结；将胴体分割、去骨、包装、装箱后冻结；胴体分割、去骨后装入冷冻盘冻结。冻结条件一般为：冻结温度 $-28 \sim -25 ℃$，相对湿度 95%，48h 内肉的中心温度应达到 $-15 ℃$ 以下。冻结方式采用冷库管架式冻结装置。

3. 果蔬的冻藏加工

果蔬采摘后，组织中仍进行着活跃的代谢过程。未成熟的可继续发育成熟，已成熟的可发展至老化腐烂的最后阶段。多数果蔬经过冻结与冻藏后，将减缓生命的正常代谢过程。与水产品、肉类冷冻加工相比较，其主要有以下几点特征：①果蔬对低温冻结的承受能力差；②果蔬质膜均由弹性较差的细胞壁包裹，冻结过程对细胞的机械损伤和溶质损伤较为突出；③在冻结与冻藏前，多数蔬菜要经过漂烫处理，而水果常用糖或酸处理。果蔬最好在较低的温度（如 $-30 ℃$）下迅速冻结。

果蔬的速冻工艺流程为：原料→速冻前预处理（挑选、清洗、分级、去皮、切分、漂烫、预冷却等）→速冻→包装→冻藏。

（二）分选加工

农副产品的规格、质量离散情况较大，为提高产品的商业性，需要分选加工。分选加工广泛应用于果类、瓜类、谷物、棉毛原料等。

分选加工是按照相关质量标准先挑选出合格原料，剔除长霉、虫蚀、未熟、过熟、畸形、变色的不合格品，进一步清除杂质、污物，再按重量、尺寸、颜色、形状指标分别逐次分级，使相同级别的产品具有相对一致的品质，强化果蔬的商品概念，以便按质定价和陈列展示，更好地满足市场需求，促进优质果蔬生产的发展。

（三）精制加工

一般在销售地设置加工点，去除农产品无用部分，甚至可以进行切分、洗净、分装等加工。精制加工不仅可以在很大程度上方便购买者，而且可以对加工过程中的淘汰物进行综合利用。

1. 蔬菜精制加工

对新鲜蔬菜进行清洗、挑选、切割、预冷、分级、包装等简单加工处理，制成净菜、切割蔬菜和蔬菜拼盘等。

2. 肉类精制加工

通过对畜禽类动物进行去皮、去内脏、分割、切块或切片、冷藏或冷冻、分级、包装等简单加工处理，制成分割肉、保鲜肉、冷藏肉、冷冻肉、肉块、肉片、肉丁和肉馅等。

3. 蛋类精制加工

通过对鲜蛋进行清洗、干燥、分级、包装、冷藏等简单加工处理，制成各种分级的、包装的鲜蛋和冷藏蛋。

（四）分装加工

分装加工是指为了便于销售，在销售地区按所要求的零售起点进行新的包装、大包装改小、散装改小包装、运输包装改销售包装等。

任务实施

步骤一：了解果蔬的选别与分级管理标准

我国在果蔬的选别与分级管理上正在逐步形成全面完整的标准体系。按照一定的规格和标准对果蔬进行选别与分级，能够使得实际生产中有据可依，进而使果蔬的选别分级与包装水平达到与工业产品相近的水平。赣南脐橙分级的具体标准如图 4-2-3 所示。

| 果直径75~90mm | 果直径65~75mm | 果直径55~65mm |
| 特级果 | 标准果 | 实惠果 |

图 4-2-3 赣南脐橙分级的具体标准

步骤二：了解一些常规的果蔬分级技术

目前常见的一些果蔬分级技术包含人工分级法和机械分级法：

（1）人工分级法。传统的果蔬分级多采用人工分级法，是目前我国农产品产地和中小型企业主要的分级方法，能最大限度地减少农产品的机械伤害，一般借助色卡、分级板、秤、选果板等简单工具进行（图4-2-4），但分级标准有时不严格，生产效率低。因为小赵叔叔的果园已初具一定规模，前几年还引进了专门的分级机械，所以人工分级已经逐渐淘汰。

（2）机械分级法。机械分级的最大优点是工作效率高，适用于那些不易受伤的农产品。有时为使分级标准更加一致，机械分级常常与人工分级结合进行。

一般在果蔬生产基地都建立有包装厂。包装厂配备有果蔬分级机械、自动化打蜡机或者分级、清洗、打蜡、干燥一体化设备（图4-2-5），处理完毕后果实大小基本一致，外观光洁美丽，生产效率明显提高。

图 4-2-4 选果板

步骤三：了解现代自动化分级技术

现代自动化分级技术与计算机科学技术、自动化技术的发展有密切关系。利用计算机视觉系统的专门设备能够对果实的图像进行捕获、信息提取和转化，再由计算机进行识别、处理与测量。该系统能够模拟人的视觉功能并具有人脑的部分功能，对空间物体的三维性状产生感知，从而做出判断并指挥机械系统完成规定操作。当前计算机视觉技术用于果蔬分级主要检测的是形状、大小、颜色、表面缺陷和损伤，基于检测数据并结合判定准则来实现自动分级。

图 4-2-5　现代自动化分级设备

　　目前我国研制的分级机，主要有重量分级装置、形状分级装置、颜色分级装置和综合分级装置。重量分级装置按照被分级的农产品重量与预先设定的重量进行比较分级，多用于苹果、梨、桃、番茄、西瓜、马铃薯等农产品的分级，主要有机械秤式和电子秤式两种类型。形状分级装置是按照被分级农产品的形状、大小进行分级，有机械式和光电式等不同类型。颜色分级装置是根据农产品的颜色进行分级，农产品的颜色代表农产品的成熟度，如利用颜色摄像机和电子计算机处理红、绿两种色型的装置可用于番茄、柑橘和柿子的分级，可以同时判断出果实的颜色、大小及表皮有无损伤情况。综合分级装置既根据果实着色程度又根据果实大小进行分级，是大型企业采取的果实采后分级装置。

🌱 思与练

　　超市的猪肉销售区域有两种五花肉，一种被命名为"五花肉"，另一种被命名为"精制五花肉"，而后一种的价格比前一种高不少。两种类似的商品为什么会卖出不同的价格？这种对五花肉的加工是生产加工吗？

·项目五·
农产品仓储管理

🌱 思维导图

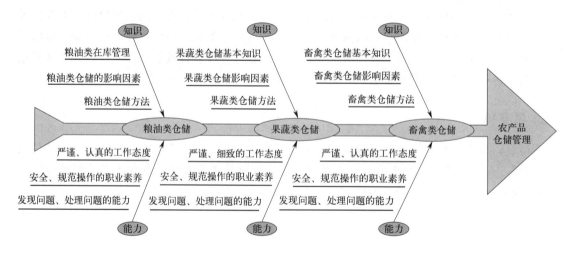

🌱 学习目标

知识目标	1. 了解各类农产品的仓储程序； 2. 掌握不同农产品的仓储影响因素； 3. 掌握各类农产品的仓储方法
技能目标	1. 能够规范、合理地完成各类农产品出入库及在库管理工作； 2. 能够熟悉各类农产品仓储的基本要求； 3. 能够掌握不同农产品的仓储管理办法
素质目标	1. 培养学生爱岗敬业、吃苦耐劳和团结协作等良好的职业道德； 2. 培养学生的质量意识、安全意识、环保节约意识，树立社会责任心； 3. 培养学生敬业、精益、专注、创新的职业价值取向和行为表现，遵守操作规范和行业标准； 4. 培养5S理念和严谨、认真、精益求精的职业素养

任务一　粮油类仓储

任务引领

为了更好地学习物流，小瓜同学在大学期间做过物流快递，有着丰富实践经验的小瓜顺利进入了一家粮油类仓储管理企业实习，成为一名仓储管理专员。

粮油的安全过夏是仓储工作中的一项艰巨任务，春夏交替、气温大幅度回升、雨水增加等使储粮受外界环境影响较大，易造成粮堆生虫、发热，甚至霉坏。为了确保储粮的质量安全，该企业强调粮库工作人员应定期进入库房检查粮情，重点检查粮食温度、湿度变化，粮油质量品质变化，以及仓房及设施设备。

近几日，领导安排小瓜跟随其他工作人员一同对粮油仓库开展粮情检查，那么小瓜该如何进行呢？又该如何做好粮油仓储程序管理等方面的工作，从而保证仓储工作安全、经济、高效地运行呢？

知识研习

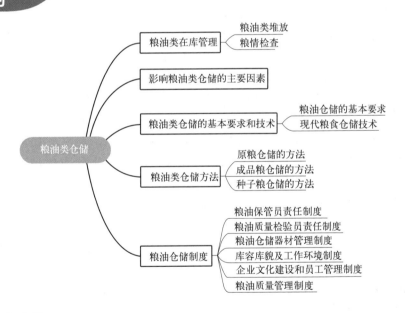

一、粮油类在库管理

M5-1
粮油仓储程序之粮油入库

M5-2
粮油仓储程序之原粮贮藏

M5-3
粮油入库管理之入库程序

（一）粮油类堆放

1. 堆放形式

粮油入库后，应根据粮仓的类型和性能、粮油的品种质量以及用途、存放时间、入仓季节等具体情况，综合考虑选择合理的堆放形式。

M5-4
粮油在库管理
之粮油堆放

（1）全仓散装堆放。适用于结构牢固、不返潮的仓房。

（2）围包散装堆放。对于结构不牢固、易返潮的仓房，或粮油质量好但数量少以及仓房大而仓储粮种多的情况，均可采用围包散装堆放。

（3）小囤打围散堆放：适用于小批量、少品种粮油的堆放。

（4）实垛包装堆放：实垛包装堆放适用于水分小、粮温低、较长时间储存的粮油。

（5）通风垛包装堆放：适用于仓储水分大、温度高的粮油。

（6）露天堆放：是储粮任务大、仓容不足时采用的一种堆存方法。该法极易受到外界环境条件影响，不利于防潮、防霉、防虫、防火和防鼠雀。同时耗用的器材也较多，仓储费用较高。

2. 仓库形式

根据粮油类别和堆放形式，可有多种仓库选择。

（1）土堤仓。是以土筑堤，堤内堆放粮食的一种露天储粮设施。土堤仓的外形为四周封闭、凸出地坪的矩形实体。土堤仓施工简单，建造速度快，易于操作管理，密闭性能好，但仓顶表层易产生结露现象，应加强管理，必须做好防潮处理和防涝措施。

（2）房式仓。形状同普通房屋和楼房的地上粮仓，如平房仓、拱板仓、楼房仓及高大平房仓等。各类房式仓（包括高大平房仓）储粮按国粮仓储〔1999〕288号的要求，结合当地储粮生态条件，因时、因地制宜，合理采用各种行之有效的储粮技术，确保储粮安全。高大平房仓粮堆高、仓容量大，应特别注意因季节变化、仓内外温度、气流影响而造成的仓顶和仓壁结露、水分转移等局部水分聚集给储粮带来的隐患，加强管理，确保储粮安全。

（3）浅圆仓。又称矮圆仓，是一种仓壁高度与仓内直径之比小于1.5的圆筒式地上粮仓。仓壁主体多为钢筋混凝土结构，厚度为250～270mm。浅圆仓占地面积小，结构受力合理，抗震能力强，密闭性能好，便于机械化作业，有利于实施散装、散运、散卸、散存，加速粮食仓储现代化建设。但由于该仓直径大、粮堆高，仓容量大，也应特别注意因季节变化、仓内外温度、气流影响而造成的仓顶和仓壁结露、水分转移等局部水分聚集给储粮带来的隐患，加强管理，确保储粮安全。

（4）筒仓。又称立筒仓，是一种仓壁高度与仓内直径之比大于1.5的圆筒式地上粮仓，包括钢筋混凝土筒仓、砖砌筒仓、钢板仓等。立筒仓主要用于大的港口、铁路集散站或加工企业的装卸设备，也可用于短期仓储，一般不用于长期仓储。

（5）地下仓。建于地下或半地下的粮仓，如平洞仓、立洞仓、土窑仓，喇叭仓等。地下仓的优点是粮油仓储温度相对稳定，通常能降低储粮水分转移的危险。各类地下仓储粮应充分利用地下仓易于密闭和低温的特点，综合利用密闭和低温技术，重点做好防水、防潮工作。

（二）粮情检查

M5-5

粮油在库管理之粮情检查

M5-6

粮情检查重要性与内容

1. 粮情检查方式

（1）全面普查：每年夏、秋粮油入库工作基本结束后，或在季节交替时期，粮油仓储企业组织一定力量，对所有储存粮油进行全面检查。

（2）定期检查：仓储人员按照粮油仓储有关制度的规定对各自分管的仓房所储存的粮油进行经常性的检查，以便掌握储粮情况，发现问题，及时处理，防患于未然。

（3）不定期检查：除上述定期检查外，还要对粮仓、露天囤、垛是否安全，环境是否卫生以及有无鼠雀危害等进行不定期综合检查。遇刮风、暴雨、大雪等突发性天气变化时，应针对某些薄弱环节进行检查。

2. 粮情检查内容

一般应着重检查温度、水分、虫害和粮油品质等，对种子粮还要检查其发芽率。

（1）温度检查。对粮温的检查，可采取分层定点与机动取点相结合、仪器检测与感官鉴定相结合的办法，定时定点测温，便于前后对比和分析掌握储粮的变化规律。粮温检查期限按粮堆的安全状况与最高温度部位来确定。检查时间以每天上午 9 时至 10 时为宜，这时的气温接近日平均温度。在检查粮温的同时，还应检查仓温和仓外气温，以便分析比较。检查粮温时，一般凭检查人员的感觉器官检查或通过粮温计、数字式电子测温仪、微机巡回测温仪等仪器检测。

（2）水分检查。粮油水分的检查期限，一般根据环境湿度和粮油含水量情况划分为安全粮、半安全粮、危险粮，再确定检查期限。水分测定方法有化验平均水分和检验局部水分两种方法。平均水分一般在接收、普查、填报储粮安全月报表、出仓报耗时进行测定。局部水分用以了解仓内某层点局部水分的变化情况。平均水分用仪器测定，其方法有 105℃ 恒重法、定温定时烘干法、隧道式烘箱烘干法、两次烘干法等。局部水分可用感官判断（即眼观、手捏、牙咬）与仪器测定相结合的方法测定。对各层点粮油水分检测，也可通过预埋的测水传感器、电子测水仪或微机巡回测水仪检测。

（3）虫害检查。检查储粮害虫期限，应根据粮温高低，分别进行（表 5-1-1）。检查害虫范围一般应包括粮油、仓房、加工车间、仓储器材及储粮环境等。

表 5-1-1　储粮害虫检查期限

粮温	检查期限
＜15℃	根据实际自行确定
15～25℃	每 15 天至少检查一次
＞25℃	每 7 天至少检查一次

注：危险虫粮在处理后的 3 个月内，每 7 天内至少检查一次。

3．检查步骤

应按照"三先"顺序：先仓外，后仓内；先原粮，后成品粮；先无虫粮，后有虫粮。粮情检查时，先测记气温、相对湿度和当时的天气情况，然后进仓查看有无鼠迹、雀害以及仓房、粮堆和器材等情况，再按已定层点，检查粮温、水分，随后进行虫、霉检查以及仓房有无漏雨、返潮检查，最后将检查结果填入"储粮检查记录表"。

4．粮情分析与处理

通过检查分析，研究粮情变化趋向，加深对储量变化规律的认识，探索掌握有关规律，提高仓储工作水平。通过每次定点检查记录和以往资料，对粮情进行系统分析，以找出问题所在，并对储量进行安危程度排序，分出轻重缓急，及时采取相应的处理方法。

5．特殊情况粮情处理基本措施

（1）发热粮油的处理。造成粮油发热的因素是多方面的，所以在处理发热粮油时应具体情况具体分析，对因水分过大而引起发热的粮油，应采取晾晒、机械通风、烘干等干燥降水措施处理；因后熟作用而引起发热的粮油，应进行通风处理，以降低粮温，促进后熟；因害虫猖獗而引起发热的粮油，应进行化学药剂熏蒸杀虫处理；因粮油中杂质过多而引起发热的粮油，应采取清杂降温处理。

（2）高温粮油的处理。若粮油由于受到外界高温影响，出现入仓后仍保持高温或温度下降缓慢（趁热入仓密闭储藏的粮油除外）的情况，可采取自然通风、仓内翻倒、机械倒仓以及机械通风等办法，促使粮温下降。

（3）高水分粮油的处理。当粮油水分高于安全水分时，可根据具体条件，采用适当方法降低水分，如日光晾晒干燥、机械烘干干燥、机械通风干燥。成品粮不宜采用日晒、烘干方法降低水分，一般可采用仓内摊晾、拆包、站包、码通风垛等方法降低水分。

（4）霉变粮的处理。对于轻微变质的粮油不宜继续储藏，应及时出仓。对生霉的粮油，如色泽气味还正常，符合国家食品卫生标准的，应及时加工供应或改作饲料。对于不能食用或饲用的霉变粮油，可作为工业原料。对于已处于霉烂阶段，粮质彻底变坏，完全失去使用价值的粮油，只能作报废处理。

（5）污染粮油的处理。对受汽油、农药、化肥等气味污染而产生异味的粮油，应采取隔离存放、清扫刷洗、通风除味等措施，以消除粮油污染。

对于受真菌毒素污染的粮油，必须经过去毒处理，使之符合国家食品卫生标准规定方能供应食用或饲用。对受到黄曲霉毒素污染的粮油，可区别不同粮种并视其受污染程度，分别采取人工挑选去毒、掺和稀释、紫外线照射去毒、活性炭吸附剂去毒以及化学去毒等方法加工处理。

凡经处理后仍不符合国家食品卫生标准的粮油，应单独封存，并及时将情况报告上一级主管部门研究处理。未经上级研究决定，严禁随意处理。

二、影响粮油类仓储的主要因素

影响粮油类仓储的因素是多方面的，减少粮食和油料收获后的损失是人们普遍关注的一个重大问题。据联合国粮农组织的统计，世界平均每年的储粮损耗占粮食产量的10%，有些不发达国家甚至高达30%。在我国，国家粮库的储粮损失远低于世界平均水平，但在广大农村，储粮

M5-7
粮油仓储的
影响因素

损失在 10% 以上，有的地方达 15%～20%。如果能把我国农村储粮的损失减少 5～8 个百分点，全国每年将"不生产而增产"数千万吨粮食。由此可见，搞好粮食仓储、减少收获后的损失是一项非常重要而又紧迫的工作，甚至将它与粮食生产放到同等的地位也并不过分。影响粮油安全仓储的因素有很多，从内因方面看，粮油籽粒含水量的高低、杂质含量的多少、籽粒完整度及成熟度都能影响仓储的稳定性；从外因方面看，环境温度、湿度、气体成分、微生物、仓库害虫都是造成粮油品质劣变的因素。这些因素中对粮油仓储影响最大的还是水分和温度。

1. 水分

粮食含水量的大小，不仅关系到干物质的重量，同时也是影响仓储稳定性的最主要因素。因此，掌握储粮水分的变化规律，在粮食仓储上具有特别重要的意义。粮食是多孔性的胶体物质，具有很强的吸附气体和水蒸气的能力。当外界水汽压力大于粮粒内部水汽压力时，粮粒便吸湿而增加水分；反之，当粮粒内部水汽压力大于外界水汽压力时，粮粒便散湿而降低水分。在环境温湿度处于一定的条件下，如果粮粒内外的水汽压力相等，粮食的吸湿与散湿处于动态平衡，粮食的含水量稳定在一个数值上，这时的粮食水分，称为平衡水分。研究表明，在相对湿度不变时，平衡水分随温度的升高而减少；温度不变时，平衡水分随相对湿度的增加而增多。当粮堆孔隙中的空气相对湿度大于 75% 时，粮食水分将急剧增加；同时在相对湿度大于 75% 时，大多数霉菌就会很快繁殖，导致粮食发热霉变。通常所说的安全水分，一般认为是与 70% 的空气相对湿度相平衡的粮食水分。粮食的安全水分，固然与粮食品种有关，但也与粮温密切相连。长期的生产实践告诉我们，禾谷类的安全水分是温度为 0℃ 时，以 18% 为基准，温度每提高 5℃，安全水分值降低 1 个百分点。油料的安全水分，一般比禾谷类粮食低。这是因为脂肪是疏水物质，油料中的水分，主要存在于亲水物质部分。如仅以亲水物质部分与禾谷类粮食相比，其安全水分的数值大体相同。因此，油料的安全水分随油脂含量的多少而不同，油脂含量越高，安全水分值则越低。

在通常情况下，粮食入库后，粮堆水分会不断发生变化。其主要原因是：第一，外界湿度引起粮堆水分变化。外界湿度一般只影响到粮食的表层，表层以下无明显的日变化，只有幅度不大的年变化，年变化幅度平均为 1%。第二，粮堆内部水分的转移引起水分变化。不同水分的粮食混同入库后，根据吸湿平衡的规律，原来水分含量高的粮粒会散发部分水汽而减少水分，而原来水分含量低的粮粒则会吸收水汽而增加水分，一直达到水分相对平衡，这种现象称水分再分配。另外一种现象——湿热扩散，也能引起粮堆水分变化。当粮堆局部温高湿大时，其湿热空气由于水汽压力较大，水分便会向着热量传导的方向移动，即由高温部位向低温部位移动，导致低温部分湿度增加，水分增大。粮堆各部分之间温差越大，湿热扩散就越严重，即使粮食水分较小，如温差过大，也可能发生湿热扩散。第三，温差结露引起粮堆水分变化。粮食在仓储过程中，由于外界温度的变化和粮堆内生物成分的生命活动而引起粮堆各部位出现温差时，在湿热扩散和空气对流的作用下，粮堆内外均易产生结露现象。它是引起粮堆外层和局部水分增加的最重要原因。粮堆结露能使局部水分迅速增加，会造成储粮发热霉变以至发芽的严重后果。因此，必须注意防止结露。若出现局部水分突然上升，则要采取措施，果断处理，以防事故扩大。

2. 温度

粮温的高低，直接影响到储粮的安全。在一定的温度范围内，粮食的呼吸强度随着温度的上升而增加，粮食的劣变速度也随着温度的上升而加快。实验表明，常温下仓储的小麦经过一段时间品质会下降，干物质发生分解，而在低温下（指 15℃ 以下）仓储的小麦，其劣变速度明显减缓。另外，在低温下仓储小麦，可以保持其新鲜程度，改进小麦食用和烘焙品质。低温还能抑制虫、霉的生长，对安全储粮十分有利。因此，在生产实践中常常使用低温储粮技术解决面粉、大米等成品粮"度夏难"的问题。

粮食入库后，粮温主要随外界温度的变化而变化，即气温影响仓温，仓温影响粮温。但由于仓库具有一定的密闭、隔热性能，粮堆又是热的不良导体，粮温、仓温的升降速度及升降幅度均滞后于气温。粮温受气温影响的大小，还与粮堆的孔隙度和仓库的隔热与密闭性能、堆装方式以及入库时间等多种因素有关。因此，在分析粮温变化时，必须综合多方面的情况加以考虑，才能准确地判断粮温是否正常，以便及早发现问题，做好预防工作。

对粮温的检查，可采取分层定点与机动取点相结合、仪器检测与感官鉴定相结合的办法，定时定点测温，便于前后对比和分析掌握储粮的变化规律。粮温检查期限是按粮堆的安全状况与最高温度部位来确定。检查时间以每天上午 9 时至 10 时为宜，这时的气温接近日平均温度。在检查粮温的同时，还应检查仓温和仓外气温，以便分析比较（表 5-1-2）。

表 5-1-2　检查粮温的期限

储粮类型	新粮入库 3 个月内	粮温 15℃ 以下	粮温 15℃ 以上
安全粮	每 3 天至少检查 1 次	每 15 天至少检查 1 次	每 10 天至少检查 1 次
半安全粮	每 2 天至少检查 1 次	每 10 天至少检查 1 次	每 5 天至少检查 1 次
危险粮	每天至少检查 1 次	每 5 天至少检查 1 次	每天至少检查 1 次

三、粮油类仓储的基本要求和技术

粮油类仓储是粮油流通中不可缺少的重要环节，确保粮油类仓储的安全，需要有以下要求：

（1）要有良好的仓房和配套设施；

（2）要有一系列较为先进的仓储技术；

（3）要有一套科学的管理方法。

M5-8
"双低""三低"
储藏技术

（一）粮油仓储的基本要求

粮油仓储的基本要求就是"确保粮油安全、减少损失损耗、防止污染、延缓品质劣变"。其基本含义就是营造良好的仓储生态条件，在确保粮油安全的前提下，减轻仓储粮油的质量损失，防止化学药剂和其他有毒、有害物质对粮油的污染，延缓粮油品质变化，从仓储的角度，为粮食安全提供保障。

（二）现代粮食仓储技术

为创造一个合理的储粮环境，控制生物体的生命活动，确保储粮安全，在生产中应用的主要有 6 项储粮技术。

M5-9
现代粮食
仓储技术

1. 粮情检测

利用计算机电子检测技术如温度传感器，可以随时了解深层粮堆的储粮温度状况，这对掌握粮情动态变化规律，及时采取相应措施极为有利。

2. 干控

通过控制储粮的水分含量，创造一个不利于虫、霉生长的低水分环境，如高温干燥、机械通风干燥等。

3. 温控

通过控制储粮的环境温度，创造一个不利于虫、霉生长的低温环境，如低温、谷冷机冷却等。

4. 气控

通过改变储粮环境的气体配比，达到杀虫、抑霉、保持粮食原有品质的目的，如低氧（1%～4%）、高二氧化碳（36%～40%以上）、高氮气（＞99%）等。

5. 化控

利用药剂产生的气体阻断虫、霉正常的代谢过程，达到杀虫、抑菌的目的，如药剂熏蒸、有机酸抑菌、防护剂保粮等。

6. 综合保粮技术

我国储粮工作者在长期储粮实践中，开发出了具有我国特色、利用多种储粮技术进行的综合技术，如"双低"（低氧、低剂量）、"三低"（低氧、低剂量、低温）储粮技术。

四、粮油类仓储方法

保障粮食安全，提高我国粮油仓库管理的整体管理水平，促进粮油仓储管理现代化。

（一）原粮仓储的方法

1. 稻谷的仓储

M5-10
种子粮
储藏方法

（1）稻谷的仓储特点。稻谷的颖壳较坚硬，对籽粒起到保护作用，能在一定程度上抵抗虫害及外界温湿度的影响，因此，稻谷比一般成品粮好仓储。但是稻谷易生芽，不耐高温，需要特别注意。

大多数稻谷无后熟期，在收获时就已生理成熟，具有发芽能力。同时，稻谷萌芽所需的吸水量低。因此，稻谷在收获时，如连遇阴雨，未能及时收割、脱粒、整晒，在田间、场地就会发芽。仓储中的稻谷，出现结露、返潮或漏雨时，也容易生芽。稻谷脱粒、整晒不及时，连草堆垛，极易沤黄。发过芽和沤黄的稻谷，品质和仓储稳定性都大为降低。

稻谷不耐高温，过夏的稻谷容易陈化，烈日下暴晒的稻谷或暴晒后骤然遇冷的稻谷，容易出现"爆腰"现象，即米粒上有横向裂纹，影响销售。

新稻谷入仓后不久，如遇气温下降，往往在粮堆表面结露，使粮堆表层水分增多，不利仓储。

（2）稻谷的仓储方法。

① 保证入库粮质。水分大、杂质多、不完善粒含量高的稻谷，容易发热霉变，不易久藏。因此，提高入库稻谷质量，是稻谷安全仓储的关键。稻谷的安全水分标准，应根据品种、季节、地区、气候条件决定。一般籼稻谷在13%以下，粳稻谷在14%以下，杂质和不完善粒越少越好。如入库稻谷水分大，杂质多，应分等级储存，及时晾晒或烘干，并进行筛选或风选清除杂质。

② 适时通风。新稻谷往往呼吸旺盛、粮温较高或水分较高，应适时通风，降温降水分。特别是一到秋天，粮堆内外温差大，这时更应加强通风，结合深翻粮面，散发粮堆湿热，以防结露。有条件可以采用机械通风。

③ 低温密闭。充分利用冬季寒冷干燥的天气进行通风，使粮温降低到 10℃ 以下，水分降低到安全标准以内，在春暖前进行压盖密闭，以便安全度过夏天。

2. 小麦的仓储

（1）小麦的仓储特点。

① 吸湿性强。小麦种皮较薄，含有大量的亲水物质，极易吸附空气中的水汽。其中，白皮小麦的吸湿性比红皮小麦强，软质小麦的吸湿性比硬质小麦强。吸湿后的小麦籽粒体积增大，容易发热霉变。

② 后熟期长。小麦有明显后熟期，一般春小麦的后熟期较长，可达 6～7 个月，冬小麦后熟期相对较短，为 1～2.5 个月。红皮小麦又比白皮小麦的后熟期长。小麦在后熟期间，酶活性强，呼吸强度大，代谢旺盛，容易导致粮堆出现"出汗"、发热和生霉现象。

③ 能耐高温。小麦具有较强的耐热性。温度 50～55℃ 时，呼吸酶不被破坏，蛋白质也不变性。据试验，水分 17% 以下的小麦，在温度不超过 54℃ 时进行仓储，不影响其发芽率，且磨成的小麦粉的品质不但没有降低，反而有所提高，所以小麦可以采用高温仓储。

④ 耐储性好。完成后熟的小麦，呼吸作用微弱，比其他谷类粮食都低。红皮小麦的呼吸作用又比白皮小麦低。由此可见，小麦有较好的耐储性，一般按标准入库的小麦，在常温仓储 3～5 年或低温下（≤15℃）仓储 5～8 年，其食用品质无明显变化。因此，小麦是我国的主要储备粮之一。

⑤ 易受虫害。小麦是抗虫性差、染虫率较高的粮种。除少数豆类专食性虫种外，小麦几乎能被所有的储粮害虫侵染，其中以玉米象、麦蛾、麦蠹、大谷盗和赤拟谷盗等危害最严重。害虫大量聚集分泌排泄物和产生大量湿热，引起粮堆发热霉变，对小麦危害严重，甚至使粮食失去价值。小麦成熟、收获、入库季节，正值害虫繁育、生长阶段，入库后气温高，若遇阴雨，就更易为害虫创造适宜的生长条件。

（2）小麦的仓储方法。

① 严格控制水分。由于小麦吸湿能力强，小麦仓储应注意降低水分、防潮。应充分利用小麦收获后的夏季高温条件进行暴晒，使小麦水分控制在 12.5% 以下，再行入库。小麦入库后则应做好防潮措施，并注意后熟期间可能引起的水分分层和上层"结顶"现象。

② 高温密闭仓储。小麦趁热入仓密闭仓储，是我国传统的储麦方法。通过日晒，可降低小麦含水量，同时在暴晒和入仓密闭过程中可以起到高温杀虫制霉的效果。对于新收获的小麦能促进后熟作用的完成。由于害虫的减少，小麦含水量和带菌量的降低，呼吸强度大大减弱，有利于小麦长期安全仓储。

小麦趁热入仓的具体操作方法是：盛夏时，选择晴朗、气温高的天气，将麦温晒到50℃ 左右，延续 2h 以上，含水量降到 12.5% 以下，于下午 3 时前后聚堆，趁热入仓，散堆压盖，整仓密闭，使粮温在 40℃ 以上持续 10 天左右，日晒中未死的害虫几乎能全部死亡。达到目的后，根据情况，可以继续密闭，也可转为通风。

③ 低温密闭仓储。小麦虽能耐高温，但在高温下长时间仓储也会降低小麦品质。因此，可以在秋天天气凉爽以后进行自然通风或机械通风充分散热，并在春暖前进行压盖密闭以保持低温状态。低温仓储是小麦长期安全仓储的基本方法。

小麦还可以在冷冻的条件下保持良好的品质,如干燥的小麦在-5℃的低温条件下进行春化作用,有利于生命力的增强。因此,利用冬季严寒低温,进行翻仓、除杂、冷冻,将麦温降到0℃左右,而后趁冷密闭,对于消灭麦堆中的越冬害虫,有较好的效果。

3. 玉米的仓储

(1) 玉米仓储特点。

① 玉米原始水分大,成熟度不均匀。北方是我国玉米的主要产区,收获时天气已冷,加之玉米果穗处有苞叶,在植株上得不到充分的日晒干燥,新收获的玉米水分一般可达20%～35%,在秋季阳光好、雨水少的情况下,玉米含水量也在17%～22%。

玉米的成熟度往往很不均匀,这是由于同一果穗的顶部与基部授粉时间不同,致使顶部籽粒成熟度不够。成熟度不均匀的玉米,不利于安全仓储。

② 玉米的胚部大,呼吸旺盛。玉米胚部几乎占玉米籽粒总体积的1/3,占籽粒重量的10%～12%。玉米胚部含有30%以上的蛋白质和较多的可溶性糖,所以吸湿性强,呼吸旺盛。据试验,正常玉米的呼吸强度为正常小麦呼吸强度的8～11倍。玉米的吸收和散发水分主要通过胚部进行。

③ 玉米胚部含脂肪多,容易酸败。玉米胚部的脂肪含量为33%～41%,胚部的脂肪酸远远高于胚乳,酸败首先从胚部开始。

④ 玉米胚部的带菌量大,容易霉变。玉米胚部营养丰富,微生物附着量较多。据测定,玉米经过一段仓储后,其带菌量比其他禾谷类粮食高得多。玉米胚部是虫、霉首先危害的部位,胚部吸湿后,在适宜的温度下,霉菌能立即大量繁殖,造成霉变。

(2) 玉米的仓储方法。

① 分等级、分水分入仓。玉米入仓时要做到按含水量不同、按等级不同分开仓储,为安全仓储打下基础。另外,水分含量高的玉米入库前应进行烘干。

② 低温密闭。根据玉米的仓储特性,适合低温、干燥仓储。其方法有两种,一种是干燥密闭,一种是低温冷冻密闭。南方地区收获后的玉米有条件进行充分干燥,在降低到安全水分之后过筛密闭仓储。北方地区玉米收获后受到气温限制,高水分玉米利用自然条件降到安全水分较为困难,除有条件进行烘干外,可采用低温冷冻密闭仓储。其做法是利用冬季寒冷干燥的天气,摊晾降温,粮温可降到-10℃以下,然后过筛清霜、清杂,趁低温晴天密闭仓储。

③ 玉米果穗仓储。玉米不脱粒,果穗仓储是一种比较成熟的经验,很早就为我国农民广泛采用。由于果穗堆内孔隙度大(可达51.7%),通风条件好,又值低温季节,因此,尽管高水分玉米果穗呼吸强度很大,但也能保持热能代谢平衡,堆温变化较小。在冬春季节长期通风条件下,玉米能够逐步干燥。当水分降到14.5%～15%时,即可脱粒转入粒藏。

玉米果穗仓储,籽粒胚部埋藏在果穗穗轴内,对虫、霉侵害有一定的保护作用。此外,穗轴内的养分在初期仍可继续输送到籽粒内,增加籽粒的养分。但果穗仓储占用仓库容量大,增加运输量,因此,尚不适合国家粮库仓储。

4. 高粱的仓储

(1) 高粱的仓储特点。高粱主要产于东北地区,其次是华北。东北地区收获高粱期间,由于受到早霜的危害,因而新粮的水分大、未熟粒多,新收获的高粱水分一般在16%～25%。

高粱仓储期间,容易发热霉变,而且发热的速度较快,粮面首先湿润,颜色变得鲜艳,以后堆内逐渐结块发湿，散落性降低。一般经过 4～5 天，即可产生白色菌丝。再经 2～3 天，粮温即迅速上升。胚部出现绿色菌落，结块明显，如不及时处理，整个变化约 15 天，粮温可上升到 50～60℃，严重霉变，丧失食用品质。

（2）高粱的仓储方法。

① 干燥除杂。新收获的高粱，具有水分大、杂质多的特点，在仓储中要做到分水分、分等级入仓，对于不符合安全仓储的高粱必须适时晾晒，使水分降到安全标准以内，如温度为 5～10℃，相对安全水分应在 18％或 17％以下。

② 低温密闭。高粱适于低温仓储，因此，应充分利用寒冬季节降温后密闭仓储，经过干燥除杂、寒冬降温的高粱，一般可以安全度夏。

5. 谷子、糜子的仓储

（1）谷子、糜子的仓储特点。谷子、糜子的外壳（即内、外稃）比较坚硬，对虫、霉的侵害能起到一定的保护作用。谷子、糜子的耐热性较强，虽在烈日下暴晒或初期发热，但经加工后对米质无大影响。

谷子、糜子多种植在较干旱的地区，籽粒又小，容易干燥，一般水分在 10％左右，最高不超过 12％～14％。因此，通常认为谷子、糜子容易仓储。东北地区秋雨较多时，谷子最大含水量可到 14％～16％，水分较大的谷子、糜子，由于粮堆空隙小，湿热不易散发，如管理不当，仍然会发热和霉变。

（2）谷子、糜子的仓储方法。低温仓储是确保谷子、糜子安全过夏的最好措施。在东北和西北地区，对含水量在 13％左右的谷子、糜子，可在 1、2 月份将粮温降到 -10℃左右，清杂后密闭仓储，可以安全过夏。可在入库前将水分降到 12.5％以下，于土圆仓或露天囤仓储，在气温较高时向阳面和上部有发热现象，所以在入夏之前，应加以苫盖，防止阳光直晒。谷子、糜子降低水分以早春为宜，就冷入仓，上面可压盖异种粮（绿豆、赤豆），防止蛾类害虫。

6. 大豆的仓储

（1）大豆的仓储特点。大豆粒圆，种皮光滑，籽粒坚硬，抗虫、抗霉能力较强，但破损的大豆易于变质。大豆籽粒中含有丰富的蛋白质和脂肪，在空气湿度大时容易吸湿，经夏季高温后，易变色变味，严重的发生浸油，同时，高温高湿还易使大豆发芽率降低。

在相对湿度为 70％以下，大豆的吸湿性弱于玉米和小麦，但相对湿度为 90％时，大豆的平衡水分则大于玉米和小麦，因此，仓储大豆要特别做好防潮工作。

大豆水分超过 13％时，随着温度的升高，首先豆粒发软，然后两子叶靠胚部位的色泽变红，俗称"红眼"，以后豆粒内部红色加深并逐渐扩大，俗称"赤变"，严重时，子叶蜡状透明，有浸油脱皮现象。

（2）大豆的仓储方法。

① 充分干燥。大豆脱粒后要抓紧整晒，降低水分。需要长期仓储的大豆水分不得超过 13％，否则容易霉变。

② 适时通风。新入库的大豆籽粒间水分不均匀，加之后熟作用，呼吸旺盛，大豆堆内湿热积聚较多，同时收获时正值气温下降季节，极易产生结露现象。因此，大豆入库 3～4 周左右，应及时通风，散湿散热，以增强大豆的耐藏性。

③ 低温密闭。在严冬季节将大豆进行冷冻，采用低温密闭仓储，既可以隔绝外界温、湿度的影响和害虫感染，又能防止浸油、赤变，有利于保持大豆的品质。

7. 花生的仓储

(1) 花生的仓储特点。花生为豆科植物，带壳的果实叫花生果，脱壳的种子称花生仁或花生米。花生种子含油量高，约为45％，同时还含有丰富的蛋白质。

花生收获期正值晚秋，气温较低，收获水分约为30％～50％，容易遭受冻害，受冻的花生粒变软，色泽发暗，含油量降低，酸值增高，食味变哈，易受霉菌侵害。因此，适时收获，及时干燥、清理，对花生的安全仓储十分重要。

花生仁皮薄肉嫩，在干燥过程中容易裂皮变色，甚至产生焦斑，所以花生的干燥应以花生果晾晒和烘干为主。

花生在仓储期间的劣变现象主要有生霉、变色、走油和变哈。花生果的水分超过10％，花生仁水分超过8％，进入高温季节极易生霉。花生霉变要特别注意黄曲霉菌的感染，花生及花生制品是被黄曲霉毒素污染最严重的粮种之一。

花生的种皮（俗称红衣）由于受光、氧气、高温等影响容易变色。如从原来新鲜的浅红色变为深红色，以至暗紫红色，说明品质开始降低，应立即采取措施，改善仓储条件。

(2) 花生的仓储方法。

① 花生果仓储。花生果在仓内散存或露天散存均可，要求水分控制在10％以内，堆高不超过2m。在冬季通风降温以后，趁冷密闭仓储，效果更好。

② 花生仁仓储。花生仁的仓储要合理掌握干燥、低温、密闭三个环节。对于长期储存的花生仁必须控制水分在8％以内，最高堆温也不宜超过20℃，并适时密闭，防止虫害感染和外界温、湿度影响，保持堆内低温、低湿，才能较好地保持花生仁的品质。

花生仁也可以进行气调仓储，如在真空度为0.05MPa的情况下，充以适量的氮气，可以抑制花生仁的呼吸强度和减少虫、霉侵害。

此外，花生在仓储中，最易招致鼠害，应注意加强防鼠工作。

8. 油菜籽的仓储

(1) 油菜籽的仓储特点。油菜籽皮薄，蛋白质含量高，吸湿能力强，容易生芽。油菜籽含油量高，脂肪氧化时能放出较多的热量与水汽，加之油菜籽籽粒小，孔隙度小，不易散热，因此，高温季节很容易发热霉变，特别是收获时，雨水多、湿度大，更易吸湿生芽和发热霉变。油菜籽呼吸强度比其他粮食大，高水分的油菜籽如仓储不当，一夜之内就能霉变，降低品质。所以说，油菜籽的仓储稳定性差。

(2) 油菜籽的仓储方法。要切实做到干燥低温，水分控制在8％～9％，夏季仓储温度28～30℃，春、秋13～15℃，冬季0～8℃，这样才能较长期储藏。如果散存，其堆高以1.8～2.3m为宜，包装储存可码12包高。对于水分在10％～12％的半安全油菜籽，要加强检查，可做短期储存。12％以上的不安全油菜籽，应整晒后入库。如遇连绵阴雨，要采取通风、摊晾、绝氧、化学处理等应急措施进行处理。

已干燥的油菜籽入库后，在仓储过程中仍应注意密闭防潮和合理通风，保持仓库干燥和粮堆低温。

9. 棉籽的仓储

(1) 棉籽的仓储特点。棉花是锦葵科植物，它的种子称棉籽，是种植棉花的副产品。种子外面包有短绒的毛棉籽，其含油量为15％～16％，脱绒后称光籽，含油量约20％，棉籽是一种重要的油料。

棉籽的耐储性与收获期有较大关系，一般霜前收获的毛棉籽，质坚仁饱，水分低，植绒较长，容易仓储。霜后采下的，壳软仁瘦，水分大，不适宜长期仓储。经过多次脱绒的棉仁，因皮壳受损，防潮性能差，易受外界环境影响，生理活性较强，应迅速加工处理。

（2）棉籽的仓储方法。毛棉籽具有坚硬的外壳，壳外有短绒，壳与仁之间具有空气层，所以有良好的抗潮抗压性能，且其散落性小，导热性低，可以进行露天储存。露天储存应选择地势高、排水良好的地点。选择通风流畅的地基，因地制宜做好垛脚，并将棉籽水分降至12％以下，然后选择气温较低的时候进行堆垛。堆垛方式可采用一次成垛法、切削堆垛法和麻袋筑围堆垛法。堆垛的原则是结实，有利于排水和保持垛底干燥。

10. 蚕豆的仓储

（1）蚕豆的仓储特点。蚕豆含有较多的淀粉和蛋白质，只要把水分降低到安全水分12.5％以下，其仓储期间的稳定性是比较好的。仓储期间的主要问题是如何预防蚕豆象的危害和防止蚕豆变色。

被蚕豆象危害的蚕豆，发芽率下降，品质劣变，损耗增加，虫害严重时，还能引起蚕豆发热。种子变色是由于蚕豆皮层内含有多酚氧化物质及酪氨酸等，在空气、水分、温度的综合作用下，氧化酶活性增强，加速了氧化反应，使蚕豆皮色由原来的绿色或乳白色逐渐变成褐色、深褐色以至红褐色或黑色等。

（2）蚕豆的仓储方法。

① 防止变色。蚕豆仓储只要把水分降至12.5％以下，并做好日常管理工作，发热霉变等不良变化很少发生。再采用低温、干燥、密闭、避光的方法仓储，对防止蚕豆变色有较好效果。

② 防治蚕豆象。从蚕豆象的生活史来看，成虫产卵和孵化幼虫是在田间进行的，而化蛹和羽化虫则是在蚕豆仓储过程中完成的。蚕豆收获入库到7月底，正是幼虫期和蛹期，应在幼虫时抓紧治杀，可用磷化铝或氯化苦熏蒸。整个熏蒸工作应在7月底前完成。熏蒸结束后应及时放气通风，以防蚕豆变色。

11. 甘薯的仓储

（1）甘薯的仓储特点。甘薯又名地瓜、红薯、红苕等，甘薯与其他粮食不同，内含大量水分，仓储甘薯的环境要求有较高的湿度，最适的相对湿度为85％～90％。甘薯仓储对温度要求也很严格，温度高于18℃易生芽，低于10℃易引起腐烂。湿度过低易使薯块干缩糠心，湿度过高则易使薯堆表面结露引起病害。一般认为，病害是引起甘薯严重损失的主要原因，最严重、最普遍的病害是甘薯黑斑病和软腐病，因此，仓储甘薯要做好防病、防腐工作。

（2）甘薯仓储的方法。地窖仓储法是仓储甘薯最常使用的方法。根据各地气候特点的不同，仓储甘薯的地窖多种多样，如井窖、棚窖、埋藏窖等，但管理措施大致相同。

甘薯入窖之前，应对窖内进行消毒，方法是：用石灰浆涂抹窖壁，或用 0.5kg 福尔马林溶液加 25kg 水喷洒，如果是旧窖，应先将窖内四壁的旧土铲除一层。经过剔除破伤、疡疤、虫蚀的好薯块，小心装窖，轻拿轻放，合理堆放。窖内不要装得太满，一般只装 1/2，最好是分层堆放，每层薯块厚约 30cm，堆一层，撒一层干沙土，每层沙土留几个碗口大小的空隙，各层的空隙互相错开，以利调节各层薯块的水分和温度。

防治甘薯黑斑病可用抗菌剂"401"处理，做法是：当甘薯入窖后，在薯堆上覆盖一层稻草，按 0.1kg "401"加 2.5kg 水喷 625kg 甘薯的比例，把药剂喷洒在稻草上，封窖 4 天，取出稻草敞窖通风，再按常规方法仓储。

甘薯入窖后的管理要根据气候季节的变化情况，适时掌握好窖口的开关，尽量调节窖内温、湿度在最适范围内，一般要求把好三关。

① 入窖防汗关。入窖初期 30 天左右为发汗期，鲜薯呼吸旺盛，放出大量的水分和热量，这一段时间内，一般白天要打开窖门通风，晚上关闭，使窖温稳定在 12～15℃。

②"进九"防冻关。冬季"进九"后，要视天气情况，适时封闭窖门，必要时还要在窖门口加覆盖物保温，保证窖内温度不低于 10℃。

③ 春后防热关。春暖后，气温回升，应根据天气变化情况，适时通风或密闭，使窖内温度不超过 18℃。

（二）成品粮仓储的方法

1. 大米仓储

（1）大米的仓储特点。

M5-11
大米除虫

① 仓储稳定性差。大米没有外壳保护，营养物质直接暴露于外，因此，对外界温度、湿度、氧气的影响比较敏感，吸湿性强，害虫、霉菌易于直接危害，易导致营养物质加速代谢。大米中含有的米糠和碎米，堵塞了米堆的空隙，内部积热不易散发。糠粉中含有较多的脂肪，易氧化分解，使大米的酸度增加。所以大米比稻谷容易受潮、发热、生霉、生虫，不耐仓储。

② 容易陈化。大米仓储日久，色泽逐渐变暗，香味消失，出现糠酸味，酸度增加，黏性下降，吸水量减少，持水能力减退，食用品质降低。水分越大，温度越高，仓储时间越久，陈化越严重。

③ 容易爆腰。大米适宜低温仓储，但不宜直接吹风或骤然冷却，只可在常温下缓慢降温。大米适宜干燥仓储，但不宜高温烘干或阳光直射暴晒，只可在低温环境中缓慢降湿。否则都易造成大米"爆腰"，降低品质。

（2）大米的仓储方法。

① 适时通风。从大米全年仓储的角度看，在冬季通风最有利，既能降温，又可散湿。在夏季，对于短期内供应周转的大米，采用包装堆放，也要合理通风。过夏的大米，不宜在春季摊晾和通风。

② 低温密闭。冬季加工的大米，如水分、杂质含量在安全标准以内，趁冬季通风，使粮温降低至 10℃以下，春暖前密闭仓储，一般可延长仓储期 1 个月左右。

③"双低"仓储。"双低"是指低氧、低剂量药剂仓储，需要密封条件。磷化铝片剂埋入粮堆，施用剂量比常规熏蒸减少 80%～90%。"双低"仓储对抑制大米呼吸强度，防治虫霉危害，保持大米的色泽与香味，延缓大米陈化有较显著的效果，也是保证高水分大米安全过夏的较好方法。

④ 充二氧化碳密封仓储。选择气密性好的聚乙烯塑料薄膜，制成一定规格的包装袋，装入大米的同时，充入二氧化碳密封仓储。可以有效地抑制害虫和霉菌的活动，并具有保鲜效果。根据需要每袋容量可为 1～5kg，方便销售和使用。

2. 小麦粉仓储

（1）小麦粉的仓储特点。

① 容易发热霉变。小麦粉颗粒细小，与外界接触面积大，吸湿性强，同时粉堆孔隙小，导热性差，最易发热霉变。刚出机的小麦粉温度高，未经摊晾即进行码垛，往往易引起发

热。小麦粉发热多从水分大的部位开始，然后向四周扩散。

② 容易发酸变苦。小麦粉在高湿、高温的环境下仓储或仓储时间过久，其中的脂肪容易在酶和微生物或空气中氧气的作用下被不断分解产生低级脂肪酸和醛、酮等酸、苦物质，使小麦粉发酸变苦。

③ 容易结块成团。小麦粉颗粒小，堆垛下层常易受压结块成团。仓储时间越长，水分越大，结块成团就越严重。

（2）小麦粉仓储方法。

① 注意仓储条件。小麦粉是直接食用的成品粮，要求仓房必须清洁、干燥、无虫，包装材料洁净无毒，切忌与有异味的物品堆放在一起，以免吸附异味。

② 合理堆放。小麦粉仓储多为袋装堆放。干燥低温的小麦粉，宜用实堆、大堆，以减少接触空气的面积；新加工的热机粉宜小堆、通风堆，以利散湿、散热。不论哪种堆型，袋口都要向内，堆面要平整，堆底要铺垫好，防止吸湿生霉。堆垛高度应根据粉质和季节气候而定，水分在13％以下的小麦粉，一般可堆高 20 包。长期仓储的小麦粉要适时翻桩倒垛，调换上下位置，防止下层结块。大量储存小麦粉时，新陈小麦粉应分开堆放，便于推陈储新。

M5-12
小麦仓储害虫的
识别与防治

③ 密闭防潮。由于小麦粉吸湿性强，导热性差，采取低湿入库密闭仓储，可以延长安全仓储期限。即在春暖以前，将水分在 13％以下的小麦粉，利用自然低温入库密闭仓储。密闭方法可采用全仓密闭或粮堆压盖密闭，也可采用塑料薄膜密闭粮堆的方法。这样既可防潮、防霉，又能形成一定的缺氧环境，减少氧化作用和害虫感染。

④ 严防虫害。小麦粉容易生虫，一旦生虫较难清除，熏蒸杀虫效果虽好，但虫尸仍留在粉内，影响粉质和食用。因此，小麦粉应严格做好防虫工作。防虫的主要办法是彻底做好小麦、面粉厂、包装袋及仓库器材的清洁消毒工作。

3．油脂仓储

（1）油脂的仓储特点。油脂在仓储期间的主要变化是在温度、水分、光线、氧气、杂质等作用下发生酸败变质。酸败变质的油脂，游离脂肪酸增加，透明度降低，颜色变深，有哈喇味甚至臭味，食用品质大为降低。所以，油脂安全仓储的关键是防止酸败变质。

（2）油脂的仓储方法。

① 严格控制油脂入库质量。油脂含水多、含杂质多时，容易引起酸败变质。要求油脂在入库或装桶前认真进行检查检验，符合安全仓储要求的，才能装桶入库，否则应根据不同情况进行处理。一般油脂要求含水量不超过 0.2％，杂质含量不超过 0.2％，酸值不超过 2mg/g。

② 保证盛具清洁、不渗漏。盛具的清洁与否，对油脂质量和仓储稳定性影响很大，要求装油前认真做好盛具的清洁工作，除去盛具内的油残留、铁锈和异味。同时还要检查有无渗漏、破损情况，一旦发现要及时修补。油脂盛具要在清洁、修补后，经干燥才能装油。

③ 合理灌装。向油桶灌油时，不宜灌得太满，以免发生泼洒、外溢、膨胀，甚至在高温季节发生爆炸事故。但灌得太少，也浪费盛具，并且油桶内空气太多，易发生氧化酸败。一般每个标准油桶可以装油 175～180kg。

④ 密封静置。密封可以防止外界污染，避免日光照射和与空气过多地接触，静置可起沉降作用，使水分和杂质沉于容器底部，可提高油脂的品质。这种措施对大型油池的作用更

为明显。

⑤ 合理堆放。露天堆存时，将油桶一边垫高，桶身呈10°倾斜，以防雨水浸入。库内堆放时，可采用品形堆或多层堆。各种不同品种的食用油、精油和毛油，出口和内销等都应分别堆放，有条不紊。特别是食用油与工业油的包装要加以区别，桶外加标记，最好不放在一个库内。

⑥ 储油场所要求没有日光直接照射、干燥和清洁。对仓储的油脂要定期检查酸值、色泽和气味，发现问题及时处理。

（三）种子粮仓储的方法

1. 种子粮仓储的要求

仓储种子粮除了和仓储一般食用粮一样，要求防止发热、霉变、虫蛀、鼠害之外，还要求做到以下两点：

（1）保持种子的发芽率。这是仓储种子粮的首要要求，发芽率高，种子利用率就高，不仅节约了种子用量，更重要的是保证全苗、壮苗，为丰产打下基础。

（2）保持种子的纯度与净度。纯度是指本品种粒数占全粒数的百分比。净度是指本品种健康完整粒数占总数的百分比。种子的纯度和净度越高，种子质量就越高，秧苗生长和成熟期一致，异种粮和杂草少，粮食产量高、质量好。

2. 种子粮仓储的方法

（1）选种除杂。为了保证种子的纯度和净度，在粮食收获时应认真选种，可以进行穗选或块选，大块种子田要做好除稗防病工作。收割后要进行单独脱粒、单独晾晒、单独存放，并应晒干扬净，彻底去杂除稗。

（2）控制水分与粮温。种子粮的安全水分比一般食用粮应低1个百分点左右，若水分较大，容易发热生霉，冬季还易冻伤。据试验，种子水分在17%以上时，就不宜在低于−5℃的温度下冷冻，否则会影响种子的发芽率。干燥种子时温度过高，易使蛋白质受热变性，降低种子的发芽率。因此，种子不宜摊在油布或沥青地面上暴晒，以防烫伤种子。烘干种子时应控制好温度。

（3）合理存放。种子粮应存放在条件较好的仓库中。入库前，应对仓库、器材认真消毒，然后按种子的品种、等级分开存放，不能使用塑料袋储存种子。种子包装堆垛高度要比一般食用粮低，散装种子堆高一般不应超过2m。

（4）适时通风密闭。种子粮一般应以通风仓储为主。在低温干燥的情况下进行适当的密闭，对种子发芽率影响不大，同时可以延缓外界温、湿度对粮堆的影响，也能在一定程度上防止感染害虫。但是不宜长期密闭，特别是高水分种子粮在高温季节更不能密闭，否则会因严重的无氧呼吸而破坏种子的发芽率。水分越高，温度越高，经密闭仓储后种子的发芽率越低。

（5）注意推陈储新。由于种子会随着仓储时间的延长逐渐陈化和衰老，即使在仓储条件较好的情况下，种子粮也不宜储存太久，应注意推陈储新，定期轮换。

（6）加强检查。对种子粮的检查，要比一般食用粮更严更细，特别是新收获的种子粮，生命活动旺盛，更应加强检查。检查内容除水分、温度、虫害及霉变等项目外，还应定期检查种子的发芽率。播种前应对种子进行全面检查，发芽率低的需增加播种量或调换种子，以免耽误农时，影响产量。

五、粮油仓储制度

（一）粮油保管员责任制度

（1）遵守企业仓储粮油管理制度，确保责任仓储粮达到"一符""三专""四落实"的要求。即账实相符；专仓储存、专人保管、专账记载；数量、质量、品种、地点落实。确保四无（无虫害、无变质、无鼠雀、无事故）。实现储备粮数量真实、质量完好，为国家宏观调控服务。

（2）学习掌握储粮业务技术，逐步达到中级以上技术水平。持证上岗。使用"双低"（低氧、低药剂量）、机械通风和粮情检测等科学保粮技术，提高仓位科学保粮水平。

（3）仓位"两牌"（岗位责任牌、储备粮油专卡牌），粮情检查记录簿，以及温、湿度曲线图齐全。保管员着工作装、佩戴胸卡上岗。

（4）必须掌握仓位粮情，做到每日查仓、每周与粮食见面，定期取样，检查粮温、水分、害虫等情况，做好粮情检测记录，保证资料真实完整。发现问题及时向仓储科长及分管主任汇报，并为储备粮轮换提供依据。

（5）粮食入库，必须符合国家标准中等以上新粮和安全水分。拒绝不符合质量标准的粮食入库。入库检斤必须由仓位保管员、检斤员共同过磅，由双方签字确认。

（6）设立分仓保管账，粮食出入库时，保管员每天记录出入库数量。当天在保管账上核减，每月与检斤员核对一次检斤数量，做到日清月结、账实相符、数量真实。

（7）仓位粮食出库后，保管员须向主任出具书面报告，列项说明该货位在水分、杂质、自然损耗等方面的具体损失数量，分析原因，损失损耗不超过规定标准。

（8）注重学习，总结仓位科学保粮情况，每半年撰写一份科保情况总结。

（9）粮食出入库作业时，保管员必须到作业现场，配合指导工人作业，确保粮食入库质量和安全操作设备，作业结束做到活完底净，切断电源，关闭门窗，遵守粮食熏蒸安全操作规程，确保安全生产。

（10）储粮责任区卫生，做到仓内面光滑、无积尘；仓外"三无"（无杂草、无积水、无垃圾）；库场内不乱堆、乱放杂物。

（11）现隐患及时排除。熟知库内消防设施，会使用消防器具，会报火警。

（12）到雨季"三查"，储粮责任区雨水排放畅通。仓房漏雨及时采取措施，防止粮食淋雨、霉变。

（二）粮油质量检验员责任制度

（1）执行国家粮油质量标准和"依质论价"的政策，认真进行操作，准确填写检验单。
（2）严格遵守库内的各项规章制度，利用空闲时间进行业务知识学习，提高业务技能。
（3）室内检验器材要爱护并妥善保管，工作中要一丝不苟，严格按操作规程进行操作。
（4）对检验结果要负责，不弄虚作假、营私舞弊，要实事求是、忠于职守。
（5）严格遵守考勤制度，有事提前请假，对私自不上班者要予以处罚。
（6）要团结同志，互相帮助，不挑拨事端，不做影响安定团结的事，要齐心合力地做好本职工作。

（三）粮油仓储器材管理制度

（1）培训教育制度。坚持对职工进行爱护机械设备教育，并加强对操作人员的技术培训，使他们做到"四懂三会"。对精密、贵重的关键设备，应指派专门技术人员定人、定机、凭证操作。

（2）仓储机械安全操作规程。根据不同机械设备的结构、性能、工艺流程及技术特点等，分别制定安全操作规程，确保其正常使用和操作安全，使机械满负荷运行，避免"大马拉小车"、"精机粗用"或超负荷运行。

（3）建立粮油仓储机械设备档案。新购入的粮仓机械设备，应及时进行编号，妥善保管使用说明书，建立档案卡、使用卡、维护保养登记卡等，为设备正确操作及确保完好提供技术保障，对重要的电气设备要分类编码登记立卡。

（四）库容库貌及工作环境制度

1. 库容库貌管理制度

（1）加强储粮区清洁卫生，划片定点，责任到人，做到仓内仓外清洁整齐，仓外无杂草、垃圾和污水，并保持卫生清洁经常化、制度化。储备部每月进行1～2次检查。

（2）对所有的房式仓，统一悬挂仓号牌，对砖仓、大钢仓统一喷刷仓号；对现有装粮仓悬挂相应的"中储粮仓房"或"市储备粮专用仓房"标识，达到规范、美观、醒目的要求。

2. 仓储工作环境管理制度

（1）保管员所保管的粮食货位，包括仓房、大钢仓、砖仓等责任片区，要保持干净、整洁、卫生。地面、墙壁要求干净无杂物，货位码放整齐，有明显标志；杜绝同一品种粮食多个散垛和随便堆码，仓内外卫生要随时进行清扫。

（2）保管员要随时反映库房使用情况，对漏水、进水、玻璃破损、大门损坏等情况要及时反映，及时修复，以免造成粮食损失。

（3）坚持"以防为主，综合防治"的保粮方针，要定期清洁打药，搞好虫害、鼠疫的防治工作，确保储粮安全。

（4）保管好仓内的温、湿度测量器具等，并做好相关记录。

（五）企业文化建设和员工管理制度

（1）粮油仓储单位应制定员工奖惩制度，并严格实施。

（2）主要工种员工需获得职业资格证书，实行持证上岗。

（3）制定在职教育计划，健全在职教育投入机制，积极组织开展技能比赛。

（4）粮油保管员、检验员、电工、设备维修工、执行高空作业的人员应给予补贴。

（5）员工较多的企业应设立员工活动中心。

（6）有条件的企业应建立网站，并适时更新。

（7）积极举办各类争先创优活动，如开展"一符四无"活动、争创文明单位、创建示范粮库等。

（8）积极举办社会公益活动。

（六）粮油质量管理制度

（1）夏秋两季收购前，应组织人员调查了解粮食品种质量情况，并分区域、分类型、分品种进行质量抽样检验，对粮食形势做出正确判断，确定合理的收购价格。

（2）加强入库粮食的质量管理工作。收购中认真贯彻执行粮油质量标准及有关规章制度，严格把好粮食质量关，对入库的粮食逐车进行化验，符合质量标准的粮食，凭质量检验单，方可入库；对不符合质量标准要求的粮食，要及时整晒，消除隐患，确保储粮安全。

（3）做好粮油仓储期间的品质检测工作。货位形成后，对粮油进行质量检测。根据需要，可适当增加检验次数。

（4）加强粮油出库质量管理。粮油出库时，必须进行质量检验并准确填写检验报告。

（5）建立完整的质量信息档案。粮油出入库和储存期间，应归类整理检测记录，建立完整的质量信息档案。

任务实施

小瓜同学在学习完粮油仓储的相关知识后，开始对公司的粮油仓库进行粮情检查。

步骤一：制订方案

为避免粮情检查的盲目性、随意性，在着手粮情检查前，应根据检查的对象、季节、性质等不同需要，本着必要、有效、经济原则，制订科学的检查方案，针对性地选定检查项目，明确检查目标、时间和方法。制订检查方案既要防止遗漏必要的检查，也要避免不必要的无效检查，还要避免选用错误的检查方法。

步骤二：粮情相关信息采集

信息采集是对体现粮情的各类相关数据、现象的收集，是粮情检查中工作量最大的一项基础工作，信息采集的质量决定了粮情检查的成效。粮情相关信息采集一般具备以下特性：

1. 全面性

由于粮堆情况较为复杂且难以直观体现，必须通过众多相互关联的信息反映。仅凭借少数孤立、片面的信息数据往往会造成误判。为准确了解粮食储存状态并推断其发展趋势，在决定信息采集项目时，不能只选择能够明显反映粮堆现象的单一类别，还应考虑到有密切联系的相关类别，选择的范围不仅限于粮堆，而且应包含对粮堆有重要影响的相关环境。

2. 代表性

信息采集的数据不应是一般象征性数据，而应当具有代表性，是足以反映粮堆真实情况和对粮堆有直接影响的环境数据。在选点、操作时应正确规范，防止采集错误数据。

3. 系统性

由于粮情是随着时间变化的，因此仅由静止的数据较难判断其变化情况及发展趋势。粮情检查不仅要采集时点数据，还需要采集仓储阶段的相关过程数据。

4. 时效性

如果采集的信息已经过时或采集的相关信息数据不在同一时段，则很难正确反映粮堆状态。因此，采集的数据应及时规范记录，并及时检查，对遗漏、错误的数据应尽可能地及时补采，以免影响对粮情的评议分析。

5. 针对性

信息采集应本着必要、经济的原则，信息采集范围要宽，以免漏采相关的重要信息，但并非越多越好，而应有针对性选定采集项目和采集时间，防止采集无效数据，避免人力、物力的浪费。

步骤三：数据整理工作

数据整理是对采集的大量、零乱的数据，加以筛选、归纳，便于正确、形象地反映粮情。通过数据整理，对采集的数据进行认真审核判别，剔除错误数据，增补漏采数据，再加以分类整合。

1. 数据审核

（1）无效判别审核。根据反映粮情的必要性对数据进行审核筛选，将重复、缺乏代表性的数据剔除。无效数据不一定是无效采集的数据，有的数据在具体体现粮情时是有必要的。

（2）错误判别审核。通过审核，将明显反常的数据给予剔除或纠正。出现反常数据的原因主要有设备故障、检测操作失误、记录错误等。

（3）漏缺判别审核。将无效、错误数据剔除后，审核有无确实需要的数据发生漏采，能给予补采的，及时增补。由于数据时效性较强，因此数据审核工作应在数据采集后及时进行，以利补救，否则极可能影响数据的完整性，加大分析判断的难度。

2. 数据分类归纳

根据分析粮情的需要，通过表格、坐标曲线等方法，分别将同类或相关类别的经审核完整无误的数据进行归纳。

步骤四：粮情分析

粮情分析是对经过整理、归纳的数据、现象，认真细致地单项纵横比较、综合逻辑推理，提出依据，找出成因，去伪存真，对粮情的现状和趋势做出准确判断的过程。粮情分析宜采取组织保粮人员集体评议的方式，通过集思广益，既能提高分析的准确性，又能使保粮人员全面了解储粮情况，还能有效锻炼队伍和提高队伍水平。

1. 现状分析

包括不良症状分析、安全隐患分析、粮情稳定分析，即通过整理归纳数据的绝对值、比较值和综合值，对储粮事件发生的可能性，以及可能发生的表现程度进行分析。

2. 趋势分析

包括不良趋势分析和稳定趋势分析。

3. 成因分析

在对现状、趋势提出分析判定后，还应对其形成的原因进行分析：一是可以加大判定力度，增强判定的准确性；二是可以加深对判定的认识，以便有的放矢地针对源头进行处理，有利于提高处理的正确性。

（1）内在因素。主要是通过粮堆的历史与现状、品种特性、粮堆及组成因子的变化规律等，分析所判定的形成原因。

（2）环境因素。主要通过天气、仓房等环境因子对粮堆的影响作用，分析所判定的形成原因。

（3）技术因素。主要通过通风、熏蒸、烘干晾晒、密闭隔热等技术处理对粮堆的影响作用，分析所判定的形成原因。

步骤五：结论与建议

1. 粮情结论

（1）根据粮情评议的初步判定及剖析的成因，分别作出储粮发生不良症状、储粮存有安全隐患、储粮稳定、储粮有不良趋势和储粮有稳定趋势的结论。

（2）在作出发生不良症状、存有安全隐患及不良趋势结论的同时，确定其种类、表现、部位、程度、成因及危害。

（3）对作出稳定结论的应确定其表现及依据。

2. 处理建议

（1）检查处理。根据粮情结论，为慎重确定或完善结论需要，提出再次采集或补充采集相关数据的意见，并明确提出采集项目、采集时间和采集方法。

（2）症状处理。根据粮情结论，提出对发生的不良症状进行处理的意见，明确处理的范围、方法和时间。

（3）隐患处理。根据粮情结论，提出对安全隐患进行处理的意见，明确对症状或预防处理的范围、方法和时间。

（4）不良趋势的处理。根据粮情结论，提出对于不良趋势的处理意见，明确加强检查或预防处理的范围、方法和时间。

任务二　果蔬类仓储

任务引领

小明的舅舅打算自己开办公司带领同村及邻村的老乡脱贫致富，遂小明提出可以将各家各户自产的本地红富士苹果和近年来流行的"直播带货"方式结合起来，开办一家互联网电商公司。

创业初期，农产品的电商运营形式成功为当地打开了果蔬销售渠道，为众多农户带来了可观收入。随着公司知名度的不断提升，小明也逐渐扩大了苹果的收购范围，并租赁了一间厂房用作囤货，准备"扩大生产"。但销量增加的同时，客户差评也越来越多，消费者普遍反映的问题有：苹果品质参差不齐、果皮萎蔫、偶有烂果。小明根据大学所学的专业知识，判断是公司的仓储环节出现了问题。

公司目前的仓储管理现状如下：

（1）主要以非自动化的纸上作业为基础系统，没有完整的物流中心；

（2）物流服务有局限性，物流成本较高；

（3）各类冷库技术与设备达不到公司长期发展要求，欠缺仓储管理人才；

（4）现有资金不能满足公司扩大自身发展规模的需求，且同行果蔬公司带来竞争压力。

那么，小明该如何做好苹果的仓储管理工作呢？

知识研习

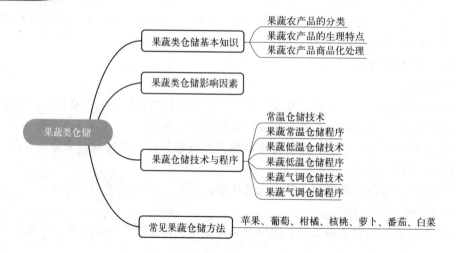

一、果蔬类仓储基本知识

果蔬的种类千差万别，每种果蔬都有适合自己的仓储方式。在做好果蔬类仓储管理工作前，应先掌握果蔬的相关基本知识。

（一）果蔬农产品的分类

1. 水果的分类

水果一般可根据果实构造及生物学特性进行划分，通常有仁果类、核果类、浆果类、柑橘类、坚果类、聚合果类、瓜果类等。

（1）仁果类。植株的果实为假果，如苹果、梨、木瓜等。

（2）核果类。果实为真果，如李、杏、桃、樱桃等。

（3）浆果类。因果实含丰富的浆液，故称为浆果，如葡萄、蓝莓、马林果、猕猴桃、柿、香蕉等。

（4）柑橘类。果实是由若干枚子房联合发育而成的，其果皮具有油胞，是其他果实所没有的特征，如柑、橘、柠檬、柚子、橙等。

（5）坚果类。食用部分是种仁，如板栗、核桃、巴旦杏（扁桃）等。

（6）聚合果类。又分为聚合果和复果。聚合果是由一朵花中许多离生雌蕊聚生在花托上，以后每一个雌蕊形成一个小果，许多小果聚集在同一花托上而形成的果实，如草莓等。复果是由几朵花或许多花聚合发育形成一体的果实，又称聚花果，如菠萝、无花果等。

（7）瓜果类。果皮在老熟时变硬，内果皮为浆质，水分多，甜度高，如西瓜、甜瓜、香瓜等。

2. 蔬菜的分类

一般来说，蔬菜有植物分类法和商品分类法，商品分类法又称为食用器官分类法，多适用于农产品加工领域。

（1）按植物分类法分。

① 伞菌科。平菇、金针菇、香菇、口蘑等。

② 木耳科。木耳、银耳等。

③ 睡莲科。莲藕、芡实、莼菜等。

④ 十字花科。大头菜、榨菜、萝卜、白菜、芥蓝、荠菜等。

⑤ 藜科。菠菜、甜菜等。

⑥ 苋科。苋菜、千穗谷等。

⑦ 葫芦科。黄瓜、南瓜、冬瓜、瓠瓜、丝瓜、苦瓜、佛手瓜等。

⑧ 豆科。豇豆、扁豆、刀豆等。

⑨ 茄科。马铃薯、茄子、辣椒、番茄等。

⑩ 百合科。黄花菜、百合、大葱、大蒜、韭菜、洋葱等。

（2）按商品分类法分。

① 根菜类。萝卜、胡萝卜、辣根、芜菁甘蓝、根用芥菜、豆薯、葛根等。

② 茎菜类。莴苣、茭白、蒜薹、竹笋、球茎甘蓝、马铃薯、姜、莲藕、马蹄等。

③ 叶菜类。青菜、木耳菜、韭菜、茼蒿、菠菜、生菜、苦菊、白菜、苋菜、香菜等。

④ 花菜类。花椰菜、西兰花、洋蓟等。

⑤ 果菜类。南瓜、冬瓜、丝瓜、苦瓜、黄瓜、西葫芦、瓠瓜、茄子、番茄、辣椒、豇豆、豌豆、毛豆等。

（二）果蔬农产品的生理特点

1. 新陈代谢

果蔬在种植时，其根茎部分吸收土壤中的水分，叶片中的叶绿体吸收光能，最终经化学过程产生糖类和能量储存在果蔬体内，并释放出氧气，这就是植物的光合作用。当少氧或少光时，果蔬体内的糖类将会与氧气结合反应产生二氧化碳、水及能量，这就是植物的呼吸作用。

光合作用与呼吸作用统称为植物的新陈代谢，二者互为逆作用。当果蔬处于种植阶段时，光合作用与呼吸作用并存，但总体来说呼吸作用小于光合作用。当果蔬处于非种植阶段时，果蔬会逐渐失去水分及其他营养元素。这时，光合作用减弱甚至中断，呼吸作用大大增强，果蔬最终会脱水、败坏（表 5-2-1）。

表 5-2-1　常见果蔬的呼吸强度

类型	呼吸强度(产 CO_2)/[mg/(kg·h)]	产品
非常低	<5	坚果、干果等
低	5~10	苹果、柑、橘、菠萝、甜菜、芹菜、木瓜、洋葱、甘薯等
中等	10~20	杏、香蕉、蓝莓、白菜、樱桃、黄瓜、芒果、油桃、桃、梨、李、西葫芦、番茄、橄榄、胡萝卜、萝卜等
高	20~40	菜花、韭菜、草莓等
非常高	40~60	朝鲜蓟、豆芽、花茎甘蓝、抱子甘蓝、菜豆、青葱、食荚菜豆、甘蓝等
极高	>60	芦笋、蘑菇、菠菜、玉米、豌豆、欧芹等

2. 蒸腾作用

采摘后，果蔬开始消耗本身能量和水分，果体质量减少，此现象称为果蔬的蒸腾作用。采后果蔬立即开始蒸腾失水，一般来说当水分丧失约 5% 时，果蔬就会出现表皮软皱、萎蔫、色泽消退等现象。

对于蔬菜类作物，叶菜类作物的蒸腾作用最大，根茎类作物蒸腾作用最小。水果类中浆果类（草莓、葡萄、猕猴桃）蒸腾作用最大，瓜果类（西瓜、哈密瓜）蒸腾作用最小。果蔬类产品蒸腾作用的大小一般呈南方果蔬大于北方果蔬的规律。在进行储存管理时，可利用各农产品蒸腾作用的不同，采取不同的温度和湿度管理，以较低成本来延长果蔬类农产品的仓储时间。

3. 休眠

部分植物在生长过程中为了适应多变的环境，植物部分器官会出现暂停生长的现象，以助于植物能够平稳度过不宜生存的环境，此种现象称为休眠。一些常见的茎类、坚果类、种子类农产品大多都会存在休眠现象。因此，合理利用休眠生理现象也有助于延长果蔬类产品的仓储时间。

4. 成熟、完熟与衰老

果实成熟是指果实在发育后期生理生化变化的总和，并通过从外观到内部发生的一系列变化使果实达到可食状态成为有价值的农业商品的过程。在食品加工与仓储领域，把成熟定为果实达到可以采摘进行商品化处理的时候，而不是最佳食用时期。

果实采摘后，果实还要进行一系列生物化学变化，逐渐形成各产品所固有的外观、芳香等特征，最后形成有经济价值的农产品，这一过程称为果实的完熟。在日常生活中，考虑到果蔬农产品仓储和运输，许多果蔬不能在其完熟后采摘，需要在成熟时采摘进行自然完熟，如香蕉、猕猴桃等。

当果实成熟后，果实的衰老也随之而来。果实的衰老是不可抗拒、不可逆转的，衰老的果实会逐渐失去经济价值，也会加大仓储的管理成本。因此，应采取有效的仓储保鲜技术来进行果蔬农产品的管理，延长产品的仓储时间。

（三）果蔬农产品商品化处理

通常，果蔬农产品成熟时期相对集中，大规模采收往往会出现产品大小不一、品质不一、完熟程度不一等情况，采后处理不当也会造成大量浪费，即便产量高，也会造成丰产不丰收的状况。

因此，果蔬采摘后，需进行整理、挑选、清洗、预冷、分级、包装等流通加工环节，这一系列过程称为果蔬产品采后商品化，其目的在于提高农产品的品质、延长产品仓储时间、减少采摘后的运输损耗。同时，良好的商品化处理是保证果蔬农产品仓储的必要条件。

1. 整理、挑选与清洗

整理、挑选是采后商品化处理的第一步，其目的是剔除有机械伤、病虫危害、外观畸形等不符合商品要求的产品，以便改进产品的外观，以利于销售和食用。果蔬收获后，往往带有残枝、败叶、病虫等，必须进行适当的整理，以防引起采后的大量腐烂。挑选是在整理的基础上，进一步剔除受病虫侵染和受机械损伤的产品，减少产品的带菌量和产品受病菌侵染的机会。整理挑选一般采用人工方法进行，注意轻拿轻放，尽量剔除受伤产品，同时尽量防止对产品造成新的伤害。

清洗方法一般有人工清洗和机器清洗两种方法：人工清洗适用于产量小或不宜机械操作的果蔬，如浆果类的清洗；机器清洗多用于批量清洗，通常采用专用清洗机。

2. 预冷

果蔬采收后带有大量的热量，同时果蔬的呼吸作用也会释放出大量的热量，对保持品质十分不利。预冷的目的是在运输或仓储前使产品尽快降温，以便更好地保持果蔬的生鲜品质，从而延长仓储时间。

预冷处理一般有自然冷却、水冷却、通风冷却、冷库冷却、真空冷却等方法。

3. 分级

分级主要是指将不同质量的农产品，按照农产品质量标准进行归类、分级。明确的农产品质量等级能够有效反映农产品相应的价值、价格及其功能用途，更好地满足消费者对农产品不同的质量要求和产品预期。分级是提高商品质量，使果蔬商品化、标准化的重要手段，一般根据果蔬的大小、重量、色泽、形状、成熟度、新鲜度、病虫害和机械伤等商品性状，按照一定的标准进行严格挑选、分级。通过分级，果蔬等级分明，规格一致，便于包装、仓储、运输和销售。分级后的果蔬在外观品质上基本一致，从而做到优级优价，按级决定其适当用途，充分发挥产品的经济价值，减少浪费。

目前，果蔬分级体系有国家标准、地方标准、协会标准、行业标准 4 种层级，适用范围和专业细化程度各不相同，国家标准可参考果品质量分级导则（GB/T 40446—2021）。我国一般按照外观、成熟程度、色泽、损伤度、大小均匀程度、果品斑点半径等指标对果蔬进行规格分级，通常为三级指标规格（图 5-2-1）。表 5-2-2～表 5-2-4 为番茄、柑橘、芒果等级规格。

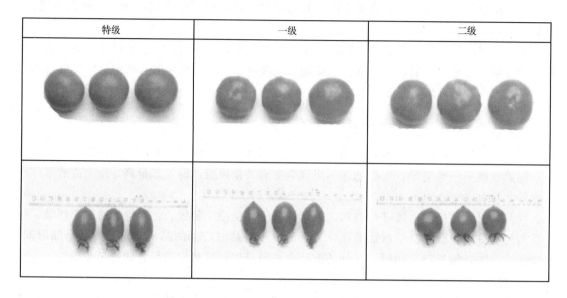

图 5-2-1　各等级番茄实物参考

表 5-2-2　番茄等级规格

等级	要求
特级	外观一致,果形圆润无筋棱(具棱品种除外);成熟适度、一致;色泽均匀,表皮光洁,果腔充实,果实坚实,富有弹性;无损伤、无裂口、无疤痕
一级	外观基本一致,果形基本圆润,稍有变形;已成熟或稍欠熟,成熟度基本一致,色泽较均匀;表皮有轻微的缺陷,果胶充实,果实坚实,富有弹性,无损伤、无裂口、无疤痕
二级	外观基本一致,果形基本圆润,稍有变形;稍欠成熟或稍过熟,色泽较均匀;果腔基本充实,果实较坚实,弹性稍差;有轻微损伤,无裂口,果皮有轻微的疤痕,但果实商品性未受影响

来源:NY/T 940—2006《番茄等级规格》。

表 5-2-3　柑橘等级规格

项目		特等品	一等品	二等品
果形		具有该品种典型特征,果形一致,果蒂青绿完整平齐	具有该品种形状特征,果形较一致,果蒂完整平齐	具有该品种形状特征,无明显畸形,果蒂完整
果面	色泽	具该品种典型色泽,完全均匀着色	具该品种典型色泽,75%以上果面均匀着色	具有该品种典型特征,35%以上果面均匀着色
	缺陷	果皮光滑;无雹伤、日灼、干疤;允许单果有极轻微油斑、菌迹、药迹等缺陷。单果斑点不超过 2 个,柚类每个斑点直径≤2.0mm,金柑、南丰蜜橘等小果型品种每个斑点直径≤1.0mm,其他柑橘每个斑点直径≤1.5mm,无水肿果、枯水果、浮皮果	果皮较光滑;无雹伤;允许单果有轻微日灼、干疤、油斑、菌迹、药迹等缺陷,但单果斑点不超过 4 个,柚类每个斑点直径≤3.0mm,金柑、南丰蜜橘等小果型品种每个斑点直径≤1.5mm,其他柑橘单个斑点≤2.5mm,无水肿果、枯水果,允许有极轻微浮皮果	果面较光洁,允许单果有轻微雹伤、日灼、干疤、油斑、菌迹、药迹等缺陷。单果斑点不超过 6 个,柚类每个斑点直径≤4.0mm,金柑、南丰蜜橘等小果型品种每个斑点直径≤2.0mm,其他柑橘单个斑点≤3.0mm。无水肿果,允许有轻微枯水果、浮皮果

来源:NY/T 1190—2006《柑橘等级规格》。

表 5-2-4　芒果等级规格

指标	一级	二级	三级
果形	具有该品种特征,无畸形,大小均匀	具有该品种特征,无明显变形	具有该品种特征,允许有不影响产品品质的果形变化
色泽	果实色泽正常,着色均匀	果实色泽正常,75%以上果面着色均匀	果实色泽正常,35%以上果面着色均匀
缺陷	果皮光滑,基本无缺陷,单果斑点不超过 2 个,每个斑点直径≤2.0mm	果皮光滑,单果斑点不超过 4 个,每个斑点直径≤3.0mm	果皮较光滑,单果斑点不超过 6 个,每个斑点直径≤3.0mm

来源:NY/T 3011—2016《芒果等级规格》。

4. 防腐与涂膜

由于新鲜果蔬的仓储时长有限,我国每年产出的水果直接浪费和损失率很高,因此解决果蔬保鲜的问题越来越迫切。通常,在对果蔬进行拣选、清洗与分级后,需对果蔬产品进行防腐和涂膜处理。通过防腐和涂膜处理,可减少果蔬的蒸腾作用,抑制呼吸作用,保持产品的新鲜度,延长产品的仓储时间。同时,也能改善产品外观,提高产品经济价值。

(1)防腐。果蔬仓储防腐主要使用化学防腐保鲜剂进行,主要有植物激素类(细胞分裂素类、生长素类和生长抑制剂类)、化学防腐剂类(仲丁胺、苯并咪唑类防腐剂)和乙烯抑制剂(1-甲基环丙烯)三类试剂。

(2)涂膜。果蔬表面有一层天然的蜡质保护层,往往在采后处理或清洗中受到破坏,从而增强果蔬呼吸作用,增加病原微生物入侵的可能性,进而导致果蔬萎蔫、霉变。因此,在果品商品化处理时,多采用人工涂膜的方式"补救"保护层。

目前,商用涂膜的被膜剂多以石蜡、巴西棕榈蜡作为基础原料。聚乙烯、合成树脂物质、防腐剂、保鲜剂、乳化剂和湿润剂的蜡液材料也在商用涂膜中频繁使用。但应注意,被膜剂应控制在一定浓度,避免过度涂膜,且被膜剂应符合对应的国家标准。

果蔬涂膜方法一般有浸涂法、刷涂法和喷涂法 3 种。浸涂法是将涂料配成适当浓度的溶液,将果蔬浸入,蘸上一层薄薄的涂料后,取出晾干。刷涂法即用软毛刷蘸上涂料液,在果蔬上辗转涂刷,使果皮上涂一层薄薄的涂料膜。在涂抹过程中,膜厚应均匀、适当,过厚会影响呼吸,导致呼吸代谢失调,引起生理病害;过薄又起不到应有的作用。喷涂法是将涂料配成溶液,直接喷洒在果蔬表面。通常涂膜时,被膜剂应与防腐剂联用,从而起到双重保护的作用。涂膜作为果蔬产品商品化的手段之一,一般应用于短期仓储或上市之前的果蔬,不当使用或过度滥用会降低商品品质。

5. 包装

包装是将果蔬标准化、商品化,保证安全运输和仓储的重要措施。合理的包装可使果蔬产品在运输中保持良好的状态,减少机械伤、病害蔓延和水分蒸发,避免腐烂变质,提高商品率和卫生质量。

(1)包装的容器。包装容器应清洁、无污染、无异味、无有害化学物质、内壁光滑、重量轻、成本低、便于取材、易于回收,同时还应具有保护性、通透性和防潮性等特点。果蔬的包装主要有木箱、纸箱、塑料箱、筐类、网袋等,另外还有一些防止机械伤的衬垫物及抗压托盘。表 5-2-5 为果蔬包装容器及其材料、使用范围。

表 5-2-5　果蔬类包装容器种类、材料及使用范围

种类	材料	使用范围
塑料箱	高密度聚乙烯/聚苯乙烯	任何果蔬
纸箱	板纸	果蔬
钙塑箱	聚乙烯/碳酸钙	果蔬
板条箱	木板条	果蔬
筐	竹子、荆条	任何果蔬
加固竹筐	筐体竹皮/筐盖木板	任何果蔬
网袋	天然纤维或合成纤维	不易擦伤、含水量少的果蔬

（2）包装方法。果蔬经过挑选分级后即可进行包装，包装方法可根据果蔬的特点而定，一般有定位包装、散装和捆扎后包装。各种包装方法都要求果蔬在包装容器内有一定的排列形式，既可防止其在容器内滚动和相互碰撞，又能使产品通风换气，并能够充分利用容器的空间。如苹果、梨、番茄用纸箱包装时，果实的排列方式有直线式和对角线式两种（图 5-2-2）；用筐包装时，常采用同心圆式排列。马铃薯、洋葱、大蒜等蔬菜常常采用散装的方式。

图 5-2-2　蔬果包装方式参考

6. 其他处理

（1）愈伤处理。果蔬产品采摘后在运输、商品化处理时，常因批量作业造成机械损伤，果体伤口在仓储和运输过程中会腐烂变质，造成商品化率低下。在精细化机械作业操作的同时，也可利用果蔬"自行愈伤"进行处理。部分果蔬在适宜的条件下，轻微伤口会自然产生木栓愈伤组织，逐渐使伤口愈合。利用这种功能，人为地创造适宜的条件可以加速果蔬愈伤组织的形成，称为愈伤处理。

果蔬产品愈伤要求一定的温度、湿度和通气条件，其中温度对愈伤的影响最大。在适宜的温度下，伤口愈合快而且愈合面比较平整；低温下伤口愈合缓慢，愈伤的时间拖长，有时可能还没有等到伤口愈合已遭受病菌侵害；温度过高则会导致伤部迅速失水，造成组织干缩而影响伤口愈合。例如，马铃薯愈伤的最适宜条件为：温度 $21\sim27℃$、相对湿度 $90\%\sim95\%$。洋葱、大蒜等愈伤时要求较低的湿度。大多数果蔬产品愈伤的适宜条件为温度 $25\sim30℃$，相对湿度 $90\%\sim95\%$。

果蔬产品愈伤的难易在种类间差异很大，仁果类、瓜类、根茎类蔬菜一般具有较强的愈伤能力；柑橘类、核果类的愈伤能力较差；浆果类、叶菜类受伤后一般不形成愈伤组织。

（2）降涩处理。脱涩主要是针对柿等水果而采用的一种处理措施。常见的脱涩方法有温水脱涩、石灰水脱涩、酒精脱涩、脱氧剂脱涩、冰冻脱涩、乙烯及乙烯利脱涩等，这几种方法脱涩效果良好，可根据实际情况合理选择适当的方法。

二、果蔬类仓储影响因素

M5-13 果蔬储藏
的影响因素

M5-14 影响果蔬
储藏的环境因素

1. 果蔬的生理因素

在自然条件下，果蔬产品的呼吸作用和蒸腾作用会导致萎蔫、脱水。然而，不同果蔬品种的呼吸作用和蒸腾作用程度不一，导致各品种果蔬的耐仓储程度也不尽相同。

一般来说，热带、亚热带产品的呼吸强度大于温带产品。高温季节成熟的产品比低温季节成熟的产品呼吸强度大。就种类而言，浆果类的呼吸强度较大，如葡萄、草莓等；仁果类和聚合果类呼吸强度较小，如菠萝、核桃等；叶菜类呼吸强度最大，如空心菜、白菜等；根菜类呼吸强度最小，如马铃薯、山药等。同一果蔬的不同部位呼吸强度也不尽相同，也导致耐仓储程度不一致。

2. 果蔬的采收时机

农产品个体在生长过程中处于嫩绿、幼果时的代谢程度最为旺盛，此时表皮保护组织尚未发育成熟，组织内细胞间隙较大，果蔬的储藏时间较短。老熟的果品及蔬菜，新陈代谢强度较低，表皮组织和蜡质、角质层加厚并变得完整，耐储藏性加强。

因此，果蔬产品一定要在其适宜的成熟度时采收，采收过早或过晚均对产品品质和仓储带来不利的影响。采收过早不仅产品的大小和重量达不到标准，而且产品的风味、色泽和品质也不好，耐藏性也差；采收过晚，产品已经过熟，开始衰老，不耐仓储和运输。应该根据产品的特性并考虑产品的采收用途、仓储期的长短、仓储方法和设备条件等因素，确定产品的采收时间。菠萝、核桃等可以在充分成熟时采收，这有利于保证质量和提高其耐藏力；香蕉、菠萝、苹果和梨等果实已达到一定大小、质量的情况下，尽可能提早采收，这有利于延迟呼吸高峰的到来，有利于长期储运。

3. 果蔬商品化处理效果

正确的果蔬商品处理在很大程度上可以杜绝产品因自身缺陷、生理因素及采摘损伤所造成的产品品质下降，并可以延长仓储时间，提高产品的经济效益。错误的果蔬商品化处理，则会改变产品的外观、质地和风味，使产品明显变劣，失去食用价值、商品价值及仓储价值。

（1）清洗时未进行干燥处理。果蔬采摘后需对其进行清洗，以便清除果体表面污物和病原微生物。果蔬清洗后必须进行干燥处理，除去表面水分，否则果蔬易腐烂变质。

（2）预冷操作不当。由于果蔬在采摘后会有大量的田间热，同时果蔬在等待运输时一般在田地中进行自然堆垛也造成热量聚集。因此若预冷不及时，或预冷方式操作不当，则会引起果蔬产品萎蔫甚至损伤。在选择预冷方式时，必须要考虑现有的设备、成本、包装类型、距离销售市场的远近以及产品本身的特性。在预冷期间要定期测量产品的温度，以判断冷却的程度，防止温度过低产生冷害或冻害，造成产品在运输、仓储或销售过程中变质腐烂。

（3）机械损伤。在果蔬商品化处理过程中，需要利用大量机械设备。例如，在清洗阶段需要机械清洗槽，分级阶段需要自动分类筛选机等。处理过程中进行的传送和搅拌操作，可能会造成部分果体损伤且不易察觉。后期，这些损伤的果体会加速腐败，进而影响其他正常果体，造成不可挽回的经济损失。因此，机械操作时应做到精细化管理，做好包装前的复验工作。

4. 温度

（1）呼吸强度。在一定温度范围内，果蔬呼吸强度随着周围环境温度的升高而增强，物质消耗增加，果蔬物流寿命缩短。当温度超出果蔬自然仓储上限时，催化呼吸反应的酶受高温破坏，失去活力，呼吸强度表现为大幅度下降，导致生理失调，耐储性和抗病性下降，极易被微生物侵染，如香蕉的腐生菌、黄瓜的灰霉菌、柑橘的青绿霉菌、番茄的交链孢霉菌，使果蔬迅速腐烂。

（2）冷害。一般来说温度越低，果蔬的呼吸强度越弱，果体自身消耗和蒸腾作用就越小。低温是保持果蔬的风味、品质，延长果蔬仓储寿命的有效手段。但是，每一种果蔬都有其最适的仓储低温范围，即仓储适温。当温度高于仓储适温时，会加快呼吸消耗，缩短仓储的时间；当温度低于仓储适温时，轻者出现冷害，重者出现冻害。

当温度低于果蔬生活下限温度，果蔬表面会出现凹凸斑块、组织坏死、变色，这种情况被称为冷害。

冷害存在于绝大多数果蔬，不同果蔬的冷害表现状况不同。例如，叶类蔬菜的冷害一般表现为叶体变黄，出现水渍斑块；瓜果类蔬菜、柑橘类果品则呈现出果心果肉褐变的情况。

果蔬在仓储过程中，温度和持续时间是影响冷害发生与否及程度轻重的决定因素。在导致冷害发生的温度下，温度越低，发生越快；持续时间越长，越严重。如甘薯在 0℃ 下一天就受冷害，但在 10℃ 下 4 天尚无明显伤害，10 天后损伤严重。

（3）冻害。冻害是指在冰点以下的低温使果蔬体内结冰，对果蔬造成伤害的一种现象。冻害的造成与降温速度、低温的强度和持续时间有关，也与果蔬采摘前状态有关。完熟前的果蔬处于旺盛分裂增殖时期，即使气温短时期下降，也会受害；相反，休眠时期的果蔬则抗冻性强。

当果蔬已受冻害时，部分短时间受冻的果蔬逐步解冻后，即可恢复原先鲜品状态。但部分果蔬尤其是长时间冷冻的，在解冻以后细胞壁将会破裂，导致细胞液渗出，果蔬的外表、风味也遭受影响。例如，根茎类蔬菜等受冻后，植物体内部支链淀粉会变成直链淀粉，烹饪时会久煮不烂。

5. 湿度

空气中的湿度往往也会对果蔬的呼吸作用产生影响，从而影响仓储时间。在一定温度下，绝对湿度或相对湿度大时，达到饱和的程度高、饱和差小，蒸发就慢；仓储环境越干燥，即相对湿度越低，水蒸气的流动速度越快，组织的失水也越快，果蔬中的水分就越易蒸发，果蔬就越易萎蔫。一般农产品采收后，经轻微干燥比湿润条件下更有利于降低呼吸强度。例如，洋葱在 40%～50% 的低湿条件下，不但呼吸受到抑制，发芽也被推迟；茄子在 95% 的高湿条件下比在 70% 的常湿条件下呼吸旺盛。但有些产品如甘薯、芋头等，低湿度反而会促进呼吸。

6. 气体

（1）氧气。在一定范围内，降低氧气浓度可抑制呼吸作用，降到20%以下时，植物的呼吸强度便开始下降，但是当浓度低于10%时，有氧呼吸迅速下降，无氧呼吸被促进，过多消耗体内养分，大量积累乙醇、乙醛等有害物质，造成缺氧伤害，产生异味，将缩短仓储寿命。

（2）乙烯。乙烯是一种植物内源激素，植物的所有部分，如叶、茎、根、花、果实、块茎、种子及幼苗在一定条件下都会产生乙烯。适当浓度乙烯可激活酶的活性、加强果蔬的呼吸作用，从而促进果实成熟、完熟、衰老，产生一系列生理变化，同时表现出不同成熟阶段的特征。

采摘后的果蔬仍会产生乙烯，很多果蔬受伤后，乙烯加速生成。仓储前要严格去除有机械伤、病虫害的果实，这类产品不但呼吸旺盛、易染病害，还由于其产生乙烯，会刺激成熟度低且完好的果实很快成熟衰老，缩短仓储期。一些物质可抑制果蔬中乙烯的生成，如1-甲基环丙烯、水杨酸、二氧化碳等。

（3）二氧化碳。二氧化碳是呼吸作用的最终产物，当外界环境中二氧化碳浓度升高时，呼吸作用受到抑制。实验证明，二氧化碳浓度高于5%时，有明显抑制呼吸作用的效应，这可在果蔬、种子仓储中加以利用。适当降低氧气浓度，升高二氧化碳浓度，既可以抑制呼吸，又不会干扰正常代谢，这就是气调仓储的理论依据。二氧化碳的浓度一般以不超过2%~4%为宜。

三、果蔬仓储技术与程序

果蔬类产品俗称"纸包水"，由于其固有的活性生理现象，因此区别于其他商品，普通仓库及管理模式并不能满足果蔬产品的仓储要求。不同类的果蔬产品，由于生理特性不一样，仓储方式和操作流程也不一致，需根据具体条件，选择适宜的仓储方式和设施设备，来保障果蔬的品质。

M5-15 果蔬储藏
保鲜方法

就目前来说，果蔬类主要采取的仓储方法主要有常温仓储、低温仓储、气调仓储3种。

（一）果蔬常温仓储技术

常温仓储是指利用天然的环境和温度变化，搭建简易的场所来维持一定的仓储温度进行保藏的方法。其特点是简单易行、造价低，但部分含水量大和温度要求高的果蔬仓储效果较差，仓储期短，不易人为控制。通常有堆藏、沟藏、窖藏和通风库仓储等。

1. 堆藏

堆藏是在果园、田间、院落或空地上设置临时性的仓储场所，将果蔬直接堆垛或放入深20cm左右的浅坑中。一般堆藏的场所要求地势高、平坦且排水良好。堆藏果蔬的宽度和高度无一定的规格和模式，一般宽1.5~2m，高0.5~2m。长度不限，视仓储的种类及用途而定。宽度过大，易造成通风散热不良，导致腐烂，堆码过高则易倒塌。造成大量的损伤。覆盖时间和厚度依气温变化情况而定，不同地区、不同季节以及不同的果蔬种类，应采用不同的覆盖方法。一般入贮初期果蔬带有较多的田间热，呼吸旺盛，释放的呼吸热较多，应注意通风散热。此时若气温较高，应在白天覆盖遮阳，防止日晒，夜间取掉覆盖物，进行通风散热。

适宜堆藏的果蔬有大白菜、甘蓝、板栗等。

2. 沟藏

沟藏是将果蔬堆放在挖好的沟内，按照一定的顺序和方法进行堆垛，再在其上覆盖沙土或芦苇、作物秸秆等的一种仓储方式。沟藏构造简单，苫盖材料可就地取材，经济环保。果蔬入沟覆盖后，仓储沟内能保持较高而稳定的相对湿度，可减轻新鲜果蔬的萎蔫，减少失重，还能积累一定二氧化碳，形成一定的自发气调环境，抑制微生物活动，减少微生物引起的腐烂。

进行仓储的地点一般选择较为干燥的高地，土壤密度高、排水性好，沟底部与地下水位的垂直间距应不小于1m。在比较寒冷的北方地区，藏沟一般呈南北方向设置，并在藏沟的北侧设置风障，以阻挡寒风的吹袭，有利保温。在较为温暖的南方地区，藏沟一般呈东西方向设置，并在藏沟的南侧设置阴障，以减少阳光的照射，有利降温。藏沟一般设置长度极限为50m，沟的深度一般以0.5～1m为宜，藏沟的宽度为1～1.5m。藏沟的尺寸一般需要视地理条件、平均地下水位、主导风向、温度、果蔬种类和仓储量而定。

3. 窖藏

窖藏的对象一般为较耐存储的果蔬产品，其特点与沟藏相似。窖藏是一种临时或半永久的仓储方式，管理人员可进入窖室直接管理。一般有棚窖和井窖，窖藏仓储效果优于堆藏和沟藏。一般利用窖藏的有白菜、梨、苹果、马铃薯等。

（1）井窖。井窖是一种深入地下的封闭式的土窖，窖身全部在地下，窖口在地上。一般选取高地干燥处，在地面下挖直径为1m的筒型，深度约3～4m，并在井口附近设置排水沟，以便排水。井窖可独立设置，也可若干窖体连通设置。井窖的原理主要是通过控制窖盖的开闭进行适当通风换气，从而将窖内的热空气和积累的二氧化碳排出，使新鲜空气进入。

（2）棚窖。棚窖是在地面挖一长方形的窖身，并用木料、麦秆等材料封顶的临时性或半永久型藏窖。棚窖宜选择在地势高燥，地下水位低，空气流畅的地方，窖的方向以南北向为宜。棚窖根据入土深浅有地下式、半地下式和地上式3种类型。在南方温暖或地下水位较高的地方多采用半地下式，一般入土深1～1.5m，墙体高1～1.5m。在北方寒冷地区多用地下式，入土深度一般不超过5m。

4. 通风库仓储

通风库仓储是将产品置于通风库内，通过通风库对流换气，达到控制储温的一种短期仓储形式，也是目前我国最常用的果蔬仓储方式。通风库是一种永久性仓储设施，建造时需要较为完善的隔热材料和通风设施，造价高于棚窖和井窖。通风库仓储量大，使用年限长，工作人员方便管理。然而通风库主要依靠自然通风而不具备温度调节装置，因此仓储温度难以控制。

通风库与棚窖一致，根据入土深度分为地下式、半地下式和地上式3种类型。通风库宜建在交通方便、接近作物产地或供销地的地方，要求地势高爽，地质条件良好，并有足够的场地来设置晒场等附属建筑物。多为砖木和钢筋混凝土结构，使用年限较长。

（二）果蔬常温仓储程序

1. 堆藏与沟藏仓储程序

堆藏与沟藏方式较为简单，一般适用于临时性的适量仓储。仓储管理流程如下：

（1）准备仓储场地：选择合适场地，并开凿排水沟。

（2）果蔬商品化处理，包括清洗、预冷、分级等。

（3）果蔬入仓堆码，苫盖覆盖物，苫盖材料一般有麦秆、沙土、草苫等。

（4）观测温度、天气，适时增减苫盖物厚度。

2. 窖藏仓储程序

窖藏的一般仓储程序如下：

（1）入库前管理。为防止果蔬之间相互污染，需在入窖前对窖体进行全面消杀。一般采用硫黄熏蒸或甲醛喷洒的方法，也可采用含氯的消毒剂进行喷洒。应注意消杀后需密闭，通风48h才可使用。

（2）在库时管理。入库初期需留有一定缝隙，防止果蔬呼吸热聚集造成腐败，若发现温度过高或二氧化碳浓度过高，需及时开窖通风。

（3）出库时管理。果蔬窖藏出库原则上与一般商品出库一致，应满足先入先出原则。但工作人员在进库操作时不可直接入库，需通风换气后方可入库操作。

3. 通风库仓储程序

通风库为常温仓储中最优的方式，适用于大多果蔬的临时仓储。通风库仓储一般程序如下：

（1）入库前管理。果蔬产品在入库前，首先将通风库中果蔬残叶打扫干净后，门窗打开进行通风，然后对仓库进行全面消杀。消杀一般使用熏蒸法和喷洒法。熏蒸法使用的熏蒸剂一般为硫黄、臭氧。喷洒法使用的试剂较多，有含氯消毒剂、硫酸铜等。需要注意的是，在消毒时各类试剂应选用易挥发和低毒性产品，并严格按照浓度配比操作。

果蔬采收后，需暂贮去除田间热，然后在夜间温度低时入库。入库果蔬宜进行包装或容器盛装，为了保证果蔬的品质，应满足"快采快入"的原则，即"及时采收、及时入库"。

（2）在库时管理。在库初期时，尽量加大通风量，使果蔬温度迅速降下来，以免影响仓储效果。果蔬在库时，垛、库壁、库顶及地面之间需留置不少于4cm的缝隙，以利空气流通。当多种果蔬在库中混合仓储时，各品种果蔬应分区堆放，禁止混杂，以便分别控制不同果蔬的温度、湿度。在春秋季节，利用气温最低的夜间进行通风；寒冷季节，通风仓储以保温为主，只有在气温较高时，进行短时间的换气排湿。

仓储中，需根据外界气温和库内温度及时通过通风口调节温度，并做好库内鼠虫灭杀工作。

（3）出库时管理。出库时需对果蔬品质外观进行检查，发现果蔬产品腐败应及时检查库内其他产品，以防传染。出库时需谨慎操作，避免机械损伤出现。

（三）果蔬低温仓储技术

低温条件下果蔬产品体内酶的活性降低，进而削弱了果蔬产品的呼吸和蒸腾作用；低温条件下致病微生物的生物活性将大幅度减低，能很大程度降低果蔬产品发生病变的概率，因此低温条件下的果蔬产品的仓储时间大于常温条件下的时间。利用低温条件下果蔬特性，在仓库布置制冷设备，并维持低温条件的仓储方法称为低温仓储。低温仓储适用于大多数果蔬产品，但成本相对较高，一般存储经济价值较高的果蔬产品，如蓝莓、洋蓟、蒜薹、车厘子等。低温仓储通常有机械冷藏库和微型冷藏库两种形式。

1. 机械冷藏库

机械冷藏库是通过良好的绝缘隔热设施，安装机械制冷系统等，使库内满足果蔬仓储温度、湿度和气体成分的要求，达到常年仓储目的的一种标准仓储方式。机械冷藏库不受地区、气候及季节限制，可满足绝大多数果蔬的仓储要求，目前已成为果蔬仓储保鲜的主体设施。机械冷藏库一般分为 L 级、D 级和 J 级 3 种，L 级冷藏库的仓储温度范围在 $-5\sim5℃$，D 级冷藏库储藏温度范围在 $-18\sim-10℃$，J 级冷藏库的储藏温度范围在 $-23℃$ 以下。用于仓储果蔬的冷库一般为 L 级冷库，L 级冷库又称为高温冷藏库。

2. 微型冷藏库

微型冷藏库是指库容积在 $120m^3$ 以内，仓储量一般在 $10\sim40t$ 的小型机械冷库。微型冷库的特点是实用性强、可靠性强、造价低廉、自动化程度高、易于操作管理、性能可靠。微型冷藏库就是在一般房屋的基础上，增加一定厚度的保温层，设置一套制冷系统，将门做保温处理，库内冷风机为悬挂式，可增加仓储库容，制冷机组设于库外且间歇性工作，故耗电小，深受用户欢迎。

（四）果蔬低温仓储程序

1. 机械冷藏库仓储程序

（1）入库前管理。当果蔬采摘后进入机械冷藏库前，需进行全面消杀工作，步骤方法与常温仓储程序一致。果蔬入库前需首先提前 3 天冷却降温，使果蔬与冷库内的温差减小。其次是温度调节，根据不同品种对温度的不同要求控制库温，保持库内温度分布均匀。最后，还要注意库内空气的对流状况，消除不利于流通的因素。

（2）在库时管理。产品的入库及堆放的总体要求首先是"三离一隙"，"三离"指的是离墙、离地、离天花板，"一隙"是指垛与垛之间及垛内要留有一定的空隙。其次注意果蔬的堆垛大小适度，同一品种堆一起，严格执行果蔬采后的分级、挑选、涂膜等处理。

果蔬仓储初期，应满足 $1\sim2$ 周通风换气 1 次，当温度稳定后，每个月 1 次。通风方法是在早晨或夜间敞开库门，开动鼓风设备，放进一定量的新鲜空气。

果蔬仓储时由于呼吸代谢积累二氧化碳、乙烯、乙醇等气体，其浓度过高会导致生理代谢失调，所以需要通风。若库内二氧化碳积累过多，可装置空气净化器，也可用氢氧化钠溶液吸收。对于不耐储的新鲜果蔬产品每间隔 $3\sim5$ 天检查 1 次，耐储性好的可 15 天甚至更长时间检查 1 次。为了达到控温的目的，各个堆上放置温度表以观察记载库内的温度，发现问题及时处理。

（3）出库时管理。果蔬出库时也应遵守"先入先出"原则，在果蔬出库时，应先使果温逐渐上升到室温，否则果面结露，容易造成腐烂；若果实骤然遇到高温，色泽易发暗，果肉易变软，影响仓储效果。果蔬的进出库量每天应控制在 10% 左右，以防因频繁开库造成温度失衡。

2. 微型冷藏库仓储程序

微型冷藏库与机械式冷藏库仓储程序基本一致，最大区别在于入库环节时有入库总量要求和在库时堆码距离要求。

（1）入库前管理。入库时入库总量不应高于总容积的 15%，因为微型冷藏库易受外界温度影响，大规模入库会导致库温变动较大，从而影响其他在库果蔬。

（2）在库时管理。微型库内空间有限，果蔬堆码时必须确保牢固、安全、整齐，便于通风，便于出入和检查。堆码的主风道方向应和库内冷风机的出风方向相一致；要求果蔬离墙距离 20cm，距送风道底面距离 50cm，距冷风机周围距离 1.5m；垛间距离 0.2～0.4m；根据库内情况留有一定宽度的主通道，通常为 0.8～1.0m，如果采用货架，货架间距离 0.7m 左右，地面垫木高度 0.12～0.15m。

（3）出库时管理。与机械冷藏库一致。

（五）果蔬气调仓储技术

气调仓储是一种改变仓储环境中气体成分的仓储方法。通常采用降低氧气浓度和提高二氧化碳浓度的方法，来抑制所仓储果蔬的呼吸强度，减少果蔬体内物质消耗，从而达到延缓果蔬衰老，延长仓储期的目的。气调仓储过程中不使用任何化学药物处理，仓储环境的气体组成与空气相近，果蔬仓储中不会产生对人体有害的物质。

1. 气调仓储类型

（1）自发气调仓储。是指利用果蔬产品自身呼吸作用来降低仓储环境中的氧气浓度，提高二氧化碳浓度的气调仓储方法。在果蔬的有氧呼吸过程中，仓储环境中的氮气保持不变，氧气逐渐消耗，二氧化碳不断产生，因此氧气的浓度会逐渐变小，而二氧化碳浓度会逐步升高。自发气调仓储仅靠果蔬的生理代谢过程，仓储过程中氧气与二氧化碳的浓度不能精准控制，因而仓储效果不如人工气调仓储。自发气调仓储形式多种多样，常用的有塑料薄膜袋气调仓储和硅窗气调仓储。

（2）人工气调仓储。人工气调仓储完全克服了依靠果蔬自身的生理代谢过程来调节氧气与二氧化碳浓度的不确定性，通过加装制氮机、二氧化碳脱除机、乙烯脱除机和加湿装置等设备，精准控制氧气与二氧化碳的浓度。

2. 气调仓储库设备

气调库的主要气调设备及辅助气调设备包括制氮机、二氧化碳脱除机、乙烯脱除机和加湿装置。

（1）制氮机。制氮机主要有吸附分离式的碳分子筛制氮机、膜分离式的中空纤维膜制氮机、燃烧式制氮机和裂解氨制氮机。

（2）二氧化碳脱除机。是将浓度较高的二氧化碳气体抽到吸附装置中，经活性炭吸附，气体中二氧化碳浓度降低后送回库房，达到脱除二氧化碳的目的。小量仓储时用消石灰吸收，也可用水和氢氧化钠溶液脱除二氧化碳。

（3）乙烯脱除机。通常使用活性炭、高锰酸钾溶液或高锰酸钾制成的黏土颗粒和高温催化分解方式脱除乙烯。

（4）加湿装置。水混合加湿、超声波加湿和离心雾化加湿是常见的 3 种加湿方式，0℃以上使用时，加湿效果比较好。

（六）果蔬气调仓储程序

1. 入库前管理

果蔬产品自身的生物学特性各异，对气调仓储条件的要求也各不相同。根据对气调反应的不同，果蔬产品可分为以下 3 类。

（1）对气调反应优良的，代表种类有苹果、猕猴桃、香蕉、草莓、蒜薹、绿叶蔬菜等。

（2）对气调反应不明显的，如葡萄、柑橘、萝卜、马铃薯等。

（3）气调反应一般的，如核果类等。

只有对气调反应良好和一般的果蔬产品才有进行气调仓储的必要和潜力。

2. 入库时管理

（1）气调库仓储前必须检验库房的气密性，检修各种机器设备，发现问题及时维修、更换，避免漏气而造成不必要的损失。

（2）对入库房的货品进行质量检测，不适合气调库仓储或会对气调库中的其他货物造成损害、污染的货品不得入库。

（3）对货物进行分类，需冷藏货物进入冷藏间，需气调仓储的货物进入气调间。

（4）分品类入库原则。

① 有异味的货物，如大蒜等，不能和其他货物放在同一间库房，防止货物间串味。

② 不同气调条件的货物不能入同一间库房。

③ 长时间仓储的货物和短时间仓储的货物不能入同一间库房。

3. 在库时管理

（1）温度管理。在入库前需进行降温处理，鲜果入库前温度应在 0℃左右。入库后的 2～3 天内应将库温降至最佳仓储范围之内，并始终保持这一温度。

（2）相对湿度管理。气调仓储过程中能保持库房内处于密闭状态，且一般不用通风换气，能保持库房内较高的相对湿度，降低了湿度管理的难度，有利于产品新鲜状态的保持。气调仓储期间可能会出现短时间的高湿情况，一旦发生这种现象需要除湿。

（3）氧气和二氧化碳浓度。气调仓储的原理就是在低温的基础上，调节气体成分，通过对仓储环境中的氧气、二氧化碳浓度的控制，达到抑制果蔬呼吸作用，从而延长仓储时间的目的。同样，不同果蔬对气体浓度要求也不尽相同。

（4）乙烯的脱除。采用气调仓储时，需对乙烯进行严格的监控和脱除，使环境中的乙烯含量始终保持在最低限量。在必要时采用微压措施，用来避免大气中可能出现的外源乙烯对仓储构成的威胁。如果单纯仓储产生乙烯极少的果蔬或对乙烯不敏感的果蔬，可不用脱除乙烯。

（5）其他。

① 库内货位堆垛不宜过高，不得阻挡风机通道，不得靠库体摆放，每托盘货物之间须预留通风道。

② 库房要留有合理的过道，便于叉车通过、设备检修、货物质量抽检等。

③ 货物进出库及库内操作，要防止运输工具和商品碰撞库门、电梯门、柱子、墙壁和制冷系统管道等工艺设备。

4. 出库时管理

（1）人员管理。气调库的产品在出库前一天应解除气密状态，停止气调设备的运行。打开气调库密封门交换库内外的空气，待氧气含量回升到 18％～20％时，有关人员才能进库。

（2）货物搬运。气调条件解除后，产品应在尽可能短的时间内一次出清。如果一次发运不完，也应尽快分批出库。

（3）搬运操作。商品进出库及库内操作，要防止运输工具和商品碰撞库门、柱子、墙壁和制冷系统管道等工艺设备。库内电器线路要经常维护，防止漏电。

四、常见果蔬仓储方法

（一）苹果的仓储（仁果类仓储）

常见的仁果类果品有苹果、梨、山楂、枇杷等。苹果是我国第一大果品，产量占全世界总产量的 65%，因此做好苹果的仓储管理工作对出口创汇及果品产业发展有较好的促进作用。

1. 仓储特性

苹果耐藏性较好，但不同品种耐藏性差异较大。早熟品种如黄魁、红魁、早金冠等，采收早，果实糖分积累少，质地疏松，采后呼吸旺盛、内源乙烯产生量大，因而后熟衰老变化快，不耐仓储。红星、金冠、华冠、元帅、乔纳金等中熟品种生长期适中，储藏性优于早熟品种，冷藏条件下，仓储期约 6 个月。红富士、国光、秦冠等晚熟品种生长期长，果实糖分积累多，呼吸水平低、乙烯产生晚且水平较低，耐藏性好。采用冷藏或气调仓储，储期可达 8～9 个月，故用于长期仓储的苹果必须选用晚熟品种。

2. 商品化处理

（1）采收。一般来说，早熟品种不宜长期仓储，需要适当晚采；晚熟品种宜长期储藏，因此需早采。对于一般果实来说，过早或过晚都不适宜果品的仓储，采收过早，果品新陈代谢旺盛，会导致自然损耗大；采收过晚，果品的腐败率就会显著提高。

（2）清理、分级。果品采收后需对果体进行清洗，以去除泥污和部分病菌，减少果体污染。在进行烘干处理后还需对果品进行分级，一般国内采用三级分级体系。

（3）涂膜。果体因清洗会将天然蜡质保护层破坏，因此需进行涂膜保护，涂膜一般通过浸涂法、刷涂法和喷涂法将被膜剂均匀涂覆在果体上，以保护果体。

（4）预冷。需对果体快速降温，以使果体适应仓储温度。

（5）包装。在入库时需用一定规格的纸箱、木箱或塑料箱包装，其中以瓦楞纸箱包装在生产中应用最普遍。

3. 仓储环境条件

（1）温度。适宜的低温可有效地抑制苹果的呼吸作用，延缓后熟衰老并抑制微生物的活动。多数苹果品种的仓储适温为 −1～0℃，如果仓储温度过低，则易引起果实冷害或冻害，尤其对于一些早熟品种，其适宜的仓储温度为 2～4℃。

（2）相对湿度。苹果仓储的相对湿度以 85%～95% 为宜，以防止果皮皱缩，影响销售。但仓储湿度过大，同样加速苹果衰老和腐烂。利用自然低温仓储苹果时，常发现仓储窖内湿度过大，增加了真菌病害的发生，使腐烂损失加重。

（3）气体成分。仓储环境中的氧气、二氧化碳的浓度会直接影响果蔬的呼吸作用，从而影响果蔬的仓储时间。一般苹果仓储的气体组分为：氧气浓度 2%～5%，二氧化碳浓度 3%～5%，其余为氮气和微量惰性气体。仓储环境中会有乙烯释放出，乙烯可以加速果品的成熟，造成仓储时间缩短，因此库中宜设置乙烯脱除机来使乙烯浓度保持在 $10\mu L/L$ 以下。

4. 仓储方法

（1）沟藏。沟藏是一种简易的仓储方式，多在地势高、干燥的北方地区使用，所仓储的苹果一般为晚熟品种。设置藏沟时需选择地下水位在 1m 以下的地方，沿东西向挖宽 1～1.5m、深 1m、长度根据容量而定的沟。沟底需铺埋细沙、麦秆以保持湿度，果实宜分段堆放，每隔3～5m设置一个通风口，并在顶部摊铺秸秆或草苫，以防雨雪。

（2）通风库仓储。通风库仓储是最常用的常温仓储技术。我国苹果产区一般分布在陕西关中产区、甘陕黄土高原产区、西南冷凉高地产区、山东渤海湾产区以及黄河故道产区，大多产区年平均温度10～15℃左右，适宜苹果常温仓储，因此大多产区内使用通风库仓储较为广泛。应挑选无伤果装箱、装筐后入库。果筐（箱）在库内堆码时，垛底垫枕木或木板，垛与墙壁间应留间隙和通道，以利通风和操作管理。

（3）冷藏库仓储。低温仓储技术也常应用于苹果的仓储。在产品入库前需对产品进行迅速冷却，避免温差过大。冷藏库需进行清扫，并进行消毒处理。消毒剂可使用硫黄熏蒸，或一定量的含氯溶液喷洒消毒。消毒后需密闭24h后通风方可使用。入库摆放时要注意以下3点：一要利于库内的通风，通风不好会造成库温不均，影响仓储效果；二要便于管理，利于人员的出入和对产品的检查；三要注意产品的摆放高度，防止上下层之间的挤压，以免造成损失。出库时，需逐步升温减少温差，不宜快速升温，以免造成腐烂。

（4）气调仓储。气调仓储的苹果出库后基本上保持了原有品种的色泽、硬度和风味，同时还抑制了红玉斑点病、虎皮病等生理病害的发生，使货架期明显延长。气调仓储主要有气调库仓储、硅窗气调仓储、塑料薄膜袋仓储等。

① 气调库仓储。气调库仓储是一种改变仓储环境中气体成分的仓储方法，在密闭仓内设置气控设备、温控设备、气压设备及乙烯脱消机。对于大多数苹果品种而言，控制氧气浓度为2％～5％和二氧化碳浓度为3％～5％比较适宜，但富士系苹果对二氧化碳比较敏感，目前认为该品系仓储的气体成分为氧气2％～3％、二氧化碳2％以下。

② 硅窗气调仓储。硅窗气调仓储是指将适宜大小的硅橡胶扩散窗安置于密闭仓库中，因硅橡胶的特殊结构性质，可自然调节仓库的二氧化碳和氧气浓度。硅窗面积决定了氧气与二氧化碳调节能力，具体面积需经过实验和计算确定。

（二）葡萄的仓储（浆果类仓储）

葡萄是世界四大果品之一，是国内浆果类中栽植面积最大、产量最高的一种果品。葡萄富含水分和糖分，因此鲜食葡萄仓储重点是避免水分蒸发。

1. 仓储特性

葡萄品种很多，耐藏性差异较大。一般晚熟品种强于早、中熟品种，深色品种强于浅色品种。晚熟、果皮厚韧、果肉致密、果面富集蜡质，是耐储运品种应具有的特征。中、早熟品种的无核白、木纳格等品种在储运中果皮极易擦伤褐变、果柄断裂、果粒脱落，耐藏性较差。

2. 仓储条件

（1）温度。多数葡萄品种适宜的仓储温度是－1～1℃，保持稳定的温度是葡萄保鲜的关键。

（2）湿度。多数葡萄品种仓储的适宜相对湿度是90％～95％，保持适宜湿度，是防止葡萄失水干缩和脱粒枯梗的关键。

（3）气体成分。在一定的低氧气浓度和高二氧化碳浓度条件下，可有效地降低葡萄果实的呼吸强度，抑制果胶质和叶绿素的降解，延缓果实的衰老，对抑制微生物病害也有一定作用，可减少仓储中的腐烂损失。有关葡萄仓储的气体指标很多，尤其是二氧化碳指标的高低差异比较悬殊，这与品种、产地以及试验的条件和方法等有关。一般认为氧气浓度3％～

5％和二氧化碳浓度 1％～3％的组合，对于大多数葡萄品种具有良好的仓储效果。

3. 仓储方法

传统仓储葡萄的方式很多，如窖藏、通风库仓储、冷藏等，目前主要采用机械冷藏法。果实采后必须立即预冷，不经预冷就放入保鲜剂封袋，袋内会结露使箱底积水，故将葡萄装入内衬有 0.05mm 聚乙烯袋的箱中，入库后应敞口预冷，待果温降至 0℃左右，放入保鲜剂后封口仓储。

在葡萄仓储过程中主要是控制仓储温度在 $-1～1℃$ 范围内，并保持稳定。若库温波动过大，会造成袋内结露，引起葡萄腐烂，同时要保持库内温度均衡一致，注意堆垛与库顶的距离，可采用强制循环制冷方式。在送风口附近的葡萄要防止受冻，要经常检查，一般情况下不开袋，发现葡萄果梗干枯、变褐、果粒腐烂或有较重的药害时，要及时处理。

4. 仓储方式

（1）气调仓储。葡萄气调仓储时先应控制适宜的温度和湿度条件，在低温、高湿环境下，大多数品种的气体指标为氧气浓度 3％～5％，二氧化碳浓度 1％～3％，其余为氮气。仓储期间维持库温 $-1～0℃$，库内相对湿度 90％～95％。

（2）机械冷藏库仓储。葡萄采收后迅速预冷至 5℃左右，然后入库堆码仓储。入库后要迅速降温，需 3 日内将库温降至 0℃，降温速度越快越有利于仓储。随后在整个仓储期间保持库温为 $-1～0℃$ 库内相对湿度为 90％～95％。

（三）柑橘的仓储（柑橘类仓储）

柑橘是我国的主要水果之一，一般年降水量 1000mm 左右的热带、亚热带区域都适宜柑橘种植。柑橘的品种较多，市面上较多的柑、橙、橘、柚等都属于柑橘类。柑橘的采收期因地区、气候条件和品种等情况而异。通过种植不同成熟期的品种，结合仓储保鲜技术，可显著延长鲜果供应期。

1. 仓储特性

成熟期晚、果心小而充实、果皮细密光滑、海绵组织厚而且致密、呼吸强度低的品种较耐仓储，反之则不耐仓储。一般来说，柠檬、柚类最耐仓储，其次为橙类、柑类、橘类，甜橙比宽皮柑橘类耐仓储，晚熟品种比早熟品种耐仓储。

2. 仓储条件

（1）温度。柑橘仓储的适宜温度，随品种及成熟度的不同而有所差异。一般来说，夏橙的适宜温度 1～3℃，厚皮柚的仓储温度在 3～5℃比较适宜。

（2）湿度。大多数柑橘仓储的适宜相对湿度为 80％～90％之间，甜橙、夏橙的相对适宜湿度较高，为 95％。湿度和温度之间的耦合效应还需考虑，一般来说温度过高时湿度要比适宜湿度低，温度过低时湿度要比适宜湿度高，否则果体易腐烂。

3. 仓储方式

（1）常温仓储。在我国柑橘类的仓储一般为常温仓储，仓储方式一般需用常温通风库、棚窖或井窖。

（2）低温仓储。在温度较高、湿度较高的地区，低温仓储方式为首选。

4. 仓储技术要点

（1）适时采收。用于长期仓储的果实，以果面变黄、果实较坚实采收为宜。同时，在雨、雾、露水未干或中午光照强烈时均不宜采收。

（2）晾果。晾果应在冷凉通风的室内或凉棚内进行，温度控制在 7～10℃，相对湿度 80%～85%，空气流通的条件下 7～10 天，果实失重率达到 3%～5% 即可。

（3）药剂处理。采收后应马上进行药剂防腐处理，浸药处理越迟，防腐效果越差。

（四）核桃的仓储（坚果类仓储）

1. 仓储特性

核桃脂肪含量高，仓储期间脂肪在脂肪酸酶作用下水解成脂肪酸和甘油，并发生氧化、酸败产生哈喇味，光照可加速此反应进行。将充分干燥的核桃仁贮于低氧环境中可以部分解决变质问题。

2. 采收及采后处理

核桃果实青皮由深绿变为淡黄，部分外皮裂口，个别坚果脱落时即达到成熟标准。国内主要采用人工敲击方式采收，也有采用振荡法振落采收。当 95% 的青果皮与坚果分离时，即可收获，采收过早，果皮不易剥离，种仁不饱满，出仁率低，不耐仓储。

3. 仓储条件

核桃适宜的仓储温度在 3～5℃，相对湿度 50%～60%。

4. 仓储方法

（1）塑料薄膜帐仓储。采用塑料帐仓储，可抑制呼吸作用，减少消耗，抑制霉菌，防止霉烂。将适时采收并处理后的核桃装袋后堆成垛，贮放在低温场所用塑料薄膜帐罩起，使帐内二氧化碳浓度达到 20%～50%，氧气浓度为 2%，可防止由脂肪氧化而引起的变质以及虫害。

（2）低温冷藏库。核桃仓储也可使用低温冷藏库，应事先用二硫化碳或溴甲烷熏蒸 4～10h 消毒、灭虫，然后将晒干的核桃装在袋中，置于冷藏库内，保持温度 1～2℃，相对湿度为 70%～80%。

（五）萝卜的仓储（根菜类的仓储）

萝卜为我国北方广泛种植的根茎类蔬菜，萝卜产量大、易于仓储，在我国北方冬季与白菜共同作为重要的调剂蔬菜。萝卜的特点是无休眠期，在温度和湿度适宜的情况下，萝卜易抽穗长芽和糠心。因此，萝卜的仓储主要需防止糠心和抽芽。

1. 仓储特性

采收仓储的萝卜宜选择晚熟品种，晚熟品种皮质较厚、质脆、根茎发达。萝卜喜冷多湿，因此仓储时不应将萝卜仓储在适宜其生长的环境当中，以防发芽、糠心。

2. 仓储条件

（1）温度。萝卜的仓储适温为 1～3℃，当温度过高时，萝卜会在较短时间内发芽、变糠。

（2）相对湿度。萝卜含水量高，尤其是胡萝卜，天然缺少蜡质保护层，因此易发生蒸腾作用。因此需在较高的湿度条件下仓储萝卜，一般适宜的仓储湿度为 90%～95%。

（3）气体成分。萝卜对氧气和二氧化碳相对敏感，低或高浓度都可使萝卜减少代谢作用。经试验研究，最适宜仓储萝卜的氧气浓度为 1%～2%，二氧化碳的浓度为 2%～4%。

3.仓储方法

（1）沟藏。沟藏是最经济的一种仓储方式，多用于北方1月至3月，其余月份并不适用。仓储时藏沟应设在地势较高、较为湿润的地方，萝卜应分层摆放并摊铺吸水较好的沙砾。藏沟中还应及时浇水，以使萝卜仓储环境保持湿润状态，一般土壤含水量达18%～20%时为最佳。

（2）窖藏。窖藏是北方常用的仓储方法，其优点是窖藏仓储量大，管理方便。入窖前萝卜需预冷，使萝卜温度降到1～3℃，入库后宜码垛且不超过1.5m。仓储过程中，需时刻保持窖内低温，并维持窖内湿度，可使用清水泼洒或湿沙覆盖。

（3）通风库仓储。通风仓储库仓储方法与窖藏相似，但不可频繁通风，以免湿度过低。夏季，通风时间宜在晚上，日间通风易湿度过低；冬季，宜日间通风，晚间通风萝卜易受冻，并易致萝卜糠心。

（六）番茄的仓储（果菜类的仓储）

番茄别名西红柿，是管状花目、茄科、番茄属的一年生或多年生草本植物，原产南美洲，中国南北方广泛栽培。番茄的果实营养丰富，具特殊风味。西红柿易冻伤，易变质，不宜仓储。

1.仓储特性

番茄一般仓储温度在2℃以上，当温度过低时，番茄中水分会发生冻结，从而影响仓储效果。不同品种、不同成熟度的西红柿对温度要求不一样，但总体均不耐0℃以下的低温。番茄在成熟时有明显的呼吸高峰及乙烯高峰，同时对外源乙烯较敏感。

不同的番茄品种的耐藏性差异较大，仓储时应选择种子腔小、皮厚、子室小、种子数量少、果皮和肉质紧密、干物质和糖分含量高、含酸量高的耐仓储品种。一般来说，黄色品种最耐藏，红色品种次之，粉红色品种最不耐藏。

2.仓储条件

（1）温度。番茄适宜的仓储温度为10～13℃，温度过低，易发生冷害。

（2）湿度。番茄仓储适宜的相对湿度为85%～95%。湿度过低易与低温耦合发生冷害，湿度过高易发生腐败。

（3）气体成分。番茄仓储适宜的氧气浓度为2%～5%、二氧化碳浓度3%～6%。番茄对外源乙烯较敏感，仓库内宜加装乙烯消脱机去除乙烯，乙烯的最高浓度不超过10μL/L。

3.仓储方式

（1）常温仓储。番茄的常温仓储是在地窖、通风库、棚窖等阴凉场所。因番茄含水量较高，因此需装箱包装。入库后，应加强夜间通风换气，降低库温。仓储期间每7～10天检查1次，挑出病烂果实。红熟果实应挑出销售或转入0～2℃库中继续仓储。

（2）低温仓储。夏季高温季节宜低温仓储，绿熟果的适宜温度为12～13℃，红熟果1～2℃，仓储期可达30～45天。

（3）气调仓储。气调仓储应在10～13℃下，保持仓储环境中有2%～4%的氧气和3%～6%的二氧化碳。加防腐剂可控制病害发生，可通入0.2%氯气，每2～3天施用1次；或将0.5%的过氧乙酸放在垛内，也可用漂白粉代替氯气，用量为果重的0.5%，有效期为10天。

（七）白菜的仓储（叶菜类的仓储）

白菜是我国原产蔬菜，有悠久的栽培历史。白菜比较耐寒，喜好冷凉气候，因此适合在冷凉季节生长，是我国北方最重要的冬季储备菜。白菜种类很多，主要有山东胶州大白菜、北京青白、东北大矮白菜、山西阳城的大毛边等。

1. 仓储特性

白菜属耐寒蔬菜，在低温条件下较耐仓储。在仓储过程中的损耗主要是腐烂、脱帮、失水，造成这些损耗的原因不仅与仓储环境中的温度、湿度、气体条件有关，还与大白菜的品种、栽培条件有关。

2. 仓储条件

（1）温度。应选择中晚熟品种进行仓储，仓储温度在-1～1℃为宜。

（2）湿度。白菜属叶菜类，叶菜类作物普遍喜湿润，白菜的仓储湿度以85％～90％最为适宜。

3. 仓储方法

白菜的经济价值较低，一般不适用气调仓储方法或低温仓储方法。目前，大白菜主要以露天堆垛或窖藏的方法来仓储。

（1）堆垛。堆垛一般在初冬进行（温度接近于0℃），在平整的地面将大白菜堆成两垛，每垛之间留有1m的距离，方便搬运。堆垛高度不宜超过2m，堆垛后需加盖草苫，当空气湿度过低时，可在草苫喷洒清水。

（2）窖藏。仓储白菜时窖藏一般选用井窖或棚窖，入窖时应将白菜码成数列高2m、宽1～2m的条形垛，垛间留有一定距离，以便通风和管理。或采用筐储法，用直径50cm、高30cm的菜筐装白菜15～20kg，菜筐在窖内码成5～7层高的垛，筐间及垛间留适当通风道，以便管理。

任务实施

小明同学根据调查情况和在校所学的专业知识，准备利用低温仓储技术进行苹果的仓储。他从苹果采摘、收购到发货这一过程，在采摘与产品的商品化处理阶段、入库阶段、在库阶段及出库阶段进行了科学规范化的管理，并给出了主要参数。

步骤一：采摘与产品的商品化处理

（1）确定采摘对象及时间。选择适合仓储的晚熟苹果，一般不要选择阴雨天和中午进行采摘。

（2）果实收购。采购一车立即运回预冷，田间堆放不得超过5h，从采收到入库不得超过12h，转运时防止装载不实，出现严重振荡。

（3）果实整理、挑选与清洗。挑选烂果、畸形果和伤果。清洗时建议使用机械清洗方法，谨慎操作以免伤果。宜使用低浓度含氯消毒剂，清洗后应注意干燥处理。

（4）果体分级。可参考红富士苹果分级标准。

（5）预冷处理。应单独在降温室（0℃左右）快速预冷，预冷时长应保证在24～48h。

（6）涂膜。可使用天然棕榈蜡对果体进行涂膜，或使用石蜡、乳化剂等被膜剂。

（7）包装。依据销售对象可选择不同规格的包装材料，一般以塑料箱和纸箱为主。

步骤二：入库阶段

1. 相关表单填写

2. 低温冷藏库准备

（1）库内消毒。苹果入库前冷库需进行消杀工作，尤其是仓储过其他果蔬的冷藏库，一定要提前一周消毒灭菌，可选择以下方式：

- 硫黄熏蒸：$10g/m^3$ 的硫黄粉点燃熏蒸，持续 $24\sim48h$。
- 甲醛喷洒：可使用 $1\%\sim2\%$ 的甲醛水溶液喷洒。
- 漂白粉喷洒：可使用 $0.5\%\sim1.0\%$ 的漂白粉水溶液喷洒。
- 氢氧化铜饱和溶液：可使用 10% 的石灰水中加入 $1\%\sim2\%$ 的硫酸铜配制成溶液刷冷库墙壁。

其中，硫黄熏蒸与氢氧化铜饱和溶液联用效果更佳。消毒后密闭 $24h$ 以上，通风待异味散去可等待入库。

（2）库内预冷。产品入库前 $48h$ 需冷库预先降温，苹果入库时库温降至仓储要求的温度。

3. 环境参数

（1）温度：以$-1\sim0℃$最为适宜。

（2）湿度：以 $85\%\sim95\%$ 最为适宜。

（3）乙烯浓度：浓度应在 $10\mu L/L$ 以下，当浓度高于此值时，可启动乙烯脱除机。

4. 具体操作

（1）入库量视冷藏设备的功率而定，一般每天入库限量为总库存的 $15\%\sim20\%$。

（2）苹果堆码时必须确保牢固、安全、整齐、通风，便于出入和检查。

（3）堆垛时需满足"三离一隙"，即离墙、离地、离天花板，垛与垛之间及垛内要留有一定的空隙。

步骤三：在库阶段

1. 环境管理

（1）仓储温度管理：温度浮动值不应大于 $1℃$，一般在库内多点放置观察温度（不少于3个点），取其平均值。

（2）湿度：相对湿度 $85\%\sim90\%$，可采用湿度计测定。湿度不足时，立即采用洒水、机械喷雾、挂湿帘等方法增加湿度。

（3）害虫管理：按时对仓储的苹果进行检查，防止出现害虫，一旦出现害虫，应及时处理并做好相关记录。

2. 其他管理

（1）商品管理：可使用抽样检查法及时检查货品是否有烂果，如有烂果应及时处理。

（2）设备安全：配备相应的发电机、蓄水池，保证供电供水系统正常，调整冷风机和送风桶，将冷气均匀吹散到库间，使库内温度相对一致。

（3）异常情况记录：一旦发现异常情况，及时处理，并报告上级领导，做好记录工作。

步骤四：出库阶段

（1）出库原则。先入先出，批量出库，禁止零散出货。

（2）升温。将苹果在缓冲间放置 $12h$ 以上，缓慢升温，让果温与外界温度之差小于 $4℃$ 时再出库。

（3）出库量。苹果的出库量每天应控制在15％～20％（视制冷剂效率而定），以防因频繁开库造成温度失衡。

（4）表单填写。填写库存分配表、出库登记表等。

任务三　畜禽类仓储

任务引领

小瓜与朋友共同投资经营了一家生猪养殖企业。近期，为扩大经销范围、进一步提升企业的核心竞争力，企业的业务运营模式由以热鲜肉为主变为了以冷鲜肉、冷冻肉为主的销售策略。

肉类食品是消费者餐桌上的常客，但极易腐败变质，并不适宜在常温下储藏。因此，利用肉类冷库等人工制冷的方法创造较低温度环境，杜绝了酶的分解、氧化和微生物的生长繁殖，这样肉类食品的新鲜度和保鲜期就得到了很好的保障，也就从远销和外销创造了更多的经济价值。那么，小瓜应当如何进行冷鲜肉、冷冻肉的仓储管理呢？

知识研习

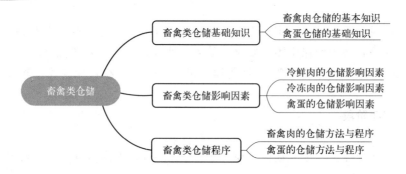

一、畜禽类仓储基础知识

（一）畜禽肉仓储的基本知识

1. 畜禽肉的分类

肉是指可食用的动物皮下组织和肌肉组织的总和，富含蛋白质、脂肪（甘油三酯）、矿物质，是人类主要的蛋白质来源。肉有许多种分类方法，一般来说按动物分类等级（纲）可将肉分为畜类肉和禽类肉；按照肌红蛋白的含量又可分为红肉和白肉。在物流仓储行业，一般将肉按照保鲜程度分为热鲜肉、冷鲜肉和冷冻肉。

（1）热鲜肉。热鲜肉是畜禽宰杀后不经冷却加工，直接上市的畜禽肉，是我国传统畜禽肉品生产销售方式，一般是凌晨宰杀，经检疫合格后于清早上市。由于加工简单，长期以来热鲜肉一直占据我国鲜肉市场很大份额。

（2）冷鲜肉。冷鲜肉，又称冷却肉、排酸肉、冰鲜肉，准确地说应该称冷却排酸肉。是指严格执行兽医检疫制度，对屠宰后的胴体迅速冷却处理，使胴体温度在24h内降为0～

4℃，并在后续加工、流通和销售过程中始终保持0~4℃的生鲜肉。因为在加工前经过了预冷排酸，使肉完成了"成熟"的过程，所以冷鲜肉看起来比较湿润，摸起来柔软有弹性，烹饪起来易入味，口感滑腻鲜嫩。

（3）冷冻肉。冷冻肉是指畜禽宰杀后，经预冷排酸、急冻，继而在-18℃以下储存，深层肉温达-6℃以下的肉品。冷冻肉在高温冷冻时，肉的质感、风味劣于冷鲜肉和热鲜肉，但在低温冷冻时，冷冻肉与鲜肉的品质无异。

2. 畜禽肉的化学组成和特性

畜禽肉一般由蛋白质、脂肪、矿物质、维生素、水及糖类等组成。

（1）蛋白质。不同类型的畜肉蛋白质含量不一样，一般来说蛋白质含量为15%~25%，主要由肌肉蛋白质、肌浆蛋白质和结缔组织蛋白质构成。通常牛、羊肉的蛋白质含量高于猪肉，兔肉含蛋白质最多，而脂肪含量最少。畜类不同部位的肉的蛋白质含量也不尽相同，猪的脊背瘦肉的蛋白质含量最高，达22%，肋条肉处因结缔组织含量高，因此蛋白质含量最低，约10%。

禽肉属优质蛋白质，禽肉所含蛋白质普遍高于畜肉所含蛋白质，禽肉所含蛋白质为18%~30%。

（2）脂肪。从胴体获得的脂肪称为生脂肪，生脂肪熔炼提出的脂肪称为油。主要的畜类肉中，猪肉脂肪含量高于牛肉、羊肉。但动物的年龄、肥瘦以及部位也决定了脂肪的含量。猪的脊背肉含脂肪较少，而猪肋、腹肉的脂肪含量较高。动物脂肪主要成分为甘油三酯，占96%~98%，还含有少量的磷脂和胆固醇脂。

禽肉中脂肪含量不一，一般含脂肪7%左右。鸡肉含脂肪较低，如鸡胸脯肉仅含脂肪3%，但肥的鸭、鹅脂肪含量可高达40%。禽肉脂肪含有丰富的亚油酸，其含量约占脂肪总量的20%，禽肉脂肪营养价值高于畜肉脂肪。

（3）矿物质。畜禽类肉中矿物质含量为1%左右，其中钙含量较低，仅为70~110mg/kg，磷为1270~1700mg/kg，铁为62~250mg/kg，畜肉是锌、铜、锰等多种微量元素的良好来源。禽肉中钙、磷、铁等的含量均高于畜肉，微量元素锌也略高于畜肉，硒的含量明显高于畜肉。

（4）维生素。畜肉中脂溶性维生素较少，B族维生素含量非常丰富。脏器中含维生素较多，尤其在肝脏中特别丰富，但在肌肉中维生素A、维生素C含量很少。猪肉中维生素B_1的含量较牛、羊肉高，牛肉的叶酸含量比猪肉高。禽肉含丰富的维生素，B族维生素含量与畜肉相近，其中烟酸含量较高，为40~80mg/kg，维生素E为900~4000μg/kg，禽肉内脏富含维生素A和核黄素。

（5）水。水是肉中含量最多的组分，一般为70%~80%。脂肪含量越高，水分含量越少，老龄比幼龄的水分含量少，公畜比母畜的水分含量少。

（6）糖类。畜禽肉糖类含量很低，一般以糖原形式存在。动物被宰杀后保存过程中由于酶的分解作用，糖原含量下降，乳酸含量上升，pH逐渐下降，对畜禽肉的风味和储存有利。

3. 屠宰后肉类相关变化

（1）肉的成熟。肉类成熟是指畜禽在宰杀后，生活时的正常生化平衡被打破，在动物体内组织酶的作用下，发生一系列复杂的生化反应，产生外观上的僵硬状态（僵直），经过一段时间这种僵硬现象逐渐消失，肉质变软，持水力和风味得到很大改善的变化过程。通常可按成熟过程肉的形状和特点分为 4 个阶段，即糖原的酵解、死后僵直、僵直解除、成熟。

① 糖原的酵解。动物在宰杀后，心脏停止跳动，对肌肉的氧气供给也随之中断，促进了肉体中糖的酵解过程。糖原在一系列酶系的作用下，降解产生乳酸，使肉的 pH 呈酸性，直到抑制糖酵解的活性为止。这一阶段也称为僵直前期。

② 死后僵直。动物在宰杀后由于酵解作用，体内的糖原降解成乳酸，造成体内 ATP 急剧减少，使得肌肉内的肌球蛋白和肌动蛋白发生不可逆的结合，生成肌动球蛋白，引起永久性的肌肉收缩，即死后僵直。

③ 僵直解除。动物死后僵直达到顶点后，保持一段时间，之后肌肉又逐渐变软，解除僵直状态。解除僵直所需的时间由动物的种类、肌肉的部位及其他外加条件的不同而有所差异。在 2~4℃条件下僵直的解除，鸡肉需 2 天，猪、马肉需 3~5 天，牛肉则需 7~10 天。

因而肉在流通中要保持肉品质量的新鲜，就必须把肉的成熟阶段保持到消费的最后阶段。肉类保鲜的关键是采用食品冷冻技术和冷链物流延长死后僵直阶段的时间。

④ 成熟。僵直之后，肌肉开始酸性反应，肌肉组织柔软嫩化，且口感好，易咀嚼，风味增加，这一过程称为肉的成熟。一般来说宰后 10 天肉的商品价值程度最高。成熟的肉表面形成一层干燥膜，有阻挡微生物侵入内部的作用。

（2）肉的自溶。肉的自溶是指畜禽屠宰后的一段时间，由于仓储不当，使肉长时间保持高的温度，从而增强了组织酶的活性而发生的自体分解过程。自溶肉的特征是肌肉松弛，缺乏弹性，暗淡无光泽，呈褐红色、灰红色或灰绿色，具强酸气味，硫化氢反应阳性，氨反应为阴性。当自溶肉轻度变色、变味时，应将肉切成小块，置于通风处，驱散其不良气味，割掉变色的部分，经高温处理后可供食用；当肉因自溶作用已发展到具有明显的异味，并变色严重时，则不宜食用。

（3）肉的腐败。当肉仓储不当时发生自溶，自溶所产生的分解产物为微生物的生长提供了良好条件。这时，如不改变仓储温度，肌肉中的酶活性将进一步增强，将肌肉蛋白、脂肪等进一步分解，产生甲胺、尸胺、三甲胺氧化物（鱼腥味）、神经碱以及酮酸等对人体有害的物质。因此，在运输和仓储期间，需要良好的卫生条件和仓储温度。

（4）肉的失重。肉的失重是在仓储过程中，肉的水分含量减少导致其质量减轻的现象。

（二）禽蛋仓储的基础知识

禽蛋类一般指禽类的可食用卵，禽蛋的主要构成有蛋壳、蛋白和蛋黄。

1. 蛋壳

完整的蛋壳呈椭圆形，主要成分为碳酸钙，约占全蛋体积的 11%。蛋壳又可分为壳上膜、壳下皮、气室。蛋壳的纵轴较横轴耐压，因此，在仓储运输时，要把蛋竖放。蛋壳上有许多气孔，其作用是沟通蛋的内外环境，空气可以由气孔进入蛋内，蛋内水分和气体可以由气孔排出。蛋久存后质量减轻便是此原因。

2. 蛋白

蛋白是壳下皮半流动的胶状物质，体积约占全蛋的 60%。蛋白中约含蛋白质 12%，主要是卵白蛋白。蛋白中还含有一定量的核黄素、烟酸、生物素和钙、磷、铁等物质。在蛋白中，位于蛋黄两端各有一条向蛋的钝端和尖端延伸的带状扭曲物，称为系带，其作用是固定蛋黄的位置。系带是由浓厚蛋白质构成的，新鲜蛋的系带粗而有弹性，含有丰富的溶菌酶。随着鲜蛋仓储时间的延长和温度的升高，系带受酶的作用而发生水解，逐渐变细，甚至完全消失，造成蛋黄移位上浮出现靠黄蛋和黏壳蛋。因此，系带存在的状况是鉴定蛋新鲜程度的重要标志之一。

3. 蛋黄

蛋黄多居于蛋白的中央，由系带悬于两极。蛋黄体积占全蛋的30％～32％，主要组成物质为卵黄磷蛋白，另外脂肪含量为28.2％，脂肪多属于磷脂类中的卵磷脂。蛋黄含有丰富的维生素A和维生素D，且含有较高的铁、磷、硫和钙等矿物质。根据蛋黄的凸出程度可计算蛋黄指数，用来判断蛋的新鲜度。

蛋黄指数＝蛋黄高度÷蛋黄直径

新鲜蛋的蛋黄指数最大，随着蛋仓储期的延长，蛋黄指数呈下降趋势。

思政园地

党的二十大报告指出，加快建设农业强国，强化农业科技和装备支撑，发展设施农业，构建多元化食物供给体系。

作为海南省的农业龙头企业，海垦集团近年来以农业供给侧结构性改革为主线，充分发挥自身资源优势，深入实施"八八战略"，构建产业新格局，推动旗下畜牧养殖、热带作物、茶业、果业等产业蓬勃发展。今后，海垦将以党的二十大精神为指引，按照建设现代农业大基地、大企业、大产业的目标，以提质增效为突破口，不断提高农产品质量和产量，增加粮食、禽畜、蛋类等农产品有效供给，助力海南省"三大篮子"建设。畜禽产品是"菜篮子"的重要组成部分，海垦集团将积极贯彻党的二十大精神，不断加快构建现代产业体系，着力做好畜禽产品供给保障，托稳百姓"菜篮子"。

当前，海垦集团正在整合建设农贸市场体系，加强农产品保供稳价抓手，筛选垦区现有的46家农贸市场，并整合升级其中的13家农贸市场，逐步形成与各市县区域农贸市场的集采集配网络链接；同时，海垦集团建设大型物流配送中心，通过整合、自建、收购或合作建设若干冷库项目，构建贯通全岛南北中的冷链仓储及运输体系，确保农产品鲜活质量，大力提升配送时效。

二、畜禽类仓储影响因素

（一）冷鲜肉的仓储影响因素

一般来说，畜禽肉的保鲜期短、极易腐烂变质等问题，大大限制了运输半径和交易时间，在缺少有效的仓储手段时肉类损耗可达10％～15％。因此，避免损耗、延长仓储以及扩大交易半径最好的办法就是利用低温冷藏技术进行仓储。畜禽肉低温仓储的影响因素一般有温度、相对湿度以及空气流速。

M5-16 畜禽类仓储管理之注意事项

1. 温度

肉的冰点在−1℃左右，终温以0～4℃为宜。冷却间在未进料前，应先降到−4℃左右，进料结束后，使库内温度维持在0℃。随后在整个冷却过程中，冷却间的温度应维持在0℃左右，对于牛肉、羊肉来说，在肉的pH值尚未降到6.0以下时，肉温不得低于10℃，否则会发生冷收缩。

2. 空气相对湿度

在冷却的初期（约占总冷却时间的 1/4），相对湿度宜维持在 95％ 以上，可以减少肉的水分蒸发，也可抑制微生物大量繁殖。在后期阶段（约占总冷却时间的 3/4），相对湿度维持在 90％ 左右为宜。这种阶段性地选择相对湿度，不仅可缩短冷却时间，减少水分蒸发，抑制微生物大量繁殖，而且可使肉表面形成良好的皮膜，不致产生严重干耗，达到冷却目的。

3. 空气流速

空气流动速度会对后期胴体的干耗及冷冻时间产生较大影响，冷却过程中空气流速以不超过 2m/s 为宜，一般采用 0.5m/s 或每小时 10～15 个冷库容积。

在小型屠宰加工厂，禽类在屠宰后一般使用冷水池冷却。但需经常对冷水池进行消杀，以减少微生物污染，通常消毒剂可选择含氯消毒剂，如漂白粉。

在大中型屠宰加工厂，禽类的冷却一般采用空气冷却法，步骤与畜肉冷却一致，仅在部分指标上有略微差别。冷却库温保持在 0～3℃，相对湿度 85％～90％，空气流速 0.5～1.5m/s，经 6～8h 肉最厚部中心温度达 2～4℃，冷却即告结束。

（二）冷冻肉的仓储影响因素

降温冷却后的胴体在成熟后需在 −1～1℃ 之间进行仓储，这个温度区间肉的水分尚未冻结，对于微生物的繁殖和酶的活力有一定程度的抑制，但长时间仍会造成肉的腐败。一般来说，牛肉仓储时间 5～7 周，猪肉仓储时间 2 周，鸡肉仓储时间较畜肉短，一般为 4～10 天。因此，如需延长仓储时间，需要在 −24℃ 以下的温度将肉的中心温度降到 −18℃ 以下后进行仓储。一般来说，影响冷藏肉仓储时间的因素有入库前处理、胴体的脂肪含量、冷藏条件、出入库时温度的控制和二氧化碳浓度。

1. 入库前处理

畜禽在入库前胴体表面有大量细菌和污物，若不能进行彻底处理，后期会造成仓储时肉的腐败。一般可通过热水冲洗和有机酸喷淋两种方式处理。

（1）热水冲洗。通过热水冲淋可瞬间杀死胴体表面细菌，且对肉质不会造成不良影响。热水喷淋的温度 90℃，喷淋时间为 10～12s，水压 196～294kPa。温度过低、时间过短、水压不够均不能达到目标效果。

（2）有机酸喷淋。牛的胴体消毒可使用 2％ 的有机酸如乳酸进行喷淋；禽类可使用磷酸三钠喷淋消毒或在预冷池使用二氧化氯消毒。

2. 胴体的脂肪含量

一般来说在低温条件下，因氧分子的活化能力大大削弱，胴体内脂肪的氧化速度较常温会极大放缓，但仍会发生氧化反应。在一定温度下，胴体的脂肪比例越大，存储时间越短。

3. 冷藏条件

根据肉类在冻结过程中的变化规律，冻结速度越快越好。冻结室的气温不得高于 −15℃，一般以 −25～−23℃ 为宜，冻肉的最终温度以 −18℃ 最为适宜，正常条件下温度差不能超过 1℃。空气相对湿度以 90％～95％ 为宜，空气流速以 1.5～2m/s 为宜。

4. 出入库时温度的控制

冷冻肉在冷库的温度差不宜过高，正常情况下温度差不宜超过 1℃。当大幅度进出货时，冷藏库的温度会有一定的变化，但一般温度差不宜超过 4℃。

5. 二氧化碳浓度

二氧化碳浓度会抑制菌落的繁殖，一般来说当浓度大于 10％时就会抑制霉菌的生长，当浓度大于 20％时霉菌就会停止生长。

（三）禽蛋的仓储影响因素

1. 清洁度

外表的清洁度对禽蛋的仓储保鲜有重要的影响，外表清洁的禽蛋被微生物侵入的机会会变少，利于禽蛋的保鲜储存，否则会造成禽蛋的污染，使禽蛋的腐败变质速度变快。

2. 温度

引起禽蛋腐败的细菌多属于嗜温菌，嗜温菌在 10～45℃的环境中活性最大，因此温度越高细菌的生长繁殖速度越快。细菌在生长繁殖过程中导致禽蛋内部发生化学和生物化学的变化，分解禽蛋内部的营养物质，造成禽蛋的腐败变质。

温度升高还会加速禽蛋内部水分蒸发流失，使禽蛋气室增大，蛋壳膜收缩，蛋白密度增大，蛋白内的水分会向蛋黄渗入，使蛋黄内压力增大，蛋黄膜破裂，造成散黄。

3. 相对湿度

适宜的相对湿度是微生物生长和繁殖的必需条件之一，禽蛋的新鲜度与蛋内微生物的活性有重要的关系，所以在相对湿度高的环境中不利于禽蛋的保存。

4. 蛋壳外膜

新鲜的禽蛋蛋壳外表附有一层薄膜，是禽蛋在母体内产出时表面附有的一层黏液风干后形成的一种可溶性胶质状物体，蛋壳外膜的作用主要是保护禽蛋不受微生物污染。因此，蛋壳外膜的完整程度直接影响禽蛋的仓储。

5. 蛋壳完整度

蛋壳对禽蛋具有保护功能，如果蛋壳受到损伤或破裂，微生物能够很快通过受损处侵入蛋液中，并迅速地生长繁殖，从而使禽蛋加速腐败变质。

6. 禽蛋的品质

禽蛋的品质受到母体的品种、年龄、生长环境、喂养饲料及药物激素、运输等因素的影响。任何一方面出现问题都会影响禽蛋的保存，致使禽蛋加速腐败变质。

三、畜禽类仓储程序

（一）畜禽肉的仓储方法与程序

低温仓储是肉类仓储的最好方法之一，它不会引起肉的组织结构和性质发生根本变化，却能抑制微生物的生命活动，延缓由组织酶、氧气以及温度和光的作用所引起的生化过程，较长时间保持肉的品质。一般来说，畜禽肉类仓储程序包括冷却排酸、入库管理、冷藏在库管理、出库管理。

1. 冷却排酸

当畜禽宰杀后需进行快速冷却，即冷却排酸工艺。生猪屠宰后急速冷却，90min 内使其胴体温度由 42℃降至 18～20℃，放置 24h 进行排酸处理，使胴体温度降到 4℃，pH 由偏酸性变为中性或微酸性。

2．入库管理

（1）冷鲜肉入库管理。

① 产品入库时，在库外积压不得超过 10min。

② 入库需快进快入一次完成，尽量避免长时间入库操作。

③ 分清产品类别，按由里向外的顺序整齐摆放，留出合理的通道，入库产品做好标识，标识上必须注明产品名称、入库时间、入库数量，不同类别、不同日期、不同批次的产品必须分开存放，不得混放，并满足先进先出的原则。

④ 入库时冷库温度不应高于−4℃，进料结束后冷却间温度应维持在 0℃左右。空气相对湿度在冷却初期应在 95％以上，后期应在 90％～95％。库内冷却过程中空气流速以不超过 2m/s 为宜，一般采用 0.5m/s 或每小时 10～15 个冷库容积。

（2）冷冻肉入库管理。

① 产品入库时，在库外积压不得超过 10min。

② 入库需快进快入一次完成，尽量避免长时间入库操作。

③ 产品入库时，为了保证冷冻效果，货品容积不宜超过 2/3。产品离地面不得低于 10cm，离顶部和墙不得少于 30cm，码垛时不得高于 18 层，产品摆放要做到"三齐"（堆码整齐，码垛整齐，排列整齐），不得出现混放和错放现象。

④ 产品入库前半小时应制冷降温，对急冻间进行消毒。

⑤ 入库时的冷库温度宜为−25～−23℃，冷冻肉温度宜为−18℃左右，冷库湿度宜以 90％～95％为宜，空气流速以 1.5～2m/s 为宜。

3．冷藏在库管理

（1）每月对库存产品进行清查，对超过 6 个月的产品进行预警，对破包、烂包进行换包，要定期除霜，保证制冷效果。

（2）冷库外应设温度、湿度监测装置，库管人员每天至少查看 1 次并记录。当库内温度高于−15℃（冷冻肉）或 4℃（冷鲜肉）时，应立即降温并报告记录。

（3）需要转库打包时，所有换包装后的产品包装内外清洁无污物。换包装到冷藏时间不超过 1h。

（4）所有人员进出急冻库要人走灯灭，随手关门，不得随意打开库门，以减少温度波动。

4．出库管理

出库时应满足先入先出的原则，货不触地。运输车辆须有制冷设施，使用前需清洗、消毒，无污垢，保持清洁。

（二）禽蛋的仓储方法与程序

禽蛋的仓储方法有许多，主要有低温冷藏法、涂膜法以及灭菌法。

1．低温冷藏法

禽蛋的低温冷藏是利用低温来延缓蛋内的蛋白质分解，抑制嗜温菌生长繁殖，达到在较长时间内保存禽蛋的目的。冷藏法操作简单，管理方便，仓储效果好，一般仓储半年以上仍能保持蛋品新鲜。但低温冷藏法的成本较高，然而禽蛋不属于高经济价值商品，因此选用低温冷藏法的较少。禽蛋的低温冷藏法基本步骤：

（1）入库前管理

① 冷库消毒。入库前先将冷库打扫干净、通风换气，并消毒，以杀灭库内残存的微生物。

② 选蛋。鲜蛋冷藏的好坏，同蛋源有密切的关系。鲜蛋入库前要经过外观和透视检验，剔除破碎、裂纹、异形等次劣蛋。

③ 包装。入库蛋的包装要清洁、干燥、完整、结实、没有异味，并注意轻装轻卸。

④ 预冷。预冷的方法有两种：一种是在冷库的过道进行预冷，每隔 1～2h 降温 1℃，待蛋温降到 1～2℃时入冷库；另一种是在冷库附近设预冷库，预冷库温度为 0～2℃，相对湿度为 75%～85%，预冷 20～40h，蛋温降至 2～3℃时转入冷藏库。

（2）在库管理

① 合理码垛。为了保持库内通风，均匀冷却库内温度，便于检查仓储效果，码垛应间隔适宜，仓储较长时间的蛋放在里面，短期仓储的蛋放在外面，以便出库。每批蛋进库后应挂上货牌、入库日期、数量、类别、产地和温度变化情况。

② 恒定温度和湿度。控制冷库内温度和湿度是保证取得良好冷藏效果的关键。鲜蛋冷藏最适宜温度为 -2～1℃，相对湿度为 85%～90%，一般可冷藏 6～8 个月。在鲜蛋冷藏期内，库温应保持稳定均匀，不能有忽高忽低现象，24h 内温差不超过 0.5℃，否则易影响蛋品质量。冷藏期间应按时换入新鲜的空气，排除污浊的气体。新鲜空气的换入量一般是每昼夜 2～4 个库室容积。

③ 定期检查。检验时间和数量要视蛋的质量和仓储时间而定。质量好或存放时间短的，检验次数可少些。质量差或存放时间长的，检验次数可多些。一般每隔 15～30 天检查 1 次，检查数量要适宜，出库前要详细抽样检查，抽检应具有代表性。发现变质的蛋，要及时处理。

（3）出库管理。冷藏的鲜蛋出库前，需逐步升温，否则蛋品若突然遇热，蛋壳表面会凝结一层水珠，蛋壳外膜遭破坏，易感染微生物，从而加速蛋品库外变质。冷藏蛋的升温可在专设的升温间进行，也可在冷库的过道进行，每隔 2～3h 室温升高 1℃，当蛋温比外界温度低 3～5℃时，升温工作即可结束。出库时仍需遵守先入先出原则，并将详细出库情况登记在案。

2. 涂膜法

涂膜法的原理是在鲜蛋表面均匀地涂上一层被膜剂（石蜡、凡士林、矿物油等），以堵塞蛋壳气孔，阻止微生物的侵入，减少蛋内水分和二氧化碳的挥发，延缓鲜蛋内的生化反应速度，提高仓储时间。涂膜法宜选用品质新鲜完好的蛋。夏季宜选用产后 7 天以内的蛋，春秋季宜选用产后 10 天内的蛋。仓储时应保证通风，入库时应轻拿轻放，移库时应及时检查破损情况。

3. 灭菌法

灭菌法是对禽蛋进行灭菌处理以达到延长仓储时间的方法，通常可使用臭氧灭菌法、石灰水灭菌法以及全蛋巴氏灭菌法。

任务实施

通过基础知识学习、参观养殖屠宰企业，为更好地实现冷鲜肉、冷冻肉的仓储管理，小瓜制定了一套猪肉仓储流程：宰杀后的畜禽胴体冷却排酸→分割或不分割→冷藏或冷冻胴体或分割肉→包装→入库管理→在库管理→出库与配送。

步骤一：冷却排酸与分割加工

1. 冷却排酸

生猪屠宰后急速冷却，90min 内使其胴体温度由 42℃降至 18～20℃，并放置 24h，进行排酸处理，使胴体体温降到 0～4℃。要求胴体吊挂一致，不准积压，保证冷却效果。

2. 分割加工

如有需要，可根据有关标准和要求，对胴体按不同部位，去皮或不去皮、去骨或不去骨。

步骤二：包装

1. 包装要求

生鲜畜禽肉包装间温度应小于 12℃，包装时间小于 30min。

2. 预包装要求

进入零售市场销售的畜禽肉需要预包装，预包装标识应符合 GB 7718 的要求，预包装材料应符合 GB/T 4456、GB/T 6543、GB 9687 和 GB 9688 的要求。

步骤三：入库管理

1. 入库前准备

（1）产品入库前应检查外包装情况，包装破损的及时更换。

（2）产品入库前半小时应制冷降温，对急冻间进行消毒。

（3）产品入库前需检查各项设备的运行情况，以保证温度恒定。

2. 入库操作

（1）环境参数。温度应在 -25～-23℃，冷冻肉温度宜在 -18℃左右，冷库湿度以 90%～95% 为宜，空气流速以 1.5～2m/s 为宜。码垛时不得高于 18 层，产品摆放要做到"三齐"（堆码整齐，码垛整齐，排列整齐），不得出现混放和错放现象。

（2）具体操作。

① 入库时，在库外积压不得超过 10min，每月消毒 2 次。

② 入库时，分清产品类别，按由里向外的顺序整齐摆放，留出合理的通道，入库产品做好标识，标识上必须注明产品名称、入库时间、入库数量，不同类别、不同日期、不同批次的产品必须分开存放，不得混放，并满足先进先出的原则。

③ 产品搬运过程中要轻拿轻放，保证产品不落地、包装不破损和变形。

④ 入库时做好交接手续，应核实品名、数量、规格等，确认无误后方可入库，库管员要做好产品入库档案。

步骤四：在库管理

1. 仓储温度管理

温度浮动值不应大于 1℃，温度记录档案应保存 2 年。

2. 其他管理

（1）需要转库打包时，所有换包装后的产品包装内外清洁无污物。换包装到冷藏时间不超过 1h。

（2）每月对库存产品进行清查，对超过 6 个月的产品进行预警，对破包、烂包进行换包，要定期除霜，保证制冷效果。

（3）畜禽肉类冷库门两边的距离至少为 20cm，离墙 30cm、离顶 20～60cm、离排管 30cm、离风道 30cm。

步骤五：出库与配送

（1）出库时应满足先入先出的原则，货不触地。运输时的运输车辆须有制冷设施，使用前需清洗、消毒，无污垢，保持清洁。

（2）冷鲜肉与冷冻肉应做好温度控制，避免出库后升温过快。

（3）在出库或到达接收方时，应在 30min 内装卸完毕。在装卸过程中，畜禽肉不应落地。

（4）运输配送。

① 冷鲜肉运输配送。运输前应该将产品温度降低到 0～4℃。当运输时间较短时（4h 内）可使用保温车辆进行运输，运输时间较长时应使用专业冷链车且保证温度处于 0～4℃。

②冷冻肉运输配送。冷冻肉在运输过程中需对产品降温，其产品中心温度不能高于 −15℃。当运输时间较短时（12h 内）可使用保温车辆进行运输，且需加冰降温。运输时间较长时（12h 以上）应使用专业冷链车且保证温度不得高于 −12℃。

🌱 思与练

1. 简述果蔬气调仓储流程。
2. 简述禽蛋的低温冷藏程序。

· 项目六 ·
农产品出库管理

 思维导图

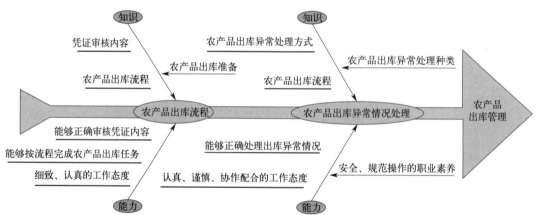

 学习目标

知识目标	1. 了解农产品出库要求； 2. 掌握农产品出库凭证审核的内容
技能目标	1. 能够根据实际情况做好农产品的出库准备工作； 2. 能够独立初步完成农产品出库管理业务； 3. 能够根据实际情况进行出库异常的处理
素质目标	1. 培养学生爱岗敬业、吃苦耐劳和团结协作等良好的职业道德； 2. 培养学生的质量意识、安全意识、环保节约意识，树立社会责任心； 3. 培养学生敬业、精益、专注、创新的职业价值取向和行为表现，遵守操作规范和行业标准； 4. 崇尚宪法、遵纪守法、诚实守信、履行道德准则和行为规范，具有职业认知、社会责任感和社会参与意识； 5. 培养 5S 理念以及严谨、认真、精益求精的职业素养

任务一　农产品出库

任务引领

小李作为一名农产品仓储出库专员，某天他接到了上级主管部门下发的"客户提货通知单"（表6-1-1），主管要求他在规定时间内完成出库工作，小李应该如何完成该项工作呢？

表6-1-1　提货通知单

订单编号：20221025　　　　　　　　　　　　　　　订货时间：2022年10月25日

供应商	×××乳业有限公司		客户		×××公司	
地址	×××市×××街		地址		×××市×××路	
电话			电话			
序号	名称	包装规格	单位	出库数量/箱	单价/元	金额/元
1	纯牛奶	220mL×18袋/箱	箱	40	40	1600
2	酸奶	908g×12盒/箱	箱	20	39	780

经办人：　　　　　　　　　　　　　　　　　　　　　　　　部门主管：

知识研习

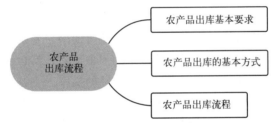

出库是仓库管理工作的一个重要组成部分，连贯、正确地出库操作对果蔬、肉类、禽蛋和水产品等农副产品的品质、安全性、新鲜度来说都起着至关重要的作用。

一、农产品出库基本要求

农产品出库业务也称发货业务，是农产品仓储管理工作的最后一步，标志着农产品仓储工作的结束。具体地说，农产品出库要求做到"三不、三核、五检查"。"三不"，即未接单据不翻账，未经审单不备货，未经复核不出库；"三核"，即在发货时，要核实凭证、核对账卡、核对实物；"五检查"，即对单据和实物要进行品名检查、规格检查、包装检查、件数检查、重量检查。保证出库凭证、手续符合要求，严格遵守仓库有关出库的各项规章制度，提高服务质量，满足用户要求，保证农产品安全出库，杜绝差错事故。

思政园地

2022年2月14日，据国家发展改革委官网消息，为保护粮食生产者的积极性，维护粮食经营者和消费者的合法权益，加强粮食质量安全监督管理，保障国家粮食质量安全，国家发展改革委修订形成了《粮食质量安全监管办法（征求意见稿）》（以下简称

《征求意见稿》），其中要求实行粮食销售出库质量安全检验制度。

《征求意见稿》强调，粮食经营者对粮食质量安全承担主体责任。从事粮食经营活动，应当严格执行法律、法规、政策及有关标准等规定，认真落实反食品浪费、粮食节约行动等有关措施和要求，严禁多扣水杂、压级压价、以陈顶新、掺杂使假、以次充好等行为。

粮食收购者、粮食储存企业不得将直接拌有农药、混有农药残渣或者含有国家禁止使用的储粮药剂的粮食作为食用用途销售出库。定向销售用作非食用用途的粮食，应当在包装、销售凭证中明确标识用途。

同时，粮食经营者储存粮食应当按照国家粮油仓储管理办法和粮油储藏技术规范等要求，定期进行粮情检查和储存品质检验，确保粮食储存安全。粮食储存过程中应当对温度、湿度等条件进行合理管控，防止发生粮食霉变、生虫等影响储存安全的情形。

二、农产品出库的基本方式

农产品出库作业是仓库根据业务部门或存货单位开出的农产品出库凭证，按其所列农产品编号、名称、规格、型号、数量等项目，组织农产品出库等一系列工作作业的总称。出库作业的主要任务是确保所发放的农产品必须准确、及时、保质保量地发给收货单位，包装必须完整、牢固、标记正确清楚，核对必须仔细。农产品出库必须依据货主开出的"农产品提货通知单"进行。无论在任何情况下，仓库都不得擅自动用、变相动用库存农产品。

农产品提货通知单的格式不尽相同，不论采用何种形式，都必须是符合财务制度要求的有法律效力的凭证，要坚决杜绝凭信誉或无正式手续的出库。

先进先出、后进先出、随机出库是出库常用模式。农产品的出库，原则上采用"先进先出"法。"先进先出"能确保储存日期在前面的农产品先出库。优点是确保所有农产品在正常的保质期内出库，控制损耗，降低成本，并可以保持储存农产品的新鲜。

出库时必须办理出库手续，只有经主管领导签字审批后方可办理出库手续，仓管员应核对农产品的名称、规格、数量、质量状况，核对正确后方可出库，各方责任人必须签字，登记入卡、入账。农产品出库通常有以下几种方式：

1. 自提

由收货人或其代理人持"出库单"直接到仓库提取农产品，仓库凭单发货。

（1）特点。提单到库，随到随收，自提自运。

（2）注意事项。发货人与提货人必须都在仓库现场，出库农产品应当面点交清楚并办理签收交接手续，以便划清交接责任。

2. 送货

农产品仓库根据货主预先送来的农产品出库通知或出库请求，凭"出库单"进行发货作业，把应发农产品交由运输部门送达收货人。

（1）特点。仓库根据出库凭证将农产品送达收货单位。可预先安排搬运作业，缩短发货时间；收货单位可避免因人力、车辆等不便而发生的取货困难；在运输上，可合理使用运输工具，减少运费。

（2）注意事项。要划清交接责任，办理好交接手续；仓储部门与运输部门的交接手续，必须在仓库现场办理完毕；运输部门与收货单位的交接手续，是根据货主单位与收货单位签订的协议，一般在收货单位指定的到货地办理。

3. 托运

托运是由仓库将货物通过运输单位托运，发到货物需用单位的一种出库方式。它是在仓库备完货后，到承运单位办理货运手续，通过铁路、水路、公路、航空等将货物运到购货单位指定的地点，然后由用户自行提取。

（1）特点。仓库通过承运单位将货物运到购货单位。

（2）注意事项。托运货物期间，保管工作仍未结束，并应做好复核工作；待运货物可按公路、水路、铁路等不同的运输方式和路线以及不同的收货地点，进行运单集中，然后填制货物运单，并通知承运单位提货。

4. 过户

过户是一种就地划拨的出库形式，通过转账，变动农产品所有者户头，农产品虽未出库，但所有权已从原存货户头转移到新存货户头。

（1）特点。农产品不移动；改变农产品所有权。

（2）注意事项。农产品过户时，仓库必须根据原有货主开出的正式过户凭证，才予以办理过户手续。

5. 取样

取样是指货主到仓库提取货样对农产品质量进行检验或用于陈列，一般都要开箱、拆包、分割。仓库必须根据货主单位开出的正式取样凭证发放农产品，并做好账务记录。

6. 转仓

转仓是指货主有时为了方便业务开展或改变储存条件，需将某批库存农产品自同一仓储组织的某库转移到另一仓库的过程。转仓时，货主必须凭单出仓，仓库方必须根据货主递交的正式转仓申请单，办理转仓手续，并同时在出库单上注明有关信息资料。

三、农产品出库流程

农产品出库流程如图 6-1-1 所示。

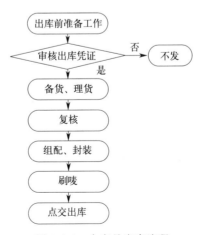

图 6-1-1　农产品出库流程

任务实施

步骤一：信息沟通

小李接到提货通知单后，首先与客户进行了沟通，确认提货单上的相关信息没有差错，并与客户商定将在 2022 年 10 月 25 日下午 4 时左右将货物送到。

步骤二：出库准备

（1）小李根据提货通知单的内容，填发出库单（表 6-1-2）。

表 6-1-2　出库单

NO：20221025

客户：×××公司　　　　　出库日期：2022 年 10 月 25 日　　　　出库仓库：01 库

编号	名称	规格	批次	储位	计划数量/箱	实发数量/箱
1	纯牛奶	220mL×18 袋/箱	1	02020305	40	40
2	酸奶	908g×12 盒/箱	1	02020202	20	20

审批人：　　　　　　　　提货人：　　　　　　　　库管员：　　　　　　　　复核员：

本单一式三联,第一联:仓库联;第二联:财务联;第三联:提货人联。

（2）仓管员根据出库单确认库存产品储存库位，并根据先进先出原则准备相应数量产品，接着进行包装，确保运输安全。

步骤三：复核

为防止差错，备货后应立即进行复核。复核的主要内容包括出库货物质量是否完好、数量是否准确，复核后库管员和复核员应在出库通知单上签名。

步骤四：点交出库

小李在发货准备完毕后，联系提货人，协调好搬运装载工具，按照规定当面将产品点交清楚，并办理出库交接手续，出库完成。

任务二　农产品出库异常情况处理

任务引领

小张于 2022 年 9 月 28 日接到客户 A 的出库请求，要在 2022 年 11 月 29 日从该中心提取存储的纯牛奶 40 箱、酸奶 20 箱，出库方式为货主自提（表 6-2-1）。但是在出库过程中分别出现了以下问题：

（1）出库单据通知的是 11 月 29 日出库，可是货主 12 月 14 日才来提货，这种情况怎么办？

（2）在提货过程中发现酸奶的包装出现泄漏，该怎么处理？

（3）提货人员和库管人进行交接时，发现酸奶提货数量为 30 箱，与实际出库数量不符，怎么办？

表 6-2-1 出库单

NO：20221129

会计部门编号 KJ001

仓库部门编号 CK001

2022 年 11 月 29 日

编号	名　称	包装规格	单位	出库数量/箱	单价	金额	备注
1	纯牛奶	220mL×18 袋/箱	箱	40			自提
2	酸奶	908g×12 盒/箱	箱	20			自提

供应商:×××乳业有限公司

知识研习

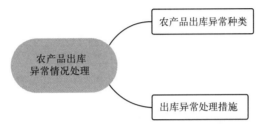

因为农产品生鲜易腐、易损、寿命短，常温难以储存，同时农产品笨重、品质外形差异大，又决定了农产品物流配送成本高、价值低。出库异常情况的处理相对普通货物比较复杂。

一、农产品出库异常种类

农产品出库异常通常有以下几种情况：

1. 凭证异常

（1）提货凭证超期。收货人在规定时间或者合理时间内没有提取货物，而造成逾期提货。

（2）凭证模糊不清。出库凭证的疑点，出现字迹不清、数量不明、品种模糊等。

（3）出库凭证有假冒、复制、涂改等情况。

（4）物品进库未验收或者期货未进库的出库凭证。

（5）客户将出库凭证遗失。

2. 出库信息差异

出库时发现出库货物的数量不一致、有劣质品、规格与订单不符合等。

3. 出库货物无条形码或标签

货物出库时发现相对应的标签或条形码缺少或丢失，无法对货物进行登记。

4. 装车错误

装车作业时将货物装到错误的车上，导致货物未能准确送达客户手中。

5. 包装破漏

物品包装出现破损或出现物品渗漏等。

6. 仓库发错货

由于发货人员对物品种类规格不熟悉，或者由于工作中的疏漏把错误规格、数量的物品发给客户。

7. 账物不符

由于部分货物进出库时没有在账簿上及时更新，导致账单和实物不符。

二、出库异常处理措施

针对上述出库异常，通常采取以下措施：

1. 凭证异常处理措施

凭证异常处理措施如表 6-2-2 所示。

表 6-2-2　凭证异常

异常问题	处理措施
提货凭证超期	用户前来提货，必须先办理手续，按规定缴足逾期仓储保管费方可发货
凭证模糊不清	及时与出具出库单的单位或部门联系，妥善处理
凭证假冒、复制、涂改	及时与仓库保卫部门联系，严肃处理，触犯法律的应依法移交公安机关处理
物品进库未验收或期货未进库的出库凭证	一般暂缓发货，并通知货主，待货到并验收后再发货，提货期顺延，保管员不得代发、代验
客户将出库凭证遗失	客户应及时与仓库管理人员和财务人员联系挂失，如果挂失时货已被提走，保管人员不承担责任，但要协助货主单位找回货物，如果货物没有提走，要做好挂失登记，将原证作废，缓期发货

2. 出库信息差异处理措施

核对入库信息与商家的出货信息是否一致，出库时要检查并核对出库货物的数量、质量、规格等是否符合要求，查清后再办理出库手续。

3. 出库货物无条形码或标签处理措施

货物出库时需要扫描条形码或标签等进行登记，对于没有条形码或标签的货物需要先放置在特定位置，报上级主管后，再重新粘贴条形码，核对后才能出库。

4. 装车错误处理措施

装车时要检查是否装对车，以免造成不必要的损失。如果物品已经离开仓库，保管人员应及时向主管部门和客户通报审发和错发的货物品名、规格、数量、提货单位等情况，会同客户单位和运输单位协商解决。

5. 包装破漏处理措施

包装破损不严重的二次包装，需在单据上注明，并告知上级主管和客户，经同意后才能出库；对于破损严重的，注明破损情况并请上级主管和客户签字确认，拒绝出库。

6. 仓库发错货处理措施

出现这种情况后，应及时向上级主管和客户通报错发的货物品名、规格、数量、提货单位等情况，会同客户单位和运输单位协商解决。

7. 账物不符处理措施

平时应加强管理人员培训，做到入库及时入账，出库信息及时更新，出一笔记一笔。

任务实施

步骤一：进行信息沟通

小张在出库业务处理时，发现了提货凭证超期、包装破损和数量不符的问题。遇到此情况，应首先与提货人和仓库部门主管进行沟通，确定产生出库异常的原因，协商处理办法。

步骤二：出库异常处理

（1）小张发现出库单据通知的是 11 月 29 日出库，但货主 12 月 14 日才来提货，这是典型的提货凭证超期问题。经与货主协商，客户按规定缴足逾期仓储保管费用后再提货。

（2）在提货过程中发现酸奶的包装有泄漏的情况，这属于包装破损的问题。小张经与仓储主管沟通后，更换了包装完好的商品出库。

（3）小张与提货人员交接的时候，发现提货单上酸奶提货数量为 30 箱，与实际出库数量不符。经与提货方沟通，发现是对方数据有误，按照正常的 20 箱货物完成出库作业。

🌱 思与练

A 冷库接到 4 名客户共计整切牛排黑椒 200 箱、生肋排 1000 袋出库业务，准备采用订单波次出库形式（表 6-2-3～表 6-2-6）。

请问：（1）本次出库可以采取哪些波次出库形式？分别如何操作？

（2）在拣货时，发现拣货任务指示的货品不存在，作为操作人员，应该如何处理？

表 6-2-3　出库单 1

客户名称：客户 1　　　　　　客户编号：0001　　　　　日期：2022 年 11 月 28 日

编号	名称及规格	单位	数量	金额	备注
A010001	整切牛排黑椒 10 片/箱	箱	20		
D020006	生肋排 1kg/袋	袋	100		

表 6-2-4　出库单 2

客户名称：客户 2　　　　　　客户编号：0002　　　　　日期：2022 年 11 月 28 日

编号	名称及规格	单位	数量	金额	备注
A010001	整切牛排黑椒 10 片/箱	箱	50		
D020006	生肋排 1kg/袋	袋	240		

表 6-2-5　出库单 3

客户名称：客户 3　　　　　　客户编号：0003　　　　　日期：2022 年 11 月 28 日

编号	名称及规格	单位	数量	金额	备注
A010001	整切牛排黑椒 10 片/箱	箱	100		
D020006	生肋排 1kg/袋	袋	260		

表 6-2-6　出库单 4

客户名称：客户 4　　　　　　客户编号：0004　　　　　日期：2022 年 11 月 28 日

编号	名称及规格	单位	数量	金额	备注
A010001	整切牛排黑椒 10 片/箱	箱	30		
D020006	生肋排 1kg/袋	袋	400		

·项目七·
农产品运输配送作业

思维导图

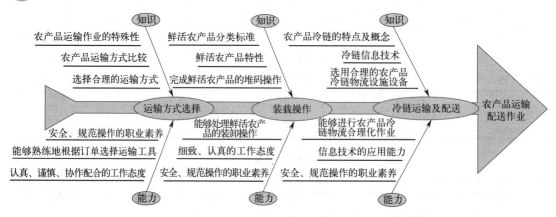

学习目标

知识目标	1. 能够掌握农产品冷链物流特点与流程； 2. 能够认知农产品冷链物流的设施设备与技术应用； 3. 掌握冷链物流信息化系统构架的基本思路
技能目标	1. 能够合理选择农产品运输工具并完成装载操作； 2. 掌握冷链物流中相关技术的作用； 3. 能够对农产品冷链物流展开流程控制； 4. 能够进行冷链物流的合理化作业
素质目标	1. 培养学生爱岗敬业、吃苦耐劳和团结协作等良好的职业道德； 2. 培养学生的质量意识、安全意识、环保节约意识，树立社会责任心； 3. 培养学生敬业、精益、专注、创新的职业价值取向和行为表现，遵守操作规范和行业标准； 4. 培养 5S 理念以及严谨、认真、精益求精的职业素养

任务一　农产品运输方式选择

任务引领

小陈是一家农产品仓储公司的物流人员，公司位于湖南省，在"双十一"期间公司业务猛增，"双十一"当天公司收到了 4 笔国内外大宗采购订单（表 7-1-1），针对这 4 笔订单的物流运输方式，小陈应该如何决策？

表 7-1-1　大宗采购订单

序号	商品名称	包装规格	数量	收货地
1	本地砂糖橘	5kg/箱	500 箱	湖南省
2	鲜活清水小龙虾	5kg/箱	200 箱	辽宁省
3	黄心土豆	1kg/袋	1200 袋	新西兰
4	优质大米	25kg/袋	1000 袋	波兰

知识研习

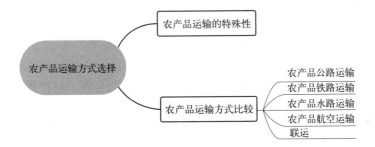

一、农产品运输的特殊性

运输是指使用交通工具将货物或人从一个地方运送到另一个地方的活动。运输与搬运的区别在于，运输是指较大范围内的活动，而搬运活动是指在较小范围内对物体进行移动。运输是物流的主要功能之一。运输承担了改变货物空间状态的主要任务，运输再配以搬运、配送等活动，就能圆满完成改变货物空间状态的全部任务。

M7-1 农产品运输
特殊性认知

农产品运输是指借助运输工具实现农产品在空间上的位置移动。由于农产品受气候、土壤等因素的影响，具有较强的地域性，农产品收获后，除少部分就地供应外，大量产品需要转运到人口集中的城市、工矿区和贸易集中地销售。通过农产品运输，在生产者和消费者之间架起了桥梁，便于实现异地销售，是农产品流通过程中必不可少的重要环节。因为农业生产的特殊性，农产品运输呈现以下 3 个特征：分散性、鲜活性、易损性。

1. 农产品运输的分散性

由于我国农产品的生产并非完全集约化，农产品生产依然处于传统农业向现代农业转型的时期，所以大量的农产品还是由农户分散化生产。这直接导致的问题就是农产品的分散化运输。

2. 农产品运输的鲜活性

鲜活性是指农产品具有的生物活性。鲜活农产品与工业制成品在运输上的不同点在于，前者要求在运输过程中始终保持农产品的生物活性（如活鱼、活虾、新鲜果蔬），一旦失去生物活性，其使用价值变低甚至为零；后者本就无生物活性，在运输过程中只需要考虑保持其完整性。所以相对于其他商品来讲，农产品运输的鲜活性，实际上提高了对于运输作业的要求。相对于不同的鲜活农产品，运输管理的要求重点有所不同。

（1）鲜活类水产品。重点是保持水产品的生物活性，避免运输过程中出现死亡的情况。在实际运输管理中可采取增加氧气供给、适当降低温度等办法解决问题。

（2）新鲜果蔬。重点是防止果蔬腐败变质。一方面是果蔬表面微生物的生长会加速果蔬腐败变质的进程，主要采取隔绝空气或表面打蜡的方法，破坏微生物的生存环境，阻止其生长，减缓果蔬腐败；另一方面是果蔬本身的呼吸作用产生水分并导致温度上升，一般采用物理干燥和降温的办法解决问题。

（3）鲜活畜禽。重点是在运输过程中避免温度、微生物、物理碰撞等对其损伤。

（4）鲜肉蛋奶。重点是通过降低微生物繁殖速度达到保鲜目的，避免腐败，主要做法是运输过程中维持低温环境。

3. 农产品运输的易损性

生鲜农产品中的果蔬类产品，往往具有鲜嫩的植物叶片、茎、果实等，在运输过程中极易因为物理的挤压、碰撞等作用被损坏，加之此类产品形态各异难以形成标准化包装，故而其易损的特性在运输中更加明显。相关资料显示，我国果蔬类产品有20％～25％在流通运输环节中损耗，发达国家在这方面的损耗可以控制在5％以下。其原因在于我国的初级农产品在运输过程中只是采用简单包装，而发达国家实现了从初级农产品进化到包装标准化的操作，为实现农产品的流通提供了条件，也为降低流通损耗提供了保障。

二、农产品运输方式比较

M7-2 农产品运输方式选择

M7-3 公路运输方式

（一）农产品公路运输

公路运输主要是指使用各种车辆，包括汽车、人力车、畜力车等运输工具在公路上进行运输的方式。虽然公路运输具有运载量小、耗能大、运输效率低、产品易损伤等缺点，但其具有较强的灵活性和适应性，且无须对货物进行分装即可直接送往销售地，还可以到达没有铁路的偏远地区，极大地扩展了运输辐射半径，最适合时效性很强的水果、蔬菜、鲜活水产品、花卉等的中短途距离运输。

公路运输按照其服务方式不同，可以分为零担运输和整车运输。

1. 零担运输

零担运输指所运输的货物从承运至送达收货人手中整个过程需要经过分拣拼装的环节才

能完成的运输组织方式。零担运输产生于两种情况：一是被运送的货物批量太小，直达运输不经济；二是由于道路通行条件等原因，为了达到快捷、经济运送的目的而选用零担快运的组织方式。

目前，随着高速公路的兴建，以高速公路为依托的零担运输已经建立起发达的网络，其运输的经济运距和运送能力也大大提高，特别是货运交易市场的发展使许多零担货物可以由社会车辆通过回城配载的形式承运至各地，既经济又及时，这为公路零担货运吸引了大量货源。

2. 整车运输

整车运输是指从接货承运直到送达收货人整个运送过程，货物不需经过分拣拼装的运输组织方式。同零担运输相比，整车运输方式在基本作业流程中简化了货物的装卸分拣作业过程，货物由发货人起运可以直接快运到收货人手中。

农产品公路运输的主要工具是货运汽车。货车又分为普通载货汽车、厢式货车、专用载货汽车、牵引车等。

普通载货汽车按载货量的不同分为小型、中型和重型3类。小型货车载货吨位在2t以下，多为低货台，人力装卸较方便，主要用于市内集货、配送运输；中型货车载货在2～8t，主要用于市内运输，在我国城市之间、乡村地区使用较多；重型货车载货在8t以上，一般为高货台，主要用于长途干线运输。

厢式货车具有载货车厢且有防雨、隔绝等功能，安全性好，可防止货品散失、盗失等，但由于自重较重，无效运输比例较高。厢式货车按开门方式分为后开门式、侧开门式、两侧开门式、侧后双开门式、顶开式和翼式等类型。后开门式适用于后部装卸，方便手推车进入，车厢与站台接靠，占用站台位置较短，有利于多车辆装卸；侧开门式适用于边部叉车装卸，货车侧部与站台接触，占用站台长度较长；顶开式适用于吊车装卸；翼式适用于两侧同时装卸。因此，这种载货汽车广泛用于商业和邮件运输等各种服务行业，是农产品配送的主要工具。

在选择车辆时需要考虑汽车的适用性能，如容量、动力性、通过性、安全性和经济性等。容量表示汽车能同时装载货品的数量，由容积和载重两方面决定；动力性主要反映在汽车的最高速度、最大爬坡度等方面；通过性指汽车通过恶劣路面和跨越障碍的能力，主要反映在转弯半径、接近角、离去角等方面；安全性指汽车保证运行安全的能力，主要反映在车辆的稳定性和制动性两方面；经济性指汽车消耗方面的特性，主要由千米油耗的高低来表示。

（二）农产品铁路运输

铁路运输是使用铁路列车运送货物的一种运送方式，主要承担长距离、大数量的货运，在没有水运条件的地区，几乎所有大批量货物都是依靠铁路来运输的。铁路运输成本略高于水路干线运输，为汽车平均成本的1/5。铁路运输因成本低、速度快、受自然因素影响小等优势，在农产品运输体系中发挥着重要作用。

铁路运输的工具是列车，根据运输过程中列车的使用情况，铁路运输分为3种：整车运输、零担运输和集装箱运输。

1. 整车运输

托运人托运的货物的重量、体积或形状需要一辆及以上火车运输时，应按整车运输的方式向铁路承运人办理托运手续。

可选择整车运输方式的产品有：需要冷藏、保温或加热运输的农产品；按规定须整车办理的危险货物；易于污染其他货物的污染品；不宜计算件数的货物如蜂蜜，未装容器的活动物，重量超过 2t、长度超过 3m 或者长度超过 9m 的一批货物。

2. 零担运输

托运人托运的货物的重量、体积、形状不需要一辆及以上火车运输时，可按零担运输的方式向铁路承运人办理托运手续，其托运货物可与其他托运货物共放一个车厢。

3. 集装箱运输

集装箱运输是利用集装箱运输货物的方式，是一种既方便又灵活的运输措施。

铁路运输系统技术设施主要由线路、机车车辆、信号设备和车站 4 部分组成。线路是列车运行的基础，承受列车重量，并且引导列车的行走方向。机车车辆包括机车和车辆两部分。车辆主要用于承载货品，无动力，需由机车车引。由于需求不同，货运车辆的种类有很多，如棚年、敞车、平车、罐车、保温车、特种车等。农产品运输中常用的是棚车和保温车。信号设备的作用是保证列车运行安全和提高铁路的通过能力，包括铁路信号、联锁设备和闭塞设备。车站是铁路办理客货运输的基地，是铁路系统的基本生产单位。

（三）农产品水路运输

水路运输指使用船舶在通航水道进行客货运输的运输方式。水路运输包括河运和海运，水路运输的优点是行驶平稳、由振动引起的损伤少、运量大、运费低廉。我国的水运货物周转量已逐渐上升到各种运输方式中的第一位。但水路运输因受自然条件的制约，被限制在水网地带及沿海。我国内河水路运输的中转环节往往较多，等待时间长，运输速度慢，影响果蔬产品的质量。因此，我国水运适合承担时效不强的粮食、棉花等大宗农产品的长距离运输。海上运输发展速度很快，多以外置式冷藏集装箱及冷藏船为运输工具，这为果蔬运输中的保鲜提供了便利。因此，果蔬的国际贸易，主要是靠海上冷藏运输。海运是最便宜的运输方式，与公路、铁路、航空运输相比费用较低。船舶是水路运输系统的重要组成部分，是水路运输的必要运输工具。常见的运输船舶有散货船、集装箱船、滚装船、冷藏船等。

1. 散货船

散货船是专门运输谷物、矿砂、煤炭及散装水泥等大宗散装货物的船舶，特点是单层甲板、尾机型，船体肥胖，航速较低，因常用专用码头装卸，船上一般不设装卸货设备。通常载重量为 3 万吨左右，少数能达到几十万吨。散货船一般为单向运输，为使船舶有较好的空载性能，压载水量较大，常在货舱两侧设有斜底边舱。

2. 集装箱船

集装箱船是载运规格统一的标准货箱货船，因装卸效率高、经济效益好等优点而得到迅速发展，集装箱运输的发展是交通运输现代化的重要标志之一。集装箱船的特点是船型尖瘦、舱口尺寸大，便于装卸。通常船上无装卸设备，需要借助码头装卸，以提高装卸效率。

3. 滚装船

滚装船类似于汽车与火车渡船，它将载货的车辆连货带车一起装船。到港后一起开出船外，适用于装卸繁忙的短程航线，也有向远洋运输发展的趋势。

4. 冷藏船

冷藏船是使鱼、肉、水果、蔬菜等易腐食品处于冻结状态或某种低温条件下进行载运的专用运输船舶。因受货运批量限制,冷藏船吨位不大,通常为数百到数千吨。近年来,为提高冷藏船的利用率,出现了一种能兼运汽车、集装箱和其他杂货的多用途冷藏船,吨位可达2万吨。冷藏船航速高于一般货船,万吨级多用途冷藏船的航速超过20海里❶每小时。

(四)农产品航空运输

航空运输是指使用各种航空器进行运输的一种形式,因其速度快、安全准确,不受各种地形限制等优势,近年来在农产品运输中发展很快。航空运输平均送达速度比铁路快6~7倍,比水运快近30倍,特别适用于运输一些时效性极强的特殊农产品、鲜活产品、贵重产品或要求时间紧的产品。常见的航空运输类型有包机运输、集中托运和航空快递业务。

1. 包机运输

包机运输方式可分为整包机和部分包机两类。指航空公司按照与租机人事先约定的条件及费用,将整架飞机或部分舱位租给包机人,从一个或几个航空港装运货物运输至目的地。

2. 集中托运

集中托运是将若干票单独发运的、发往同一方向的货物集中起来作为一票货,填写一份总运单发运到同一站,再由当地货运代理人收货、报关并分拨给各实际收货人的做法。集中托运可争取较低的运价,并可使货物到达航空公司到达地点以外的地方,延伸了航空公司的服务,方便了货主。目前,集中托运在世界范围内已普遍开展,成为我国进出口货物的主要运输方式之一。

航空运输装备由航空港、航空线网和机群组成。航空港是航空运输的经停点,是供飞机起降的场地及设施,由飞行区、运输服务区和机务维修区组成。航空线网由航线、航路组成。飞机用于装卸旅客与货品,客货两用飞机的下层舱为货舱,货机在定期航线上专门运输货物。

(五)联运

由两种及两种以上交通工具相互衔接而共同完成的运输过程称为复合运输,我国习惯上称为多式联运。农产品联运是指农产品从产地到目的地的运输全过程使用同一运输凭证,采用两种及两种以上不同的运输工具相互衔接的运输过程,如铁路、公路联运,水陆联运,江海联运等。普遍采用的联运方式是:将集装箱装在火车的平板上或轮船内,到达终点站或港口时,将集装箱卸下,装车后进行短距离的公路运输,直达目的地。联运可以充分利用各种运输工具的优点,克服交通不便,促进各种运输方式的协作,简化托运手续,缩短运输时间,节省运费。

任务实施

步骤一:分析、处理订单信息

小陈首先对这4笔大宗采购订单进行了分析:

---

❶ 1海里=1.852千米。

（1）砂糖橘共计 2.5t，收货地位于省内，运量不大且运输距离较近；

（2）鲜活小龙虾需要现捞现运，客户留言必须要保证货品的鲜活，而辽宁省距离湖南省直线距离约 2000km，运输时效是保证货品鲜活的前提；

M7-4 四种农产品
运输方式比较

（3）土豆共计 1.2t，土豆耐贮性好且不易损坏，但湖南省和新西兰远隔重洋，距离较远；

（4）大米共计 25t，运量较大。由于大米贮存条件较为宽松，并且中国与欧洲大陆相连，因而可以考虑陆上铁路运输方式。

步骤二：选择合理的订单运输方式

1. 砂糖橘采用公路运输方式

考虑到收货地位于省内，距离发货仓库约 80km，汽车运输是非常合理的运输方式，整车运输即可完成此订单。于是小陈立即联系仓库安排自有物流采取汽车运输。

2. 鲜活清水小龙虾采用航空运输方式

经测算，湖南省到辽宁省的距离为 2000km，采用汽车运输的话约 1 天才能到达，但考虑到小龙虾长途运输的死亡率会大大增加，因此小陈决定采取航空运输。因为从打包、装机、落地到收货全过程，流通时间可以缩短至 8h，能够极大地保证小龙虾的品质。权衡过后，小陈立即安排仓库发空运。

3. 土豆采用水路运输方式

土豆的运量大，最重要的是新西兰位于南半球，从中国到新西兰没有陆上交通，只能考虑空运和水运。而由于运量太大，空运需要拆分成多张订单才能完成运输，成本过高。海洋运输则能满足目前的情况，既保证了运载量的要求，又节约了成本。

4. 大米采用铁路运输方式

大米运输途中需保持阴凉干燥，品质才不会受影响。同土豆运输的问题相似，该订单需求量大，不适合采用航空运输，且汽车运输也不在其经济里程当中。考虑到目前开行的亚欧班列可以直达波兰，小陈决定这批大米采用铁路运输方式。

任务二　鲜活农产品运输装载操作

任务引领

小张接到公司任务，有一批新鲜花椒需要从四川省运输至重庆市。当公司的运输车辆到达高速公路收费站时，被高速临检告知货物装载不合格，将货物重新按要求装载并接受罚款后方可上路。经查验，小张发现花椒底部未垫垫板且并未使用塑料薄膜袋密封，车厢内低温控制设备也忘记开启。

同时，双方还就该批货物是否适用"绿色通道"车辆通行费减免政策产生了分歧，僵持了近 10 个小时。最终，因新鲜花椒长时间滞留在收费站，导致 1 万多斤花椒变质损坏，损失 6 万多元，罚款 1000 元。

鲜活农产品易损易腐，需要严格执行运输贮藏标准方能保持其鲜活性，目前我国对于鲜活农产品是如何界定的？在鲜活农产品的装载运输环节，我们又应该注意哪些问题呢？

一、鲜活农产品分类及装载要求

（一）鲜活农产品分类

M7-5 思政微课：
农产品水路运输

2023 年 1 月 19 日，交通运输部办公厅会同发展改革委办公厅、财政部办公厅、农业农村部办公厅印发《关于进一步提升鲜活农产品运输"绿色通道"政策服务水平的通知》。文件中明确要求应尽快解决鲜活农产品具体品种识别问题，进一步细化"新鲜""深加工""整车合法"等认定尺度，提高鲜活农产品运输车辆通行效率，优化鲜活农产品运输流程。整车合法装载运输全国统一的《鲜活农产品品种目录》内的产品的车辆，免收车辆通行费。其中提到的《鲜活农产品品种目录》对流通中的鲜活农产品进行了严格的分类，包括新鲜蔬菜、新鲜水果、鲜活水产品、活的畜禽、新鲜肉蛋奶共 5 大类鲜活农产品（表 7-2-1）。

表 7-2-1　鲜活农产品品种目录

类　　别		常见品种示例
新鲜蔬菜	白菜类	大白菜、普通白菜(油菜、小青菜)、菜薹等
	甘蓝类	菜花、芥蓝、西兰花、结球甘蓝等
	根菜类	萝卜、胡萝卜、芜菁、百合、抱子芥等
	绿叶菜类	芹菜、菠菜、生菜、空心菜、香菜、茼蒿、苘香、苋菜、木耳菜等
	葱蒜类	洋葱、大葱、香葱、蒜苗、蒜薹、韭菜、大蒜、生姜等
	茄果类	茄子、青椒、辣椒、番茄等
	豆类	扁豆、荚豆、豇豆、豌豆、四季豆、毛豆、蚕豆、豆芽、豌豆苗、四棱豆等
	瓜类	黄瓜、丝瓜、冬瓜、西葫芦、苦瓜、南瓜、佛手瓜、蛇瓜、节瓜、瓠瓜等
	薯芋类	马铃薯、甘薯(红薯、白薯)、山药、芋头)、鲜玉米、鲜花生等
	水生蔬菜	莲藕、荸荠、水芹、茭白等
	新鲜食用菌	平菇、原菇、金针菇、滑菇、蘑菇、木耳(不含干木耳)等
	多年生和杂类蔬菜	竹笋、芦笋、金针菜(黄花菜)、香椿等
新鲜水果	仁果类	苹果、梨、海棠、山楂等
	核果类	桃、李、杏、杨梅、樱桃等
	浆果类	葡萄、提子、草莓、猕猴桃、石榴、桑葚等
	柑橘类	橙、橘、柑、柚、柠檬等
	热带及亚热带水果	香蕉、菠萝、龙眼、荔枝、橄榄、枇杷、椰子、芒果、杨桃、木瓜、火龙果、番石榴、莲雾等
	什果类	枣、柿子、无花果等
	瓜果类	西瓜、甜瓜、哈密瓜、香瓜、伊丽莎白瓜、华莱士瓜等
鲜活水产品	水产品	鱼类、虾类、贝类、蟹类等
	其他水产品	海带、紫菜、海蜇、海参等
活的畜禽	家畜	猪、牛、羊、马、驴(骡)等
	家禽	鸡、鸭、鹅、家兔、食用蛙类、鹌鹑、鸽子等
	其他	蜜蜂等
新鲜肉蛋奶	新鲜的鸡蛋、鸭蛋、鹅蛋、鹌鹑蛋、鸽子蛋，新鲜的家畜肉和家禽肉、新鲜奶、冷鲜猪肉等	

（二）鲜活农产品装载要求

1. 新鲜果蔬

影响运输装载的物理特性主要是新鲜果蔬的外形各异、大小不一、质地不同，包装操作存在一定难度；影响运输装载的化学特性主要是新鲜果蔬富含水分、糖分、有机酸等物质，在运输装载中极易发生自我腐坏，对运输装载操作提出了更高的要求。

M7-6 鲜活农产品
运输装载操作

2. 畜禽

因畜禽本身具有活动的能力，故在其运输装载操作中，要注意用装载工具对其进行科学合理的固定，以限制畜禽的活动，从而防止发生畜禽损伤。

3. 鲜活水产品

运输全程需要保持水中氧气含量，以维持其生物活性。故需要在装载过程中添加制氧设备与工具，保证充足的氧气供给。

二、鲜活农产品的运输装载操作

（一）鲜活农产品的堆码操作

鲜活农产品装车，主要考虑两个方面的因素：一是要保证堆码结构合理，空气流通顺畅，温度变化小；二是要充分利用车内空间，提高车辆装载效率。鲜活农产品主要的堆码方式有品字型装车法、井字型装车法、"一二三三二一"装车法、筐口对装法。对一些比较坚实的农产品如马铃薯、萝卜、南瓜、冬瓜等，可以堆装运输。

1. 品字型装车法

适用于箱装货物，此种堆码方式，在高温环境中有利于降温，在寒冷环境中有利于保温。所谓"品字形"，即是把相邻两层货物骑缝堆码，使上下结构形成"品"字，同时货物与车厢保持一定的间隙，利于空气的纵向循环。

2. 井字型装车法

奇数层与奇数层装法相同，偶数层与偶数层装法相同，奇数层与偶数层交叉堆叠形成"井"字。此种方法的好处是空气可以在"井"字形成的空间中传动，同时装载也比较牢固。

3. "一二三三二一"装车法

是从下往上按货物箱数从1到2到3的方式进行堆码，此种方法的空气流通性较弱，但装载量比较大。

4. 筐口对装法

是指利用竹筐或条筐等容器包装农产品，由于筐口对装自然形成一定的间隙，便于空气流通。

（二）鲜活农产品的装卸操作

鲜活农产品鲜嫩，含水量高，在装卸过程中极易引起机械伤，从而导致鲜活农产品的腐烂，造成巨大的经济损失。所以鲜活农产品装卸环节也是运输环节的重要组成部分，装卸环节的严格管理与合理操作，能有效减少农产品的损耗，提高效率，减少成本。我国传统的农产品装卸过程大量使用人工劳动力，效率低下且损耗难以管控。为最大程度减少农产品在装卸过程中的浪费，一般采用集装箱和托盘的标准化装卸作业。集装箱运输鲜活农产品能够最大限度地减少产品的损耗与损伤，缩短运送时间。根据资料报道，采用集装箱运输可使损耗降至7％，而简装运输的损耗是15％。对于易腐农产品，目前使用较多的是冷藏集装箱和气调集装箱。利用集装箱运输鲜活农产品，可以从产地装卸产品、封箱、设定箱内条件，利用汽车、火车、轮船等交通工具，在机械化的集装箱装卸设备的配合下，进行长途运输，节省人力、时间，保证产品质量。

（三）鲜活农产品振动控制

振动主要是以振幅和频率来影响鲜活农产品的质量。振动作用会引起新鲜果蔬组织的机械损伤和生理损伤，会造成鲜活畜禽及鲜活水产品的生理性死亡。所以在运输装载操作中，要注意对于振动的控制，合理减少鲜活农产品的损耗。

影响振动强度的因素是多方面的，包括运载工具类别、运载工具状况（如车辆大小）、运输速度、堆码方式、路面情况等。不同鲜活农产品对振动损伤的耐受力不同。柿、柑橘、番茄、根菜类、甜椒等属于耐力强的鲜活农产品；苹果、成熟番茄等属于对碰撞耐力弱的鲜活农产品；梨、茄子、黄瓜、结球类蔬菜等属于不耐摩擦的鲜活农产品；桃、草莓、西瓜、香蕉、柔软的叶菜类属于对碰撞及摩擦耐力都弱的鲜活农产品。

在进行装载作业时，加入缓冲减振材料和合理控制堆码极限是对振动进行有效管理的常用手段。瓦楞纸板、蜂窝纸板、可降解泡沫塑料、缓冲气泡袋都是不错的缓冲材料，能有效减小振动；按照鲜活农产品对于振动的不同承受能力选择不同的堆码方式也是减小振动的方法。

思政园地

2022年12月，针对河南多地出现蔬菜滞销卖难情况，农业农村部启动全国部分大型农产品批发市场与河南滞销蔬菜产地的专项对接行动。河南省出台了蔬菜促销10项举措助农纾困，百余家媒体发起了聚力河南公益助农活动。目前，河南蔬菜滞销的突出问题基本得到化解。农业农村部还将继续积极促进各地滞销蔬菜上市，同时加强对全国农产品市场产销情况的监测调度。

"菜篮子"一头连着城镇居民，一头连着农民群体。从供给侧来看，"菜篮子"连着"菜园子"，关系农民的钱袋子。"菜篮子"产品易腐烂、难保存，产销衔接的难度也大。因此，当务之急是畅通鲜活农产品"绿色通道"，给田间地头的蔬菜找到去处。要进一步拓展农产品供货渠道，既引导本地龙头企业做好农超对接、农社对接、直采直供等，也要努力拓展外埠货源，积极组织产销对接。当前，线上购物需求旺盛。还可以尝试对农产品线上消费实施专项补贴，或在线上搭建信息共享的供销互助平台，号召全社会消费助农。只有多措并举打通流通堵点，才能解决好蔬菜滞销卖难问题，确保蔬菜等鲜活农产品及时出村、上路、进城、上桌。

任务实施

小张在经历了此次"花椒运输事件"后，通过查询相关资料、咨询公司的法律顾问进行以下工作：

步骤一：了解我国载货汽车装载规定

我国载货汽车装载规定：①机动车载物不得超过机动车行驶证上核定的载货量，装载长度、宽度不得超出车厢。②重型、中型载货汽车和半挂车载物，高度从地面起不得超过4m，载运集装箱的车辆不得超过 4.2m。其他载货的机动车载物，高度从地面起不得超过2.5m。③载货汽车超过核定载货量的，公安机关交通管理部门依法扣留机动车后，驾驶人应当将超载的货物卸载，费用由超载机动车的驾驶人或者所有人承担。

装载货物必须均衡平稳，捆扎牢固，车厢侧板、后栏板要关好、拴牢。货物长度超过后栏板时，不得遮挡号牌、转向灯、尾灯和制动灯。装载散状、粉状或液态货物时，不得散落、飞扬或滴漏车外。载运灼热货物时，必须使用专用的柴油货车，其油箱必须用石棉包扎严密，并按指定的线路行驶。

步骤二：采取实施方案

根据交管部门处罚通知要求（超高、超重、超宽、没有进行有效在途运输货物遮盖），安排装卸人员和准备装卸工具，缴纳罚金并留好发票。

（1）将车辆运行到高速备检区域，自行按照要求准备人力、物力将花椒卸下，检查并剔除不合格商品，计算仓容和规划货物堆码方案，按照运输装运要求进行重新堆码装车（注意堆码高度、宽度和最大承载重量），装载货物必须均衡平稳、捆扎牢固，车厢侧板、后栏板要关好、拴牢。

（2）货物装车完毕后，进行荷重确认，科学查验，进行货物苫布遮盖，并做好车辆自检，确保安全上路，并上报公司具体损失。

事件发生时，全国高速公路绿色通道鲜活蔬菜免费政策的依据是交通运输部等部委2019年修订的《鲜活农产品品种目录》。事后，高速公路管理局称，花椒不在绿色通道政策的《鲜活农产品品种目录》内，不适用"绿色通道"车辆通行费减免政策。

步骤三：探讨花椒是否该走绿色通道享受通行费用减免

小张长期从事生鲜农产品的物流管理工作，他认为鲜活农产品的界定应该根据农产品本身的属性进行判定，以符合市场需求。

小张认为《鲜活农产品品种目录》中的农产品主要是人们广为熟知的蔬菜和水果，整个青花椒产品都没有在目录上。青花椒产业在四川起步较晚，产业正在形成规模，但由于目录更新滞后，青花椒始终未出现在目录上。目前，四川省的青花椒种植面积已超过百万亩。其中相当大一部分要以鲜活农产品的形式进入物流，很明显，目录名单已滞后于产业发展。在经过科学严密的调查论证后，小张希望能将新鲜青花椒纳入鲜活农产品目录，打通制约产业发展的瓶颈使农产品流通更加顺畅。

同时，鲜活农产品享受绿色通行优惠政策还需要注意以下两个问题。一是运输车辆要达到"整车合法装载运输"，即货总重和外廓尺寸均未超过国家规定的最大限值，且所载鲜活农产品应占车辆核定载质量或者车厢容积的80%以上，没有与非鲜活农产品混装等行为。二是部分貌似鲜活的农产品，并未在《鲜活农产品品种目录》中，无法享受绿色通行政策，包括薯芋类产品（如马铃薯、生姜、芋头、山药等）、非新鲜食用菌（如干木耳、干香菇等）、坚果类产品（如核桃、山核桃、栗子、银杏、香榧等）、观赏鱼类、非畜禽类产品（如蝎子、蜜蜂、蚕、青蛙等）、粮食类（如大米、大麦、小麦、小米、玉米、花生、黄豆、红豆等）、非肉类产品（如动物内脏）、调味类产品（如花椒、八角等）、冷冻（藏）产品（包括各类冷冻、冷藏、冰鲜、冰冻产品）。

任务三　农产品冷链运输

任务引领

　　小周了解到先进的冷链技术用于农产品运输有着划时代的意义。农产品冷链物流可在农产品产地设立标准化的低温果蔬分选线，并通过冷链物流信息化技术，配合社会化冷链运输资源，打造果蔬产地到销地城市的冷链干线运输服务，配合销地城市的生鲜农产品配送中心，形成一体化物流系统，保证全程冷链。同时，根据市场多元化的需求，在销地城市的生鲜农产品配送中心进行技术改造，设计针对不同品种果蔬的多样化服务方案，如针对销售渠道的小分量水果分装、贴条码标签；针对香蕉、芒果等后熟性水果设置催熟库等服务。

　　另外，农产品在加工过程的温度控制对于农产品加工企业变得愈发重要。10～15℃的低温系统有助于减少加工过程中的细菌和微生物滋生，提高农产品质量。而对于出口型企业来说，采后预冷处理和标准化包装对于获取出口企业资质和达到出口质量标准尤为重要。

M7-7 热带果果追梦记

　　对于即将进入冷链物流行业的小周来说，除了运输线路设计、运输包装等方面的知识，不同类别的农产品冷链物流操作或流程应该怎样呢？

知识研习

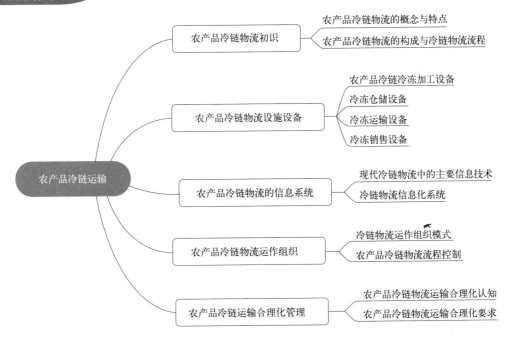

农产品冷链运输
- 农产品冷链物流初识
  - 农产品冷链物流的概念与特点
  - 农产品冷链物流的构成与冷链物流流程
- 农产品冷链物流设施设备
  - 农产品冷链冷冻加工设备
  - 冷冻仓储设备
  - 冷冻运输设备
  - 冷冻销售设备
- 农产品冷链物流的信息系统
  - 现代冷链物流中的主要信息技术
  - 冷链物流信息化系统
- 农产品冷链物流运作组织
  - 冷链物流运作组织模式
  - 农产品冷链物流流程控制
- 农产品冷链运输合理化管理
  - 农产品冷链物流运输合理化认知
  - 农产品冷链物流运输合理化要求

一、农产品冷链物流初识

随着农业的不断发展，农业结构更加合理化，农产品品种布局更加区域化，反季节生鲜农产品流通正逐步增加，并且种植规模大、运输距离长成了农产品流通的突出特点。因此，我国发展现代化农业需要更高水平的农产品物流服务，特别是在农产品生产地区，大量的生鲜农产品在短时间内集中上市以及农产品反季节销售日益增多，需要加快发展生鲜农产品跨区域的冷链物流。

（一）农产品冷链物流的概念与特点

1. 冷链

中华人民共和国国家标准《物流术语》中冷链的定义为：冷链是指为保持新鲜食品及冷链食品等的品质，使其在从生产到消费的过程中，始终处于低温状态的配有专门设备的物流网络。

2. 农产品冷链物流

是指使肉、禽、水产、蔬菜、水果、蛋等生鲜农产品从产地采收（或屠宰、捕捞）后，在产品加工、仓储、运输、分销、零售等环节始终处于规定的低温环境下，最大限度地保证产品品质和质量安全、减少损耗、防止污染的特殊供应链系统。农产品冷链物流需要综合考虑生产、运输、销售、技术性等各个要素，并协调好各要素间的关系，以确保易腐、生鲜农产品在加工、运输和销售过程中保值增值。

3. 农产品冷链物流的适用范围

农产品冷链物流是以保证冷藏冷冻类农产品品质为目的，以保持低温环境为核心要求的供应链系统，通过对温度进行监控，保证其品质的优良性和安全性。

目前，冷链物流的适用范围包括三类。一是初级农产品，包括蔬菜、水果、肉、禽、蛋、水产品、花卉产品；二是加工食品，包括速冻食品，禽、肉、水产等包装熟食、冰激凌和乳制品；三是特殊商品，包括药品和疫苗。第三类的药品和疫苗不属于农产品冷链物流的范畴。所以，农产品冷链物流适用的商品一般可以根据存储温度的不同分为 4 类。

（1）冷藏食品。适于 0～7℃保存，如生鲜蔬菜（叶菜类、裁切生鲜蔬菜）、果汁、牛奶、乳制品、禽蛋类等。

（2）冰温食品。适于 -2～2℃保存，如畜肉（牛肉、猪肉、羊肉等）、禽肉（鸡肉、鸭肉等）、水产品（鲜鱼、贝类等）等。

（3）冷冻食品和冰品。适于在 -18℃以下保存，如冷冻果蔬、冷冻农产品（速冻玉米）等。

（4）超冷链食品。适于在 -50℃以下保存，如生鱼片等。

概括来说，农产品冷链物流适合的农产品可分为冷藏食品（含冰温食品）与冷冻食品（含冰品和超冷链食品）两种。

4. 农产品冷链物流的特性

从效益和价值两方面来讲，由于农产品冷链物流在时间、品质、温度、湿度和卫生环境方面的特殊性，体现出更大的增值潜力和能量，是一项复杂的系统工程。其主要的特点有：

（1）物流对象的易腐性。农产品冷链物流的对象通常是生鲜产品，属于易腐产品，在运送的过程中由于各种原因会使货物品质下降。

（2）时效性。易腐生鲜产品具有生命周期短、不易仓储的特点，要求冷链物流必须具有一定的时效性。

（3）物流装备的特殊性。要保证冷链物流中生鲜农产品的品质，就必须维持产品处于适宜的低温状态，相应地需要采用特定的低温设备或保鲜设备等组织冷链物流。一方面需要大的冷藏库，无论是农产品的生产地，还是第三方物流的收购地，都要求有冷藏和冷冻双功能库，才能保证生鲜农产品的品质；另一方面，在拥有冷库的同时，还要配备冷藏运输车及保温集装箱等设备。

（4）物流管理的复杂性。在整个农产品冷链物流过程中，冷链所包含的制冷技术、保温技术、产品质量变化机理和温度控制及监测等技术是支撑冷链的技术基础。冷藏物品在流通过程中质量随着温度和时间的变化而变化，不同的冷藏物品都有其对应的温度控制和仓储时间，这就大大提高了冷链物流的复杂性。农产品冷链物流要求冷链的各环节具有较高的组织协调性，保障物流环节和物流交易次数较少，保证易变质农产品的时效性。同时，农产品冷链物流要求较高的信息技术对农产品进行安全性方面的质量监控或实时跟踪。因此，农产品冷链物流是一个庞大的系统工程，具有很显著的复杂性。

（5）物流运作的高成本性。农产品冷链物流是一个庞大的系统工程，比一般常温物流系统的要求更高、更复杂，建设投资也要大很多。易腐农产品的时效性要求冷链各环节具有更高的组织协调性，所以，农产品冷链物流的运作始终是和能耗成本相关联的。在农产品冷链物流中，冷库建设和冷藏车的购置需要的投资比较大，是一般库房和干货车辆的 3～5 倍。因为电费和油费是维持冷链的必要投入，所以冷链物流的运输成本也比较高。

（二）农产品冷链物流的构成与冷链物流流程

1.农产品冷链物流的构成

农产品冷链由冷冻加工、冷冻仓储、冷藏运输、冷冻销售 4 个方面构成。

（1）冷冻加工。包括肉类、鱼类和蛋类的冷却与冻结，以及在低温状态下的加工作业过程，也包括果蔬的预冷、各种速冻食品和乳制品的低温加工等。这个环节上主要涉及冷却、冻结、速冻和分拣加工装置。

（2）冷冻仓储。包括农产品的冷却和冻结仓储、气调仓储。在此环节主要涉及各类冷藏库（加工间）、冷藏柜、冻结柜及家用冰箱等。

（3）冷藏运输。包括农产品的中、长途运输及短途配送等物流环节的低温运输。主要冷藏运输工具有冷藏车、冷藏集装箱、冷藏船等。在冷藏运输过程中，温度波动是引起食品品质下降的主要原因之一，因此，冷藏运输工具的温度要维持在生鲜农产品所要求的特定温度。

（4）冷冻销售。包括各种冷链农产品进入批发、零售环节的冷冻仓储和销售，由生产厂家、批发商和零售商共同完成。主要涉及冷藏（冷冻）陈列柜和仓储柜。该环节农产品易产生温度的波动且波动幅度较大。

2.农产品冷链物流流程

农产品冷链物流流程如图 7-3-1 所示。

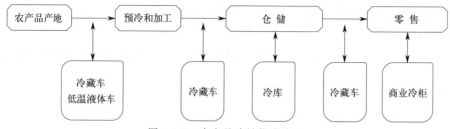

图 7-3-1 农产品冷链物流流程

二、农产品冷链物流设施设备

（一）农产品冷链冷冻加工设备

M7-9 看微课：
农产品冷链
物流设备

冷链农产品的冷冻加工设备种类很多，不同农产品需要不同的冻结装置，包括空气式冻结装置、接触式连续冻结装置、浸渍式连续冻结装置、液化气式连续冻结装置等类型，各有不同的特点。

1. 空气式冻结装置

空气式冻结装置以空气为中间媒介，冷热由制冷剂传向空气，再由空气传给食品。其类型有鼓风型、流态化型、隧道型、螺旋型等。

2. 隧道式连续冻结装置

隧道式连续冻结装置是被使用最多的冻结装置。产品在一个长形的、四周有隔热装置的通道中由输送带携载通过隧道，冷风由鼓风机吹过冷凝管道再送到隧道中穿流于产品之间。一般冷气进入隧道的方向与产品通过的方向相反，具有良好的冻结条件。为配合适当的冻结温度，输送带的速度由变速装置任意调节。为提高效率，可采用自动开关隧道门，自动装载食品，根据冷冻需要分组供应能量以减少损耗。该装置适用于分割肉、鱼、调理食品、冰激凌、面食类等形态比较小的食品的冻结。

3. 螺旋式连续冻结装置

是食品由输送带输入，进入旋转桶状冻结区，经冷风冷冻再由输送带送出的冻结装置。螺旋式连续冻结装置以立体结构为特征，冻结速率快，占地面积小，是大中规模冷冻食品工厂广泛选用的冻结装置，适用于肉类、水产等各类食品及点心类娇嫩易损食品的冻结。

4. 接触式连续冻结装置

是用盐水等制冷剂冷却空心金属板等，金属板与食品的单面或双面接触降温的冻结装置，其类型有板式、带式、滚筒式等。由于不用鼓风机，动力消耗低、食品干耗小、品质优良、操作简单，适用于冷冻水果、蔬菜、水产、肉类、冰激凌等，水产冷冻工厂对小型鱼虾类冻结时常使用。其缺点是冻结后食品形状难以控制。

5. 浸渍式连续冻结装置

用盐水等作制冷剂，在低温下将食品直接浸在制冷剂中或将制冷剂直接喷洒于食品上，使之冻结的冻结装置。其制冷剂有液态氮、盐水、丙二醇等。因制冷剂直接与食品全面接触，所以冻结时间短，比空气式快 2～3 倍，食品干耗小、色泽好，适用于大型鱼类、屠体的冻结，特别是冻结变性较大、品质显著变差的食品，对于豆腐类柔软多水的食品更为适宜，且口感润滑。实践中，尽管要求使用的冷冻液无毒、无异味、经济等，但还是存在着食品卫生问题,故一般不适用于未包装食品的冻结。

6. 液化气式连续冻结装置

是利用沸点很低的制冷剂如液氮、二氧化碳等在极低温下变态吸热蒸发或升华的特性,将食品急速冻结的超急速冻结装置,其类型有隧道式和螺旋式。液氮的使用方法有液浸、喷淋、蒸汽冷凝等。目前,广泛使用的最有效的方法是喷淋法。

7. 流态化单体连续冻结装置

冷风从下向上通过颗粒食品,食品在网带床面上形成气流,呈悬浮浮动状态,随传送带转动带走的冻结装置。其冻结速度快,仅需数分钟,适用于玉米、豌豆、扁豆、水果、虾仁等粒状、片状、丁状的单体冻结。

(二)冷冻仓储设备

1. 冷库

是用于在低温条件下保藏货物的建筑群。按冷库的使用性质,可以分为生产性冷库、零售性冷库、中转性冷库、分配性冷库、综合性冷库等。冷库一般由冷却库、冷结库、再冷库、冷却物冷藏间、冷结间、冷藏间、两用间、气调保鲜间、制冰间、冰库、穿堂、电梯间、冷库站台等组成。

2. 冷藏柜

冷藏柜是农产品冷链物流常见的设备,一般均采用人性化设计,高效节能,柜温均匀,性能稳定,节省电能消耗,运行稳定、可靠。

(三)冷冻运输设备

冷链农产品的冷冻运输设备种类很多,主要有以下几类:

1. 冷藏汽车

冷藏汽车实际上为冷藏保温汽车,分为冷藏车和保温汽车两大类。冷藏车是指具有隔热车厢并设有制冷装置的汽车。保温汽车是指具有隔热车厢,适用于短途保温运输的汽车。

冷藏车按制冷装置的制冷方式不同可以分为机械冷藏车、冷冻板冷藏汽车、液氮冷藏汽车、干冰冷藏车等。

2. 冷藏火车

(1)机械制冷冷藏火车。机械制冷冷藏火车分为柴油发动机和非柴油发动机两种,前者可以单辆与一般货物车厢编列运行,后者一般不能单辆与一般货物车厢编列运行。

(2)干冰制冷冷藏火车。在冷藏火车使用干冰制冷时,将干冰悬挂在车厢基部或直接放在冷链农产品上,干冰升华从而降低车厢内的温度。

3. 冷藏船

冷藏船主要用于渔业尤其是远洋渔业。远洋渔业的作业时间长,有的长达半年以上,必须用冷藏船将捕捞物及时冷冻加工和冷藏后方能运回码头。此外,易腐食品也必须用冷藏船完成运输。冷藏船分为冷冻母船、冷冻运输船和冷冻渔船3种。

4. 冷藏集装箱

冷藏集装箱是具有良好隔热、气密性能,且能维持一定低温,适用于各类易腐食品的运送、储存的特殊集装箱,专为运输要求保持一定温度的冷冻货或低温货而设计。它分为带有冷冻机的内藏式机械冷藏集装箱和没有冷冻机的外置式机械冷藏集装箱，适用装载肉类、水果等货物。冷藏集装箱造价较高，营运费用较高，使用中应注意冷冻装置的技术状态及箱内货物所需的温度。

（四）冷冻销售设备

冷冻销售是农产品冷链物流的重要环节。这个环节常用的冷链设备主要是指各式销售冷柜，具体包括卧式敞开式冷冻陈列销售柜、立式多层敞开式陈列销售柜、卧式封闭式冷冻陈列销售柜、立式多层封闭式陈列销售柜和半敞开式陈列销售柜等。

三、农产品冷链物流的信息系统

（一）现代冷链物流中的主要信息技术

信息技术是现代冷链物流的神经系统，通过系统信息平台的支撑，以实现对企业全部资源进行战略协同管理，降低冷链物流成本，提升冷链物流企业市场竞争力，提高冷链物流企业管理水平，冷链物流中的主要信息技术有：

1. 信息采集与跟踪技术

（1）条形码技术。条形码技术是物流供应链管理的基础，是实现冷链物流监控系统现代化的重要技术手段，属于自动识别范畴。它是随着电子技术的进步，尤其是计算机技术在企业现代化生产和管理领域中的广泛应用而发展起来的，是信息数据自动识别与输入的重要方法和手段。条形码技术具有简单、速度快、准确率高、可靠性强等特点。在物流系统中，条形码技术主要应用于销售信息系统、仓库管理系统、分拣配送系统，它的广泛应用对物品标识系统的规范化、标准化，并对实现与国际标准兼容，以推进企业计算机应用和管理现代化，提高企业在国际市场的竞争力具有深远的意义。

（2）射频识别技术。射频识别（RFID）是一种可以通过无线电信号识别特定目标并读写相关数据，通过空间耦合（交变磁场或电磁场）实现无接触信息传递，无须识别系统与特定目标之间建立机械或者光学接触的非接触自动识别技术。冷链物流系统利用RFID技术，将温度变化记录在具有温度传感器的RFID标签上对产品的新鲜度、品质进行细致、实时的管理（图7-3-2）。RFID技术在物流管理领域被广泛应用，与条形码技术相比，该技术不易受环境影响，自动化程度较高，耐用且性能可靠，并且识别的速度比较快，有成为条形码技术替代品的趋势。

RFID标签可以唯一地标识货物，将RFID技术和计算机技术、网络通信技术等技术结合，在货物的采购中，可以降低采购成本，提高采购效率。同时，RFID技术在仓储环节中可以保证货物库存等相关信息的准确性和可靠性，提高库存空间利用率。利用RFID技术可以提高货物配送速度，降低差错率，为物流企业节约配送成本。

（3）卫星定位技术。卫星定位技术是一种使用卫星对某物进行准确定位的技术，例如，我国的北斗卫星导航系统能够实现导航、定位、授时等功能，由空间部分、地面控制部分、用户设备部分三大部分组成。

在冷链物流监控系统中，通过卫星定位技术，可以迅速准确地掌握货物的位置、名称、数量及状态，可以根据货物具体情况变化向目标发出实时调度指令。其与物联网技术的结合，使消费者可以在线了解货物的相关信息。同时，在物流运输过程中，车辆定位及调度、

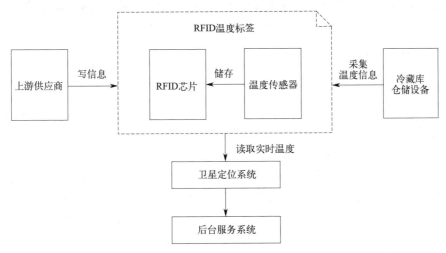

图 7-3-2　RFID 标签工作原理示意图

运输物品监控、线路选择、货物装卸策略及配送可视化都可以运用卫星定位技术进行有效管理，结合决策分析，有助于物流企业有效地降低成本、提高运输效率。

（4）地理信息系统（GIS）可视化技术。GIS 以地理空间数据为基础，采用地理模型分析方法，实时地提供多空间的、动态的地理信息，是一种地理研究和地理决策服务的计算机系统。冷链物流系统在监视终端采用地理信息技术把监控目标显示在可视化数字地图上，实现对车辆运输可视化监控和实时动态管理，选择合理的运输路线。同时在冷链物流信息化体系中，G1S 可视化技术还广泛应用于现代信息化仓库的保障、物流中心位置规划等。

现代物流各环节因素都与地理位置有着密切的联系，GIS 可视化技术在物流领域中的应用主要是为货物运输选择最佳路线及运输方式，合理调配和使用各种资源，加强对各环节的控制和管理，提高物流效率，优化提升服务水平，实现高质量发展。GIS 可视化技术与物流管理技术的集成将是现代物流发展的必然趋势。

2. 信息传输与交换技术

冷链物流信息化系统一般通过各种网络来完成电子数据交换（EDI）通信，再应用计算机网络技术实现冷链物流信息化系统与其他系统的信息共享和信息交互，确保信息传输与交换的开放性与可扩展性。

EDI 技术是一种在公司之间传输订单、发票等作业文件的电子化手段。EDI 技术广泛应用于订单管理、库存管理等，使异构系统间互联互通更为流畅，大大加快冷链食品采购效率、降低库存成本、实现信息传输的无纸化，提高物流系统运作效率和企业服务质量。

3. 信息处理技术

（1）数据挖掘技术。冷链物流业作为数据密集型企业需要处理大量的数据，如进出历史记录、运输数据、仓储库存数据、实时温度数据和服务记录等，这些数据正是数据挖掘的基础。数据挖掘技术有助于了解运输全局，优化货物分配模式，提高运输效率，降低库存成本和冷链物流成本，从而取得更高的核心竞争力。

（2）信息标准化。信息标准化是将各种信息按照具体的标准进行加工处理，增加信息的可读性、通用性。冷链物流是一个庞大的系统，比常温物流的建设投资要大很多，易腐食品的时效性要求冷链各个环节具有更高的组织协调性，需要各个环节都有一个统一规范的标准引导。而所有的这些都对冷链物流标准提出了迫切的要求。冷链物流信息标准化是现代冷链物流走向规模化、全球化的基础。

（二）冷链物流信息化系统

1. 冷链物流信息化系统的构架

当前我国冷链物流业的发展和冷链物流信息化市场正进入一个快速发展时期，冷链物流业和冷链物流信息化的发展依赖于冷链的进一步有效管理。冷链物流是一系列相互关联的作业，需要在生产、仓储、运输、包装、配送、消费等过程中，加强温度控制以保证冷链产品的质量与安全，所以冷链物流信息化系统的构架应该以温度控制为中心，围绕冷链物流信息化系统信息交互和冷链物流信息化系统作业流程展开，在信息交互平台和作业流程平台基础上通过对冷链物流信息化系统深度集成，形成冷链物流信息化系统构架（图7-3-3）。

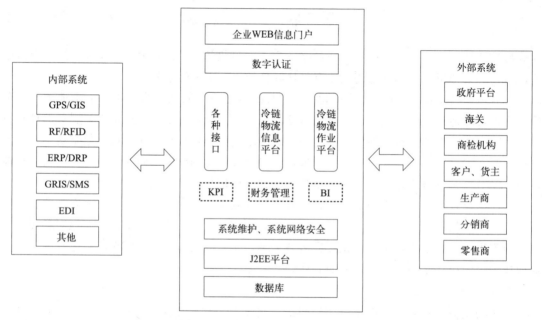

图 7-3-3　冷链物流信息化系统构架

2. 冷链物流信息化系统构建

在冷链物流信息化系统的构建过程中，对低温控制、基础设施、仓储系统、运输系统、配送系统、包装系统和销售系统的要求都很高，如在冷冻肉运输过程需要时刻监控仓储车的温度，这不仅要求高标准运输管理系统和全程监控系统，同时还需要储、运、装等各个管理系统的较好配合，在强调作业管理的同时冷链物流信息化系统更注重信息交互和作业流程的协同。因此，构建冷链物流信息化系统最为关键的是构建两个基础性的平台，一个是冷链物流信息交互平台，另一个是冷链物流作业流程平台。冷链物流信息化系统功能模型见图7-3-4。

（1）冷链物流信息交互平台。

① 冷链物流全程监控平台。冷链物流全程监控平台是基于 RFID 技术的温度监控平台，通过全程跟踪物流，提高冷链管理的透明度，提高整个供应链管理水平，降低供应链管理成本，改变原有的业务模式，带来更多的商业机会。

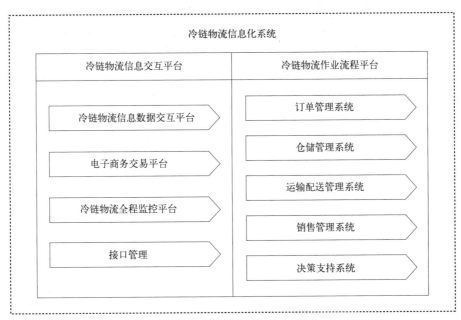

图 7-3-4　冷链物流信息化系统功能模型

② 冷链物流信息数据交互平台。冷链物流信息数据交互平台主要给冷链物流企业提供综合服务，使冷链物流上下游企业、政府管理部门、相关职能部门的信息能够及时、准确地传递。通常应具有内外政策法规、冷链物流需求与供给等信息的采集、发布、查询和维护等功能。

③ 电子商务交易平台。电子商务物流在现代冷链物流发展的过程中起到非常重要的作用，其中交易双方的电子支付的安全性保障是电子商务物流发展的关键。因此，通过构建冷链物流在线电子商务交易平台，保障交易的安全，提高冷链物流企业间交易效率，降低企业经营成本。该类平台一般包括电子结算、网络安全（身份认证、数据加密和专用虚拟网络等）、电子合同和网上缴税等功能。

④ 接口管理。接口管理是构建冷链物流信息化系统的基本模块，通过约定交换数据标准，制定标准接口，在增加各个应用系统内部相对独立性和灵活性的同时，降低单个应用系统的调整对相关系统的影响，从而提高了整个架构的稳定性，实现各信息平台的交互共享和有效使用。

（2）冷链物流作业流程平台。

① 订单管理系统。在冷链物流整体作业流程中，订单管理通常都扮演着主要的角色。从本质讲，整个冷链物流过程都是为完成订单而产生的，其作业绩效影响到冷链物流流程的每项作业，而且处理订单的很多环节都直接与客户打交道。因此，订单完成的水平高低直接决定了冷链物流的服务水平；订单处理作业效率很大程度上体现着物流中心的运作效率。订单管理系统一般包括订单档案管理、订单分类管理和订单状态跟踪管理等功能。

② 仓储管理系统。仓储管理是冷链物流信息化体系不可或缺的功能之一，冷链物流仓储管理不同于一般的仓储管理，强调的是针对不同的物品采用不同的温度进行仓储，强调商品的流动性，强调与其他管理系统的协调配合。仓储管理系统包括进货管理、库存管理、退货管理、出库管理、流通加工管理等功能。

③ 运输配送管理系统。冷链运输是冷链管理的主要部分。冷链运输管理系统是实现各种运输方式的信息整合，建立以信息共享为基础的综合运输体系。做好冷链运输信息化的关键是要做好冷链运输过程中的温度控制与记录、运输路线的合理化选择、配载控制和多温度运输管理。运输配送管理系统一般包括配送管理、基于 RFID 技术的温度管理、基于 GIS/GPS 的运输路线优化管理、运输设备管理和运输成本管理等功能。

④ 销售管理系统。销售管理系统是帮助冷链物流企业对分销渠道进行管理，解决销售和生产脱节的矛盾，以便企业管理者及时准确地依据系统提供的业务统计汇总数据进行评估，做出及时正确的决策，管理控制整体的冷链物流销售业务。销售管理系统一般包括配送网络建设、销售渠道分析、销售终端的温度控制能力分析等功能。

⑤ 决策支持系统。系统通过及时搜集和挖掘商流、物流、资金流、信息流等各方面数据，在各类统计模型基础上对其进行处理分析，为企业各方面的管理决策提供依据，从而提高管理层决策的准确性和合理性。

四、农产品冷链物流运作组织

随着国民经济的发展和人民对食品要求的不断提高，农产品冷链物流的发展越来越重要。企业选择合适的冷链物流运作组织模式，针对不同模式进行有效的冷链物流运作管理，制订出高效的冷链物流方案显得尤为重要。

M7-10 不同农产品冷链运作组织模式

（一）冷链物流运作组织模式

1. 冷链物流一般运作组织模式

冷链物流运作组织模式一般因农产品类别不同而不同。果蔬类、部分家畜禽等初级农（副）产品的冷链物流组织结构如图 7-3-5 所示。农产品从产地出发，经过生产商的加工环节，批发商与零售商的流通环节，通过全程冷链物流的运作送达消费者手中。

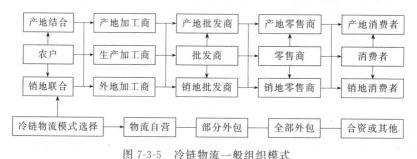

图 7-3-5　冷链物流一般组织模式

2. 不同类别冷链物流运作组织

（1）果蔬类冷链物流运作组织。从冷链物流运作角度来看，果蔬的冷链物流运作组织如图 7-3-6 所示。果蔬类产品从产地出发后，通过流通加工和运输环节，进入销地配送中心（或批发市场），然后通过分销商自提或批发商配送的方式进入超市、个体商贩等零售终端，最终被消费者购买。在这一流程中，运输与仓储是整个冷链物流运作的关键，通过商流与物流环节，最终完成了从田间到餐桌的过程。

M7-11 果蔬类冷链物流作业流程

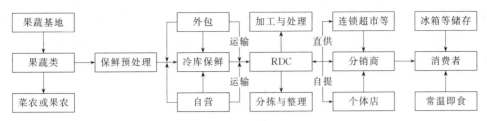

图 7-3-6　果蔬冷链物流运作组织

注：RDC 即区域分发中心，它是近年来一种极为重要的物流运作模式。区域分发中心是指物流公司具体进行业务运作的分发、配送中心，一般设有运输部、资讯部、仓务部和综合部。

（2）花卉类冷链物流运作组织。一般花卉生产基地通过简单加工和运输包装，经过保鲜与快速运输，把花卉运输至交易地，通过交易市场的商流，把花卉卖给专业用户、花店等销售终端。在此过程中，其冷链物流过程包括保鲜运输、仓储、流通加工、配送等各环节。其物流业务可以是自营的，也可以通过外包实现，具体物流运作组织如图 7-3-7 所示。

图 7-3-7　花卉冷链物流运作组织

（3）畜禽肉、冷藏冷冻食品、鲜活水产品类冷链物流运作组织。根据物流中心（配送中心）的设置不同，形成了多种运作模式，其冷链物流的组织过程如图 7-3-8 所示，是一种比较理想的模式。根据调研，目前多数屠宰厂和冷藏冷冻食品、水产品加工企业，一般都有自己的冷藏冷冻库，以平衡供应、生产与销售各环节。

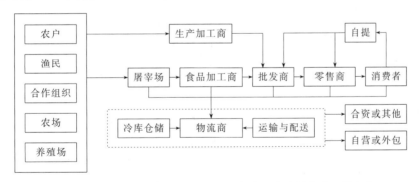

图 7-3-8　畜禽肉、冷藏冷冻食品、鲜活水产品类冷链物流运作组织

（4）乳制品冷链物流运作组织。乳制品是以乳类为基本原料加工而成的食品。除各种直接使用奶制成的食品外，还包括通过发酵获得的食品（如奶酪、奶油等）以及对奶进行干燥或者提炼后获得的高浓度制品（如奶粉、炼乳等）。乳制品冷链物流是以新鲜奶和酸奶等为代表的低温奶产品等在奶源基地采购、生产加工、包装、仓储、运输与配送、销售直到消费的各个环节都处于较适宜的低温环境中运行的一种冷链物流，以保证奶制品的品质，防止奶制品变质和污染。

乳制品冷链物流主要运作组织过程如图 7-3-9 所示。在乳制品冷链物流运作中，物流可以外包，也可以自营，这与企业自身的战略要求相一致。比如光明乳业采用自营冷链物流，而蒙牛乳业将运输等环节全部外包给第三方物流。在供应链管理上，上游加工企业与奶源基地更加紧密,通过自建牧场等方式,加强对奶源的控制,对分散农户小规模生产采用合作经营等方式进行监管。下游通过运输与配送的全程监控,有效提高乳制品冷链物流的温度与时间管理水平。

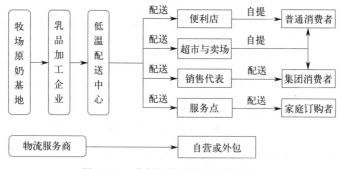

图 7-3-9 乳制品冷链物流运作组织

(二)农产品冷链物流流程控制

1. 冷链物流作业流程分析

冷链物流具体运作时,不仅有仓储与运输等比较大的功能环节,更有诸多精细作业需要协调与控制。果蔬冷链物流作业流程与控制要点如图 7-3-10 所示,在该流程中,如果把果蔬类换成其他物品,相关仓库功能进行调整,就形成了相应的冷链物流作业流程。

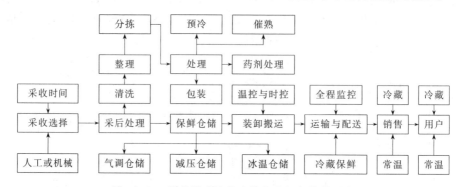

图 7-3-10 果蔬类冷链物流作业流程与控制要点

2. 典型农产品冷链物流关键流程控制

(1)冷冻食品冷链物流作业控制。冷冻食品冷链物流关键流程——运输、装卸搬运、储存与包装。

① 运输环节作业控制。运输设备应具备必要的制冷能力与隔热保温性能,确保运输期间厢体达到-18℃及以下的温度要求;运输设备厢体内壁应清洁、卫生、无毒、无害、无污染、无异味;运输设备性能应符合国家要求,定期保养和除霜,发现设备异常应停止使用,及时维修;应配置温度自动记录设备,全程记录运输过程中厢体内温度,或配置外部能直接观察的测温设备,运输设备宜配置温度异常报警装置。

② 装卸搬运环节作业控制。运输设备厢体应在装载前进行预冷,应预冷到-10℃以下或达到约定的预冷温度;冷冻食品应按不同目的地进行筛选和分组,根据"后卸先装"的顺序装载,容易串味的食品不应混装运输,装卸应严格控制作业环境温度和时间,保

证食品温度不高于−12℃；货物堆积要紧密，与厢壁之间应留有缝隙，货物与后门之间宜保留至少 10cm 距离，厢体顶部和货物之间宜留出至少 25cm 距离，使用固定装置防止货物移动，保持冷气循环；运输途中厢体内温度应保持在−18℃以下。每次运输作业结束后，将温度记录写入运输单证或作为运输单证附件，提交给相关方。承运方运输温度记录应保持 1 年以上。

③ 储存环节作业控制。储存冷库要有足够的容量和适当的制冷设备，保证冷库温度达到−18℃以下，产品进出冷库时库温波动控制在±2℃以内；大、中型冷库宜建有低温穿堂和封闭式站台，并配有与运输车辆对接的密封装置；各冷藏区应配置温控检测装置；应定期检查并记录冷库温度，库温记录档案至少保存 2 年；定期除霜、清洁、消毒和维护保养，防止交叉污染。冷库作业应记录每批冷冻食品的入库时间和温度，保留记录 1 年以上；到货冷冻食品温度高于−12℃或高于双方约定的最高温度时，不应接收，收货方应及时通知货主；遵守"先进先出"原则；没有货架设施的冷库，货垛应置于托板上，不应直接接触地面；存储产品应以不影响冷气循环的方式放置，不应与墙壁、顶棚或地面直接接触；应定期监测冷库温度，必要时检测相对湿度，发现即将过期或已变质食品应立即通知管理人员或货主处理。

④ 包装环节作业控制。包装应具有良好密闭性和低水蒸气渗透性；坚固完整，防湿，有足够的耐压强度，封口严密，不易散包，便于运输和装卸；运输包装上宜采用《包装储运图示标志》（GB/T 191—2008）中"温度极限"标志或以文字注明仓储、运输温度。

（2）冷藏食品冷链物流作业控制。冷藏食品物流作业控制的关键流程——运输、储存与包装。

① 运输环节作业控制。运输工具要有制冷能力与隔热保温性能；符合食品卫生要求，应配置温度自动记录设备全程记录，或配置外部能直接观察的测温设备；记录点时间间隔不宜超过 15min；厢体内不应放置具有尖角、棱角等的物品，以免刺破食品包装物造成污染；运输设备定期检查、校正和保养，及时进行维修。冷藏运输作业前要求预冷；冷藏条件接近的多种食品可混装运输，对具有强烈气味的食品和容易吸收异味的食品、产生较多乙烯气体的食品和对乙烯敏感的食品、不同加工状态的食品不应进行混装；冷藏食品的堆积排列应稳固，必要时可使用支架、栅栏等固定装置防止货物移动；货物与厢壁、厢门之间应留有缝隙，货物与厢体顶部的距离应不少于 15cm，在装载和卸货前，应检测冷藏食品温度，装卸货期间食品温度升高幅度不超过 3℃；承运方应记录冷藏运输期间厢体内部温度、冷藏食品检测温度和时间、装卸货时间，并保留记录 1 年以上；卸货前，如果检测到的食品温度超过规定，应拒收；检测冷藏食品温度，以冷藏食品中心温度为准，如果无法测量冷藏食品中心温度，经相关方同意，可测量食品包装表面温度代替食品中心温度。

② 储存环节作业控制。冷藏间应配置温度、湿度监测装置；冷库内的监测装置应定期校检并记录；冷库作业工具应根据冷藏食品的种类区分使用，防止交叉污染；应定期对冷库设备和系统进行检查、维护；应定期对库房、作业工具、周围环境等进行清洁、消毒，并达到相关食品卫生要求；记录每批食品的入库时间、入库温度、储存期间温度变化和冷库的温湿度等，并保留记录 1 年以上；堆码地点不宜置于库门附近或人员出入频繁的区域；库房温度波动幅度在±2℃以内；食品进出库时，库房温度升高不应超过 3℃；冷藏食品出库时，应遵循"先进先出"原则；入库的食品应新鲜、清洁，经检验合格，未经冷却或温度高于规

定的食品，应先进行冷却，达到要求的冷藏温度后方可入库，具有强烈挥发性气味和异味的食品、要求不同冷藏条件的食品、需经特殊处理的食品、容易交叉污染的食品应专库储存，不应混放，避免串味或相互污染。

③ 包装环节作业控制。冷藏食品时，包装不耐压的应在包装容器内加支撑物或衬垫物，以减少食品的振动和碰撞。包装易失水的食品应在包装容器内加塑料衬。冷藏食品运输包装应采用《包装储运图示标志》（GB/T 191—2008）规定的"温度极限"标志或用文字直接标明食品应保持的最低温度和最高温度。

（3）生鲜果蔬冷链物流作业控制。生鲜果蔬采摘后其组织中仍进行着活跃的新陈代谢。所以保证果蔬的高质量运输与仓储不仅要控制乙烯，还要控制二氧化碳、水汽和呼吸产生的热量等。

① 采摘处理作业控制。远离乙烯源，正确设置温度、湿度等；果蔬应在理想的时间和成熟度状态下采摘，采后处理应细心拣选、整理和清洗（择菜）；销售终端应尽量保持在低温环境下销售，如在常温下，应通过洒水、阴凉处保鲜等措施进行销售，如果出现萎缩、枯死等情形应及时进行有效处理。

M7-12 农产品冷链
物流企业典型
运作管理模式

② 运销作业控制。冷链运销包括产地预冷、冷藏运输、销地冷藏周转、商场冷藏与货架低温保鲜等系列环节。预冷时间一般 12～14h，途中安全运输温度为 1～10℃，短距离运输温度也可以为 5～15℃。

③ 冷储保鲜作业控制。控制温度、湿度、气体，防腐；库房打扫干净，消毒；预冷至 −2～0℃，长期仓储的温度为 −1～0℃（±0.5℃）；经常检查温度变化，做好通风换气工作。

五、农产品冷链运输合理化管理

（一）农产品冷链物流运输合理化认知

M7-13 农产品
冷链运输
合理化管理

1. 农产品冷链物流运输合理化

农产品冷链物流运输合理化是指在保证货物流向合理的前提下，在整个运输过程中，确保运输量，以适宜的运输工具、相对最少的运输环节、相对最佳的运输线路、相对最快的运输速度、相对最低的运输费用将物品从原产地运送到指定地点的运输活动状况。

2. 农产品冷链物流运输合理化的意义

（1）物流运输合理化可以保证运输工具的合理运用，以相对最小的消耗达到相对最大的盈利，提高各种运输工具的能力和效率，有效解决市场的运输需要。

（2）物流运输合理化可以保证货物以最快的运输时间、相对最短的运输距离和最简单的运输环节到达最终的运输目的地，提高货物的流通效率，减少货物在流通过程的货损和货差，提高商品的运输质量，使货物能及时供给市场，以达到货物的预期经济效益。

（3）物流运输合理化可以保证合理地运用人力、物力、财力，减少运输过程中的许多浪费现象（包括多余库存、多余动作、无效等待、过度加工等运输浪费现象），节约运力和劳动力。

3. 农产品冷链物流运输合理化的影响因素

（1）影响运输合理化的外部因素。国家通过系列规章制度或经济政策来调节和干预物流运输活动；通过限制承运人所能服务的市场或确定他们所能收取的价格来规范其行为；通过支持研究开发或提供诸如铁路、公路、水路或航空交通控制系统之类的通行权来促进承运人开展业务活动；我国地大物博，资源丰富，但分布不平衡，这在很大程度上影响了运输布局的合理化；国民经济结构的变化；运输网布局的变化；运输决策的参与者。

（2）影响运输合理化的内部因素。影响物流运输合理化的内部因素主要是运输距离、运输环节、运输工具、运输时间和运输费用。

① 运输距离。在运输过程中，运输工具周转率、运输时间、运输货损、运费等运输的若干技术经济指标，都与运输距离是正相关，运输距离长短是运输是否合理的一个最基本的影响因素。因此，物流公司在组织商品运输时，首先要考虑运输距离，尽可能实现运输路径优化。

② 运输环节。在运输前要进行货物的装卸、搬运、包装等工作，每道环节都会影响运费的金额和运输的货物损耗率。所以每增加一个运输环节就要增加装卸、搬运、包装的运输附属活动，同时环节多了也必然影响运输的速度，增加运输的总花费，因此运输环节对运输合理化也有一定的影响。

③ 运输工具。运输工具主要是由运输方式决定的，要根据不同的商品特点，对运输工具进行优化选择，选择最优的运输工具。各种运输工具也都有其使用的优势领域，铁路运输适合大宗、运输距离长的货物；公路运输适合小批量、门对门的运输；航空运输适合价格昂贵的急需物资；海运适合长距离、运输价格低廉的货物；管道运输适合液体、气体的快速运输。因此，对于不同运输方式的搭配要综合考虑运输工具的搭配，然而同一种运输方式也可以选择不同的运输工具，譬如公路运输可以选择普通的货车或者集装箱货车。选择最佳的运输线路和运输工具，合理使用运力并按照运输工具的特点进行装卸搬运作业，最大程度地发挥所用运输工具的特点和作用，也是运输合理化的重要措施。

④ 运输时间。运输的及时与否，会影响货物的销售情况，所谓"时间就是金钱，效益就是生命"，而速度就是效益的重要影响因素。因此，运输时间的缩短对整个运输过程有着不可忽视的作用。此外，运输时间缩短，还能加速运输工具的周转，充分发挥运力效能，提高运输线路通过能力。

⑤ 运输费用。运费在全部物流费用中占有最大比例，运费的降低可以提高物流系统的竞争力。它是衡量物流经济效益的重要指标，也是组织合理运输的主要目的之一。实际上，运费的降低是托运和承运双方的基本经营目标，因此运费的高低是各种合理化措施是否行之有效的最终判断依据之一。

（二）农产品冷链物流运输合理化要求

1. 农产品冷链运输方法合理化

（1）冷藏运输。冷藏运输是指通过一定的制冷方式，使运输工具保持低于外界气温的温度，使货物保持在适宜的温度条件下的运输方法。

（2）气调运输。气调运输是指运输过程中通过对运输环境中空气成分、浓度及温湿度条件的控制和调节，保证货物的新鲜度和质量的运输方法。

（3）通风运输。通风运输是指在运输过程中需开启门、窗、通风孔或吊起运输工具侧板进行通风的运输方法。

（4）保温运输。保温运输是指不采用任何制冷、加温措施，仅利用车体的隔热结构，使易腐货物本身蓄积的冷量或热量以较为缓慢的速度散失，在一定时间内维持低于或高于外界气温的温度，保持车内适宜温度的一种运输方法。

（5）防寒运输。防寒运输实质上是指加强隔热性能的保温运输，但只用于冬季运送易发生冷害或冻害的易腐货物。

（6）加温运输。加温运输是指由运输工具提供热源（开启电热器或燃烧火炉等），使车内保持高于外界气温的适宜温度以运输易腐货物的一种运输方法。

2. 农产品冷链运输时限合理化

（1）要求运输时间合理化。托运人托运冷藏货物时，应当提供最长允许运输时间和运输注意事项，并在合同或运单中注明。

（2）要求装车工作合理化，鲜活易腐农产品在装车前，必须认真检查车辆及设备的完好状态，注意清洗和消毒。装车时应根据不同货物的特点，确定其装载方法。例如，为保持冷冻货物的冷藏温度，可紧密堆码；水果、蔬菜等需要通风散热的货物，必须在货件之间保留一定空隙；怕压的货物必须在车内加隔板，分层装载。

（3）要求配载合理化。配载运送时，应对货物的质量、包装和温度要求进行认真检查，要求包装符合规范，温度符合规定，装卸合乎要求。应根据货物的种类、运送距离、运送地点和运送季节确定相应的运输方法，及时地组织适宜车辆进行装运。

（4）要求及时运输合理化。及时运输是鲜活易腐货物的特殊要求。应充分发挥公路运输快速、直达的特点，协调好仓储、配载、运送各环节，及时送达。

3. 农产品冷链运输条件合理化

不同热状态的鲜活易腐货物不得一批运输；运输鲜活易腐货物时应在货物运单上的"货物名称"栏内填写货物名称，并注明其品类序号、状态及容许运输期限，容许运输期限必须大于所规定的运到期限3日以上方可承运。运输鲜活易腐货物时，货物的质量、温度、包装和选用的运输车辆均须符合"鲜活易腐货物运输条件表"和"鲜活易腐货物包装表"的规定。

不同果蔬的包装应符合果蔬各自的特点，如葡萄、枇杷、荔枝等娇嫩水果，容器不宜过大，内部必须平整光滑，并加入适当的充填材料，避免擦伤或压坏。为便于水果发散呼吸作用产生的热量及二氧化碳等气体，包装均须留有缝隙。水果的堆码，视季节不同，应适当地在货件之间留有通风道，以利于空气循环。托运前要求质量良好，凡发现有干缩、压坏、泥污、霉斑等现象时均不适宜发运。

M7-14 农产品冷链物流车辆排程与路线安排

4. 农产品冷链物流承运作业过程合理化

（1）检查农产品运单：①易腐农产品的名称和状态；②农产品的容许运输期限至少须大于货物运到期限3天；③易腐农产品的运输方法；④易腐农产品运输的限制等。

（2）易腐农产品运到期限确定。易腐货物在承运后，应尽可能缩短货物的容许运输期限，尽快将货物运到目的地。

（3）易腐农产品承运质量检查。检查状态：污染、发霉、腐烂、色泽、气味、机械损伤、成熟度、温度等。

（4）易腐农产品承运检查的证件。检查证明文件，如进出口物资应有许可证；需检疫的易腐货物，需要检疫机构出具的检疫证明等。

5. 农产品冷链物流配送过程合理化

（1）农产品从冷冻库或冷藏库拣货出来后，会被放置于出货暂存区。一般情况下，冷冻库的温度在−23～−25℃，食品的中心温度一般在−18℃左右，冷冻品出货暂存区的温度要求在0℃左右，且冷冻食品在暂存区的存放时间不宜超过半个小时。冷藏库的温度一般在2～8℃，食品的中心温度在4℃左右，冷藏品的出货暂存区的温度一般要求在10～15℃，同时冷藏品也不宜在出货暂存区放置超过1h。由于对温层的需求不同，冷冻食品与冷藏食品不宜在同一温层的出货暂存区暂存。

（2）装车前准备工作，低温运输车辆于装车前，应首先降低车厢内温度，一般冷冻品车厢温度降至−10℃以下时方可进行装车，冷藏车温度降至7℃以下、冻结点以上时方可进行装车。同一温层车辆不可既装冷冻品又装冷藏品，除非该冷藏车为双温层车辆。冷藏车降温时间与车辆的性能及所需降至的温层相关，一般情况下开始降温时应与拣货时间相配合。最好的状态是，冷藏车厢内温度降到指定温度时，农产品刚拣货完成搬运至出货暂存区。

（3）装车时，后车厢门打开，车辆缓慢靠至冷库门罩处，与冷库门气密衔接后，再打开冷库门，调整调节板至车厢体。在此过程中，车辆应保持制冷机组正常运行，继续处于降温状态。生鲜食品应使用物流容器配送，如笼车或栈板装车，一是可在最短时间内装车完成，一般10～15min；二是可最大限度地减少装卸车过程中对生鲜食品造成的损耗；三是避免生鲜食品与车厢体接触，以减少污染。装车完成后，应首先收回调节板、关闭库门，再将低温车辆驶离并关上车厢门，依指定路线出货配送。

（4）运输环节中，车辆离开生鲜加工物流中心后，制冷系统应保持正常运转状态，全程温度应控制在指定的范围内。例如：冷冻产品运输车辆全程温度应保持在−18℃以下，冷藏产品运输车辆全程温度应保持在2～8℃。配置较好的冷冻（藏）车一般有定位装置与温度跟踪记录系统，能随时追踪到车辆的动向及车厢体内的温度情况。

（5）车辆到达目的地后，在开启车厢门卸货前，车辆的制冷系统应保持正常运转状态，并保证车厢内的温度达标。一般目的地很少规划卸货密闭设施及调节设备，在目的地卸货应快速进行。

（6）验收在开启冷冻（藏）车厢门时就已开始。打开车厢门，首先应检测车厢内的温度是否符合要求，再快速卸货，当生鲜食品进入目的地冷冻库或冷柜后，再验食品的数量、质量、中心温度等。

任务实施

我国农产品连续多年丰收，但是农产品增产不增收的现象仍然时有发生，其中一个重要原因就是农产品流通的滞后性。发展农产品冷链物流技术，鼓励农民科学仓储、科学运输，才能延长农产品的保质期和销售期，才能使农民增产增收。因此，优先发展农产品冷链物流具有重要意义。

公司的刘经理是冷链运输方面的专家，对刚刚接手冷链业务的小周就肉类、果蔬类、水产类农产品的冷链物流操作和流程进行了指导培训。

步骤一：熟悉肉类冷链物流流程

1. 肉类包装

肉类的包装主要分为内包装和外包装（运输包装）。其中，运输包装主要采用纸箱、编织袋和塑料周转箱等。

（1）鲜肉的包装。鲜肉通常预包装零售，鲜肉主要有真空包装和气调包装。真空包装是将鲜肉包装中的空气抽除，与有空气进入的包装相比有较长的保存期，抑制微生物引起的变质，但肉的颜色变得较暗并略呈紫红色。紫红色通常不易被消费者接受，但是这种包装形式很受批发商欢迎，密封并耐损坏的包装袋用于运输预先分割的脱骨肉和带骨肉。气调包装是将鲜肉包装在二氧化碳含量较高的密封包装中，因为二氧化碳抑制了腐败菌的生长，由此延长了货架期。

（2）冻结分割肉的包装。冻结分割肉的货架期能达到 4 个月以上，采用可封性复合材料真空包装或充气包装，但大多数厂家由于经济原因，往往只采用单层聚乙烯薄膜。

（3）冷却分割肉的包装。裸露或仅简单包装的鲜肉，细菌生长非常快。冷却分割肉的包装是指将经分割加工后的肉经过 20h 左右冷冻，将肉体温度冷却至 4℃进行包装，严格控制微生物的繁殖。包装后由冷藏车辆运至设有冷藏陈列货柜的食品超市销售。包装一般采用无毒、耐寒、柔韧性好、透明度高的塑料薄膜，以便消费者看清肉的颜色。

2. 肉类仓储

冷冻肉能够保证较长期的保存。经过冻结的肉，其色泽、香味都不如鲜肉或冷却肉。但是，它能较长期保存，所以仍被世界各国广泛采用。

（1）肉的仓储条件。依据肉类在冻藏期间蛋白质、脂肪和肉汁的损失情况来看，冻藏温度不宜高于−15℃，应恒定在−18℃以下，相对湿度以 95%～100% 为最佳，空气以自然循环为宜。

我国目前冻藏库内的温度为−20～−18℃，在此温度下，微生物的生长几乎完全停止，肉类表面水分的蒸发量也较小，肉体内部的生化变化极大地受到抑制，故肉类的保存时间较长，营养价值较高，制冷设备的运转贵，也较为经济。为了使冻藏品能长期保持新鲜度，近年来国际上生产型低温冷库的储存温度都趋向于−30～−25℃的低温。

（2）肉类冷藏库管理。肉类冷藏储存时，应注意做好以下几项工作：

① 冷藏库的温度应保持在−18℃以下，温度波动范围控制在±2℃以内。配备温度显示装置和自动温度记录装置并定期检查。

② 库内保持卫生清洁、无异味，定期消毒，有防霉、防鼠、防虫设施。库内不得存放有碍卫生的物品，同一库内不得存放可能造成相互污染或串味的食品。

③ 未冻结过的产品不可放入冷藏库降温，防止降低冷藏库的冷藏能力，避免引起库内其他已冻结食品的温度波动。

④ 库内食品与地面距离至少 15cm，与墙壁距离至少 30cm，堆码高度适宜，并分垛存放，标志清楚。

⑤ 食品进入冷藏库和从冷藏库内取出、装载及卸货应自动化操作，尽量缩短作业时间。装载及卸货场所的温度应加以控制，维持在 10℃以下的低温。

⑥ 除霜作业期间，食品会不可避免地产生回温现象。一旦除霜结束后，应在 1h 内使温度降低到−18℃以下；或者进行除霜前，降低温度使产品回温时不高于−18℃。

3. 肉类冷藏运输

冻肉的运输可以使用有制冷装置的冷藏汽车、冷藏船、冷藏火车或冷藏集装箱等。其中，一些大型的肉类生产基地（肉联厂）一般都采用冷藏火车运输。随着公路运输的发展，目前，越来越多的企业选用冷藏汽车运输，以达到"门到门"和快速运输的服务要求。

如果肉在运输中卫生管理不够完善，会受到细菌污染，极大地影响肉的保存性。初期就受到较多污染的肉，即使在 0℃ 的温度条件下，也会出现细菌繁殖。所以，需要长时间进行运输的肉，应注意从以下几点加强管理：

（1）装卸方法。对于运输的胴体，必须用防腐支架装置，以悬挂式运输，其高度以鲜肉不接触车厢底为宜。分割肉应避免高层垛起，最好库内有货架或使用集装箱，并且留有一定空间，以便冷气顺畅流通。堆码要求紧密，不仅可以提高运输工具容积的利用率，而且可以减少与空气的接触面，降低能耗。

（2）运输车、船的内表面以及可能与肉品接触的部分必须用防腐材料制成，从而避免改变肉品的理化特性或危害人体健康。内表面必须光滑，易于清洗和消毒。

（3）运输车、船的装卸尽可能使用机械，装运应简便快速，尽量缩短交运时间。

（4）运输途中，车、船内应保持 0～5℃ 的温度，80％～90％ 的湿度。

配备适当的装置，防止肉品与昆虫、灰尘接触，且要防水。运输车辆在整个运输过程中必须保持一定的温度，并且凡是运输肉品的车辆，不得用于运输活的动物或其他可能影响肉品质量或污染肉品的产品，不得同车运输其他产品，即使是头、蹄、胃，如果未经浸烫、剥皮、脱毛，也不得同车运输。肉品不得用不清洁或未经消毒的车辆运输。发货前，必须确定运输车辆及搬运条件是否符合卫生要求，并签发运输检疫证明。

步骤二：熟悉果蔬冷链物流流程

1. 果蔬采收

采收是果蔬冷链物流管理的源头，在这一步需要确保果蔬在采收的时候能够满足市场的标准，保证产品适销的状态，并进入正常的供应运输过程。果蔬采收是指在果蔬适当的成熟阶段对果蔬进行采收的作业过程。果蔬采摘以后，虽然已经离开植株，但仍是有生命的有机体，具有生命活动，主要是呼吸作用、蒸腾作用以及微生物作用，这些作用是引起果蔬采摘后腐败的原因。因此，果蔬采摘后，对其进行适当处理是保鲜的重要措施。

2. 果蔬预冷

水果、蔬菜在收获时温度高，生理作用旺盛，鲜度下降很快，因此要尽快降低温度。在仓储和运输之前将果蔬温度降低，称为预冷。采收后果蔬预冷越及时，后熟作用和病害发展越慢，新鲜度越好。当然，预冷温度不是越低越好，不同的果蔬对温度的要求也不同。目前，果蔬预冷的方法主要有真空冷却、冷水预冷、空气预冷和冰预冷 4 种方法。

3. 果蔬冷链包装

包装是储存好果蔬的重要手段，其作用是防止果蔬因表面水分的蒸腾而形成干燥状态；防止产品储存中因接触空气而氧化变色，防止大气污染（尘、渣等），保持产品卫生；便于运输、销售和食用。包装容器有很多，通常为马口铁罐、纸板盒、玻璃纸、塑料薄膜袋和大型桶等。装料后要密封，以真空密封包装最为理想。包装规格可根据供应对象而定。仓储期因品种而异，如豆角、甘蓝等可冷藏 8 个月；菜花、青豌豆可仓储 14～16 个月；胡萝卜、南瓜等则可仓储 24 个月。

4. 果蔬冷藏

目前，国内外应用的仓储方法较多，主要有两大类：第一类是低温仓储，即利用自然冷源或人工降温（机械制冷或加冰）的方法，使仓储环境保持低温；第二类是控制气体成分，多数是在降温的条件下调节仓储环境中的气体成分，使之达到适于果蔬仓储的气体指标，从而得到更好的仓储效果。

果蔬的冷藏，最关键的是温度和湿度的控制。降低温度，能使果蔬的呼吸作用、蒸腾作用减弱，营养成分消耗减少。另外，果蔬中含有大量的水分，果蔬水分蒸腾的量，主要取决于仓储的 条件，其中湿度条件与蒸腾作用关系很大。所以在果蔬仓储时，不仅要保持最适温度，同时要保持最适湿度。

5. 果蔬速冻加工

速冻保藏是将经过预处理的果蔬原料用快速冷冻（$-35 \sim -25 ℃$）的方法，将其温度迅速降低到冻结点以下的某一预定温度，使果蔬中的大部分水分形成冰晶体，然后在$-20 \sim -15 ℃$的低温下保存。速冻保藏的目的是尽可能地保存果蔬的风味和营养素（保持其新鲜特性）。

6. 果蔬冷藏运输

果蔬运输方式需根据果蔬品种的特性而定。一般选择既有利于保护商品、运输效率高且成本低廉，又受季节、环境变化影响小的运输方式。目前我国铁路、公路、水路、航空等各种运输方式均已被广泛采用，优势互补，已逐渐形成较完整的运输网络，这为全国性的果蔬流通开创了前所未有的优越条件。当然，与发达国家相比，我国尚需加强果蔬的运输管理，最重要的是尽量维持运输过程中的温度，防止温度波动。

步骤三：熟悉水产品冷链物流流程

水产品流通过程中，除活鱼运输外，要用物理或化学方法延缓或抑制其腐败变质，保持新鲜状态和品质。保鲜的方法有低温保鲜、化学保鲜、气调保鲜等。其中使用最早、应用最广的是低温保鲜。

1. 捕捞

水产品从捕捞开始，就应该重视保鲜作业，主要是及时进行预冷。同时，水产品捕捞后，要用清洁的水清洗水产品体表，以最大限度限制微生物对水产品体表的污染。

2. 预冷

水产品捕捞离开水面时，如果能立即使它死亡，其僵硬时间会比较长，有利于水产品的保鲜。所以，水产品在捕捞后，应立即进行快速预冷，使水产品体表液体温度接近冰点。

3. 包装

鲜活水产品在包装过程中，为了保持新鲜度，应该通过包装来防止水分的蒸发和细菌的二次污染，尽量减少水产品脂肪的氧化变质，防止产品滴汁及气味污染等。

鲜活水产品在包装时应该充分考虑其在储存流通过程中将产生的问题，如气味的污染、产品的滴汁、氧化等。因此，水产品包装对产品不得有任何污染，并且应具有良好的气密性，还应该具有良好的隔绝性能以及便于进行热封等。

4. 冷藏

不同的水产品有不同的仓储温度，温度越低，保鲜期越长，质量越好。仓储温度不得高于$-18 ℃$。现在国际上采用$-24 ℃$的较低温保存，并保持相对湿度在$95 \% \sim 100 \%$。水产品仓储过程中，应注意采取相应的措施，确保减少水产品的干耗，并且防止其品味、色泽变化和脂肪氧化。

5. 运输

水产品的运输方法以干运和冷冻运输为主。

（1）干运。干运又称无水运输，它是将鱼虾冷却到使其暂停生命活动的温度，然后脱水运输，到达目的地后，再将鱼虾放入水中，它们会重新苏醒过来。在脱水状态下，其生命可维持 24h 以上。这种运输法不仅使鱼虾的鲜活度大大提高，而且可以节省运费，是一种较理想的运输方法。

（2）冷冻运输。采用专用冷冻运输箱装运活鱼。一般运输箱采用 20cm 厚的聚氨酯板，用不锈钢制成骨架，注入大约 100L 海水和 90L 淡水。再将适量的鱼和 90L 的冰放入箱中，在封闭箱口前，再加入 30L 冰即可。

任务四　农产品配送

任务引领

小张将花椒运输到重庆市后，按照公司的最新要求，将该车花椒分批、分量、定时配送至指定客户手中。这显然给初次来到重庆的小张无形中出了一道难题，面对该任务，小张该如何有序完成该批花椒的分批分量定时配送任务呢？高效的配送决定了鲜活农产品的鲜活性及其自身的经济价值，在针对农产品的高效配送方面小张又该注意哪些问题呢？

知识研习

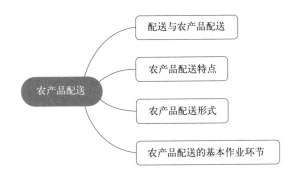

一、配送与农产品配送

1. 配送

配送是指在经济合理区域范围内，根据客户要求，对物品进行拣选、加工、包装、分割、组配等作业，并按时送达指定地点的物流活动。配送是物流中一种特殊、综合的活动形式，商流与物流紧密结合，包含了商流活动和物流活动，也包含了物流中若干功能要素的一种形式。

2. 农产品配送

农产品配送是指按照农产品消费者的需求，在农产品配送中心、农产品批发市场、连锁超市或其他农产品集散地进行加工、整理、分类、配货、配装和末端运输等一系列活动，最后将农产品交给消费者的全过程。

 拓展知识

运输与配送的区别

> **运输性质** 配送是支线运输、区域内运输、末端运输，而运输则属于干线运输。
> **货物性质** 配送所运送的是多品种、少批量，而运输则是少品种、大批量。
> **运输工具** 配送时所使用的是小型货车，而运输使用的是大型货车或铁路运输、水路运输等重吨位运输工具。
> **管理重点** 配送始终以服务优先，而运输则更注重效率，以效率优先。
> **附属功能** 配送所附属的功能较多，主要包括装卸、保管、包装、分拣、流通加工、订单处理等，而运输则只有装卸和捆包。

二、农产品配送特点

1. 配送网点分布众多，运输装卸次数多

由于农业生产点多，面积大，消费农产品的地点也很分散，农产品运输和装卸比工业产品要复杂得多，单位产品运输消耗的社会劳动大。一般来说，企业设置几个较大的配送中心，由这些配送中心再向小配送中心供货，由小配送中心再向用户配送。造成这种现象的主要原因是城市交通的限制以及为了及时满足用户需求，企业不得不在距离用户较近的居民区设置大量配送点。因此，只有科学规划农产品物流流向，才能有效地避免对流、倒流、迂回等不合理运输现象。

2. 配送技术要求较高

农产品具有鲜活易腐性，须在流通中采取有效的措施，才能保证农产品合乎质量要求进入消费者手中。鲜活农产品物流配送需要冷藏库、冷藏运输车、加工车间等一系列冷链处理。一般来说，农产品在流通环节需要分类、加工、整理等工作，在农产品储运过程中部分农产品需要特殊容器和设备。农产品流通比工业产品流通具有更强的资产专用性，运输成本也更高。

3. 配送范围具有区域性，运输受限不均衡

由于农产品生产具有区域性，而人们的需求是多样的，因而需要在不同区域间进行流通交易。但是由于农产品的鲜活易腐性，即使采取了保鲜等措施，仍会有一定比例的损耗，而且这个比例会随着时间和距离的加大而迅速增加，使流通成本上升，这限制了农产品的流通半径。在生鲜加工配送环节，因生鲜产品保温保鲜和加工制作周期等诸多原因，大大限制了生鲜农产品配送中心的服务支持半径，使其不同于常温产品的配送方式。

4. 配送风险大，安全问题严峻

目前，鲜活食品的经营日益成为超市卖场的主打，但这一部分产品的物流配送也日益成为所有配送商品中流通风险最大的。农产品物流风险主要来自3个方面：一是农产品生产和消费的分散性，使得经营者难以取得垄断地位，市场信息极为分散，难于全面把握市场供求信息及竞争者信息；二是农业生产的季节性强，生鲜农产品上市时如果在短时间内难以调节，会使市场价格波动过大，这种现象在我国农产品流通中经常出现；三是以鲜活形式为主的农产品，限制了农产品跨区域间和跨季节间的即时调节，这使农产品物流和加工配送具有

更大的相对经营风险。

三、农产品配送形式

1. 定时配送

定时配送是按规定的时间间隔进行配送，每次配送的品种、数量可按计划执行，也可以在配送之前以商定的联络方式通知配送时间和数量。定时配送可以分为日配、准时配送和快递方式。

（1）日配。日配是接到订单要求后，在24h之内将货物送达的配送方式。一般来说，日配的时间要求大致为：上午的订单下午一定要送达，下午的订单要求第二天早上送达。

（2）准时配送。准时配送是按照对方的协议时间，准时将货物配送到用户处的一种方式。其特点是根据用户的生产节奏，按指定的时间将货物送达。这种方式比日配更为精密，利用这种方式，连"暂存"的微量库存也可以取消，实现零库存。

（3）快递方式。快递方式能在较短的时间内实现送达服务，但不能明确送达的具体时间。在农产品快递服务中，必须注意时间问题，所以快递方式一般比较少用。

2. 定量配送

定量配送是按规定的批量在一个指定的时间范围内进行配送。这种配送方式由于配送数量固定，备货较为简单，可以通过与用户的协商，按托盘、集装箱及车辆的装载能力确定配送数量，以提高配送效率。

3. 定时定量配送

定时定量配送是按照规定的配送时间和配送数量进行配送，兼有定时配送和定量配送的特点，要求配送管理水平较高。如农产品配送中心对一些超市每天定时定量进行农产品配送。

4. 定时定路线配送

定时定路线配送是在规定的运行路线上制定到达时间表，按运行时间表进行配送，用户可按规定路线、站点和规定时间接货，或提出其他配送要求。一般大型连锁集团会针对连锁超市实行这种方式。

5. 应急配送

应急配送是完全按用户突然提出的配送要求立即进行配送的方式，是对各种配送服务进行补充和完善的一种配送方式，主要应对用户由于事故、灾害、生产计划的突然变化等因素所产生的突发性需求以及一般消费者经常出现的突发性需求，如奥运会期间的农产品应急配送。这种配送服务实际成本很高，难以用作经常性的服务方式。

四、农产品配送的基本作业环节

农产品配送是一个产品集散过程，不同的农产品配送企业具体的业务流程有所不同。一般都包括备货、理货和送货3个环节。

1. 备货

备货是准备货物的系列活动，包括筹集货物和存储货物。筹集货物是由订货、进货、集货及相关的验货、结算等一系列活动组成的。存储货物是订货、进货活动的延续。在配送活动中，货物存储有两种表现形态：一种是暂停形态，另一种是储备形态。前者指按照分拣、配货工序要求，在理货场地储存少量货物；后者是按照一定时期配送活动要求和货源的到货情况有计划地确定的长期备货形态，它是配送持续运作的资源保证。

2. 理货

理货是配送的一项重要内容，也是配送区别于一般送货的重要标志。理货包括分拣、配货、分类和包装等经济活动。货物分拣是指从储存的货物中选出用户所需要的货物。分拣货物需要采用适当的方式和手段，一般采取两种方式：一种是摘果式，一种是播种式。摘果式分拣，就好像在果园中摘果子那样去拣选货物。具体做法是：作业人员拉着集货箱（或分拣箱）巡回走动，按照分拣单上所列的品种、规格、数量等信息，将客户所需要的货物拣出并装入集货箱内。在一般情况下，每次拣选只为一个客户配装。播种式分拣，形似于田野中的播种操作那样去拣选货物。具体做法是：将一批客户的订单汇总，以同品种商品为配货单位形成若干拣货单，分拣时先持拣货单从储存仓位上集中取出某商品，将商品按客户的各自需求量分放到对应货位，暂储待运。再按同样的方法去拣取其他商品，直至全部订单配货完毕。

3. 送货

送货是配送活动的核心，也是备货和理货工序的延伸。在农产品物流活动中，送货实际上就是货物的运输。由于配送中的送货需面对众多的客户，并且要多方向运动。因此，在送货过程中，常常进行3种选择：运输方式、运输路线和运输工具。按照配送合理化的要求，必须在全面计划的基础上，制订科学的、距离较短的货运路线，选择经济、迅速、安全的运输方式并选用适宜的运输工具。通常，农产品配送中汽车是主要的运输工具。

任务实施

步骤一：准确备货

由于在运输期间工作失误造成藤椒数量上的损失，结合公司的配送任务单进行核对配送量是否符合，如缺少需要就近补货或者跟公司汇报，让公司调整客户的配送任务量。

步骤二：科学理货

理货是配送的一项重要内容，也是配送区别于一般送货的重要标志。理货包括分拣、配货、分类和包装等经济活动。结合配送任务单确定理货计划，合理安排人员进行高效的理货、分拣、包装，以便达到货物的最佳配送状态。

步骤三：高效送货

结合配送任务单，准确定位客户位置和需求量制定高效的最优配送方案，按照配送合理化的要求，必须在全面计划的基础上，制订科学的、距离较短的货运路线，选择经济、迅速、安全的运输方式并选用适宜的运输工具。

（1）配送运输。配送运输属于运输中的末端运输、支线运输，和一般运输形态的主要区别在于：配送运输是较短距离、较小规模、额度较高的运输形式，一般使用汽车作运输工具。与干线运输的另一个区别是，配送运输的路线选择问题是一般干线运输所没有的，干线运输的干线是唯一的运输线，而配送运输由配送用户多，一般城市交通路线又较复杂，如何组合成最佳路线，如何使配装和路线有效搭配等，是配送运输的特点，也是难度较大的工作。

（2）送达服务。配好的货运输到用户还不算配送工作的完结，这是因为送达货和用户接货往往还会出现不协调，使配送前功尽弃。因此，要圆满地实现送达货的移交，并有效地、方便地处理相关手续并完成结算，还应讲究卸货地点、卸货方式等。送达服务也是配送独具的特殊性。

思与练

大米是最常见的粮食产品，不属于鲜活农产品的范畴，在运输时，大米的主要特点是零散、干燥、易于仓储。请你结合大米的这些特点思考以下两个问题：

1. 大米适宜于散装运输还是包装运输？原因是什么？

2. 大米的运输环节，常用的运输方式有哪几种？各有何优势与不足？

·项目八·
连锁超市门店果蔬类
农产品物流综合实训

思维导图

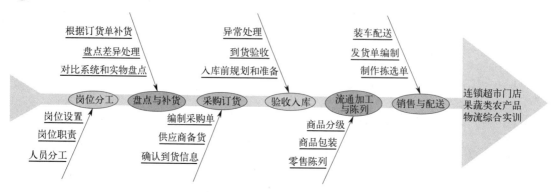

学习目标

知识目标	1. 能够描述连锁超市门店农产品运营流程; 2. 理解运营作业流程中各实训任务间的逻辑关系; 3. 了解货物入库验收标准及 ABC 分类方法
技能目标	1. 能够对运营过程中各单证进行设计与填制; 2. 能够正确处理货物验收异常问题; 3. 针对盘点异常,采取正确且合适的处理方法完成实物盘点; 4. 能够根据岗位分工,协作完成连锁超市门店的农产品采购订货、验收入库、流通加工与陈列、订单处理、货物盘点与补货工作
素质目标	1. 培养学生爱岗敬业、团结协作、吃苦耐劳等良好的职业道德责任意识; 2. 从连锁超市门店农产品运营流程中,树立和践行绿水青山就是金山银山的理念,倡导绿色消费,实施全面节约战略,挖掘自主创新精神,不断提出真正解决问题的新理念、新思路、新办法

任务一　门店岗位设置

任务引领

　　A 公司是一个综合运营农产品门店，主要通过门店线下销售果蔬生鲜农产品，同时也接受线上电商平台的销售订单，通过和第三方物流 B 公司的合作为客户配送商品。A 公司的果蔬农产品主要从供应商处采购，并且由第三方物流 B 公司承运配送至门店，其中苹果的主要供应商是 C 农场。

　　该综合实训以 A 公司综合门店运营为载体，以农产品门店运营人员为主体，以门店供应链运营作业流程为实训任务，主要包括：货物盘点与补货→采购订货→验收入库→流通加工与陈列→销售订单处理→运输配送。

　　A 公司门店的基本布局包括：冷库、农产品初加工区、净菜加工区、农产品质量检测室、线下展销区、办公区及入库区域、出库区域和不同区域间的物流通道，如图 8-1-1所示。

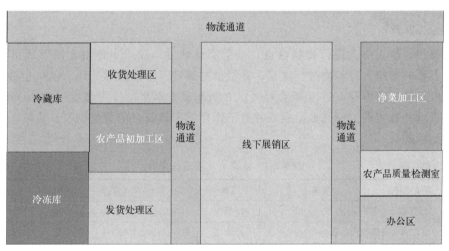

图 8-1-1　A 公司门店的基本布局

　　为了达到 A 公司门店能正常运营的目标，需要团队分工配合完成实训任务，首先请完成团队成员角色分工。

任务实施

　　步骤一：分析上述综合实训中涉及的岗位

　　首先明确实训中涉及的公司：A 公司门店、第三方物流 B 公司、供应商 C 农场；其次分析 A、B、C 公司对应的实训岗位：采购员（A 公司）、仓库管理员（A 公司）、门店商品管理员（A 公司）、物流配送员（B 公司）及苹果供应商（C 公司）。

　　步骤二：根据岗位设置分析并描述岗位职责，进行人员分工，最终绘制成表

　　相关公司对应的岗位及职责设置可绘制成表 8-1-1，并将具体姓名填写在负责人处；整个综合实训过程建议分小组完成，每个小组人数 5 人左右为宜。

表 8-1-1　岗位设置与岗位职责

公司	岗位设置	岗位职责	负责人
A 公司门店	采购员	采购订单处理、供应商协调、补货订单处理、到货异常协调	
	仓库管理员	商品入库管理、盘点及库存管理、商品出库及移库管理	
	门店商品管理员	商品包装分级处理、商品理货及陈列、销售订单处理	
第三方物流 B 公司	物流配送员	①采购商品的运输：供应商 C 农场至 A 公司门店 ②销售商品的配送：A 公司门店至客户	
供应商 C 农场	苹果供应商	提供 A 公司所采购的商品，履行采购合同及其相关索赔业务，协调第三方物流进行采购商品的运输	

任务二　货物盘点与补货

任务引领

A 公司门店每天早上进行货物盘点，避免商品缺货，盘点工作由仓库管理员负责。主要包括盘点表的制定、对实物进行盘点、补货单的制定、盘点差异处理。现从仓储管理信息系统中导出现有商品库存，请以苹果为例，依据红富士苹果的库存情况（如表 8-2-1 所示）制作相关表单并按实训流程完成盘点，并对于库存低于订货点的商品填写补货单，交给采购员进行商品采购。

表 8-2-1　红富士苹果系统库存

商品代码	商品名称	规格	仓库	库位	系统库存	计量单位	备注
A001	特级红富士	横径大小：75mm 以上	冷藏库	H1-L1-001	3	箱	50kg/箱
A002	1 级红富士	横径大小：70～74mm	冷藏库	H1-L1-002	6	箱	50kg/箱
A003	2 级红富士	横径大小：65～69mm	冷藏库	H1-L1-003	8	箱	50kg/箱
A004	3 级红富士	横径大小：<65mm	冷藏库	H1-L1-004	9	箱	50kg/箱
A001	特级红富士	横径大小：75mm 以上	线下展销区	Z1-001	5	kg	展销区已拆箱按 kg 零售
A002	1 级红富士	横径大小：70～74mm	线下展销区	Z1-002	100	kg	
A003	2 级红富士	横径大小：65～69mm	线下展销区	Z1-003	50	kg	
A004	3 级红富士	横径大小：<65mm	线下展销区	Z1-004	50	kg	

任务实施

步骤一：制作盘点表

盘点表至少包括商品名称、规格、仓库、库位、系统库存、实盘数量等关键信息，其中需将信息系统中库存数量导入盘点表中的系统库存列，盘点表格式参考表 8-2-2。

表 8-2-2　商品盘点表

盘点时间：　　　　　　　　　盘点人员：　　　　　　　　　审核人员：

序号	商品代码	商品名称	规格	计量单位	仓库	库位	系统库存	实盘数量	差异数量	复盘数量	差异分析
1											
2											
3											
4											
5											

步骤二：根据已绘制好的盘点表，进行实物盘点

在盘点表中的实物库存列中如实记录商品实盘数量。已知红富士苹果初次盘点结果如表 8-2-3 所示。

表 8-2-3　红富士苹果初次盘点结果

商品代码	商品名称	规格	仓库	库位	实际数量	计量单位
A001	特级红富士	横径大小：75mm 以上	冷藏库	H1-L1-001	3	箱
A002	1 级红富士	横径大小：70～74mm	冷藏库	H1-L1-002	4	箱
A003	2 级红富士	横径大小：65～69mm	冷藏库	H1-L1-003	8	箱
A004	3 级红富士	横径大小：<65mm	冷藏库	H1-L1-004	9	箱
A001	特级红富士	横径大小：75mm 以上	线下展销区	Z1-001	5	kg
A002	1 级红富士	横径大小：70～74mm	线下展销区	Z1-002	100	kg
A003	2 级红富士	横径大小：65～69mm	线下展销区	Z1-003	50	kg
A004	3 级红富士	横径大小：<65mm	线下展销区	Z1-004	50	kg

步骤三：盘点差异处理

针对系统库存与实物库存记录不符合的项目进行复盘，并检查数据不相符合的原因。经过复盘，结果和初盘数据一致，发现 1 级红富士冷藏库的 H1-L1-002 库位上实际货物比系统中库存少了 2 箱。通过追踪销售出库，发现有两箱苹果刚完成出库销售，仓库管理系统还未及时更新，造成了账务与实物不符合的现象，在盘点表中注明原因，并及时完成系统的出库，使得账务和实物一致。

步骤四：计算订货点数量和补货数量

首先将展销区的零售库存折算成箱数，冷库中的商品按箱存储，线下展销区的商品已经拆箱，按 kg 零售，折算系数＝50kg/箱。

其次依据公式"订货点数量＝日均销售量×采购提前期""补货数量＝日均销售量的 3 倍"进行计算，日均销售量和采购提前期如表 8-2-4 所示。

表 8-2-4　日均销售量和采购提前期

商品名称	日均销售量/箱	采购提前期/天
特级红富士	2	2
1 级红富士	3	2
2 级红富士	4	1
3 级红富士	5	1

步骤五：编制补货单

对比实物库存数量和各个商品的订货点数量，针对实物库存小于或等于订货点的商品填写补货单，将填写完成的补货申请表交给采购员进行商品采购。补货单只包括商品名称、规格、补货数量等关键信息，格式参考表 8-2-5。

表 8-2-5　商品补货单

补货申请时间：　　　　　　　　　　　　　　　　　　仓管员：

序号	商品代码	商品名称	规格	计量单位	补货数量
1					
2					
3					

任务三　采购订货

任务引领

A 公司门店的采购员在接到仓库管理员的苹果补货单后，马上与苹果供应商协调，并签订采购订单，明确苹果采购的种类、品质、数量、价格、包装、送货日期、送货地点、检验标准、索赔责任等关键内容。苹果供应商将备货完毕的商品交由第三方物流 B 公司的物流配送员，送达订单规定的地点。同时苹果供应商将第三方物流 B 公司的车辆信息、司机信息、发货单等信息反馈给 A 公司门店采购员，采购员根据苹果供应商反馈的信息，制作到货通知单，并发给仓库管理员，以供货物验收时进行信息核对。

任务实施

步骤一：调整并确认采购数量

采购员根据仓库管理员发送的补货单按最小包装数量调整确认采购数量。需要补充采购情况如表 8-3-1 所示。

表 8-3-1　采购数量

商品名称	订货点对比	计量单位	补货量	最小采购箱数	调整后采购量
特级红富士	补货	箱	6	5	6
1 级红富士	补货	箱	9	10	10
2 级红富士	不补货	箱			
3 级红富士	不补货	箱			

步骤二：编制采购订单

采购员需明确苹果采购的种类、品质、数量、价格、包装、送货日期、送货地点、运输方式、检验标准、索赔责任等关键内容，编制采购订单，联系苹果供应商确认订单。采购订单格式参考表 8-3-2，其中采购价格是所有含增值税价格，并且已经包括运杂费。

表 8-3-2　采购订单

采购订单											
订单号											
采购商					供应商						
地址					地址						
电话					电话						
联系人					联系人						
日期					日期						
传真					传真						
交货地址											
收货人					电话						
序号	商品基本信息				价格/元		物流要求			质量及索赔		备注
	名称	规格	数量	单位	单价	小计	包装	送货日期	送货地点	质量要求	索赔
1											
2											
3											
合计数量及金额：											
合计金额大写(元)：											

步骤三：编制发货单并反馈给 A 公司门店采购员

苹果供应商根据采购单要求备货，然后通知第三方物流 B 公司按照订单要求配送至送货地点，同时将第三方物流 B 公司的车辆信息、司机信息体现在发货单中，将填写完整的发货单反馈给 A 公司门店采购员。具体发货单格式参考表 8-3-3。

表 8-3-3　发货单

发货单										
年　月　日								NO:01		
编号	商品基本信息				物流信息					附注
	品名	品牌、规格、型号	数量	包装单位	发货地址	送货地址	发货时间	送到时间	运输方式	
1										
2										
3										
4										
发货公司		收货公司			承运公司			承运车辆信息		
发货员		收货员			司机					
联系方式		联系方式			联系方式					

步骤四：编制到货通知单

采购员根据苹果供应商反馈的信息，制作到货通知单，并发给仓库管理员，以供货物验收时进行信息核对。到货通知单格式参考发货单样式。

思政园地

2022年10月以来，新百连超的配送压力较大，在政府的牵头下，每天提供一辆公交车，支援超市对兴庆区玺云台南区和北区、兴庆府大院西区、京能天下川西区等封控小区进行集中配送。现在新百连超旗下的各个生活超市每天主要的工作就是把居家市民采购的生活必需品送抵一个个社区，完成从货架到社区的"最后一公里"配送。

"多点"是新百连超线上采购主要渠道，许多居民已经习惯通过"多点"线上下单。而在疫情突发的情况下，纪萍和同事们在实际操作中发现，现实问题层出不穷，还需要更多灵活的办法来解决困难。当大批订单集中时，"多点"因为程序设计的自我保护机制，会出现"爆单"。无法下单时，靠近社区的新百连超工作人员会主动和社区工作人员联系，进入社区群与居民"面对面"建群，居民可以直接在群里下单、付款。有的老年人不会使用微信，配货员直接把电话公布到群里，方便其"点对点"下单购买。如今，新百连超的线上采购方式多种多样，除了"多点"主渠道外，还开辟了社区团购等线上采购、小程序购物等渠道。

任务四　验收入库

任务引领

A公司门店的仓库管理员在接到采购员的苹果到货通知单后，进行安排人员、准备设备、规划库位等入库验收准备。物流配送员将商品送达仓库后，仓库管理员根据到货通知单信息进行入库验收，包括送货单证、实物验收。若符合验收标准，则根据规划库位入库，若不符合验收标准，则按异常处理进行后续处理。

任务实施

步骤一：库位规划

根据ABC分类方法判断商品的进出频率，然后进行库位规划，A类存放在一层货架，B类存放在二层货架，C类存放在三层货架。再根据商品的存储条件，判断存储仓库，主要分为冷冻库（$-15\sim-20℃$）、冷藏库（$2\sim8℃$）、常温库。已知红富士苹果根据历史6个月的出入库量属于A类产品，其最佳的温度保持在$0\sim5℃$。

步骤二：入库验收准备

入库验收准备工作需要安排人员，准备入库设备如地牛、秤、托盘、叉车等。

步骤三：到货验收

物流配送员将商品送达仓库后，仓库管理员核对第三方物流的送货单，同到货通知单信息进行对比，保证送货单证和司机无误。然后进行实物验收，主要查看包装、数量、质量是否满足验收标准，包装采用目视化验收，数量过磅后重量在允许接受的范围内（公司规定5％的浮动范围可以被接受），质量采用每箱抽检的方式，主要查看颜色、形状、气味、大小等关键参数。将所有的验收结果书面体现在入库验收单上，并有验收双方签字确认（仓库管理员、第三方物流司机）。入库验收单格式参考如表8-4-1。

表 8-4-1　入库验收单

入库验收单										
年　　月　　日						NO：				
商品基本信息					验收入库					
编号	品名	品牌、规格、型号	数量	包装单位	验收情况	入库数量	入库库位	异常数量	异常处理方式	附注
1										
2										
3										
4										
发货公司		承运司机			收货人员			仓库主管		

步骤四：验收异常处理

若符合验收标准，则根据验收入库单在规划库位入库，若不符合验收标准，则按异常处理进行后续处理。

本次验收货物16箱，其中1箱本是特大果的苹果出现了不同等级的苹果混装的现象，验收异常，放置在待定区，并将包装箱外挂上待处理黄色标识牌。仓库管理员通知采购人员异常信息，采购员同苹果供应商协商后，同意折价销售，采购员将异常处理单反馈给仓库主管，仓库根据异常处理反馈单进行后续收货，将混合装的1箱苹果存放在待处理区，不能正常发货，等待后续流通加工处理。

步骤五：更新红富士苹果现有库存信息表

等待所有货物入库完毕后，绘制出红富士苹果现有库存信息表，包括商品名称、编码、规格、仓库、库位、数量、入库时间等信息，具体参考表8-4-2。

表 8-4-2　红富士苹果现有库存信息表

商品现有库存表									
日期					仓管员				
序号	商品代码	商品名称	规格	仓库	库位	数量	计量单位	入库时间	备注
1	A001	特级红富士	横径大小：75mm 以上	冷藏库	H1-L1-001	3	箱	2020/5/1	
2	A002	1级红富士	横径大小：70～74mm	冷藏库	H1-L1-002	4	箱	2020/5/1	
3	A003	2级红富士	横径大小：65～69mm	冷藏库	H1-L1-003	8	箱	2020/5/14	
4	A004	3级红富士	横径大小：<65mm	冷藏库	H1-L1-004	9	箱	2020/5/14	
5	A001	特级红富士	横径大小：75mm 以上	冷藏库	H1-L1-005	5	箱	2020/6/7	
6	A002	1级红富士	横径大小：70～74mm	冷藏库	H1-L1-006	10	箱	2020/6/7	

商品现有库存表

日期					仓管员					
序号	商品代码	商品名称	规格	仓库	库位	数量	计量单位	入库时间	备注
7	A001	特级红富士	横径大小：75mm 以上	冷藏库	隔离区	1	箱	2020/6/7	混装，不能发货
8	A001	特级红富士	横径大小：75mm 以上	线下展销区	Z1-001	5	kg	2020/5/1	
9	A002	1级红富士	横径大小：70～74mm	线下展销区	Z1-002	100	kg	2020/5/1	
10	A003	2级红富士	横径大小：65～69mm	线下展销区	Z1-003	50	kg	2020/5/14	
11	A004	3级红富士	横径大小：＜65mm	线下展销区	Z1-004	50	kg	2020/5/14	

任务五　流通加工与陈列

任务引领

验收入库的苹果有1箱出现了不同等级的苹果混装的现象，因为数量不大，人工通过目视化和借助工具分拣出特级苹果，并设计圣诞节苹果包装，以合理的方式陈列展销。注意其他混合等级苹果依旧存放在待处理区，不能正常发货。

任务实施

步骤一：制作苹果分级工具，拣选出目标等级苹果

根据苹果分级标准，利用硬纸板和剪刀制作特级果分级工具，利用分级工具将混装的一箱苹果中的特级果挑选出来。

步骤二：设计苹果包装

选择适合圣诞节的包装材料，如透明胶纸、包装盒、丝带等，根据自己设计的包装样式完成实物包装，并且将苹果的名称、产地、保质期等基本信息以卡片或标签的形式包含在包装里。

步骤三：制定苹果陈列展销方案

设计圣诞节苹果在门店陈列的方式、位置，并说明原因。

任务六　销售订单处理与配送

任务引领

现有三个客户订单需要完成实物拣选和配送，如表8-6-1所示。首先请根据客户需求制作分拣表，并且完成实物分拣，张贴客户标签，填写发货单。通知第三方物流B公司，并将发货单交给物流配送员。物流配送员根据客户配送先后顺序安排装车，并画出装车图。

表 8-6-1　客户订单信息

序号	客户名称	需求		
		商品编码	货品名称	数量/箱
A	蔬果超市	A001	特级红富士	1
		A002	1级红富士	3
B	果果超市	A002	1级红富士	1
		A003	2级红富士	2
C	美果超市	A001	特级红富士	1
		A003	2级红富士	1
		A004	3级红富士	2

任务实施

步骤一：编制拣选单，完成实物拣选

门店商品管理员根据客户订单制作拣选单，至少包括货物名称、库位、拣货数量、对应客户，满足先进先出原则，注意所有整箱均为 50kg。拣选单格式参考表 8-6-2。

表 8-6-2　拣选单

拣选单										
序号	商品代码	货品名称	客户需求			存储库位	拣选数量	原始库存	库存剩余	备注
			蔬果超市/箱	果果超市/箱	美果超市/箱					
1	A001	特级红富士	1		1					
2	A002	1级红富士	3	1						
3	A003	2级红富士		2	1					
4	A004	3级红富士			2					

步骤二：编制发货单，联系第三方物流 B 公司

门店商品管理员联系第三方物流 B 公司，获得配送车辆和司机的信息后，制作发货单，包括客户名称、商品名称、数量、发货时间、送到地点及其他要求。发货单格式参考表 8-6-3。

表 8-6-3　发货单

发货单											
年　　月　　日						NO:					
商品基本信息					物流信息						
编号	品名	品牌、规格、型号	数量	包装单位	发货地址	送货地址	发货时间	送到时间	运输方式	附注	
1											
2											
发货公司		收货公司			承运公司			承运车辆信息			
发货员		收货员			司机						
联系方式		联系方式			联系方式						

步骤三：编制月台计划，张贴客户标签

门店商品管理员将货物放置在客户对应的月台上，并将货物贴上对应客户标签，标明客户名称、商品名称、数量。

步骤四：绘制装车示意图，并配载货物

物流配送员根据客户配送先后顺序（果果—美果—蔬果）安排装车，并画出装车示意图，基本满足先送的客户后装车，后送客户先装车的装车原则。装车示意图格式参考图 8-6-1。

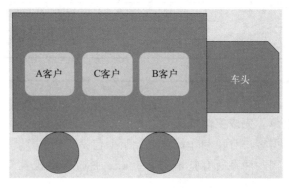

图 8-6-1　装车示意图

参 考 文 献

［1］ 李建春．农产品冷链物流［M］．北京：北京交通大学出版社，2014．

［2］ 李亚丽．物流采购作业与管理［M］．哈尔滨：哈尔滨工业大学出版社，2019．

［3］ 吕业清，彭继跃．热带农产品物流信息技术［M］．北京：中国经济出版社，2013．

［4］ 蒲彪，秦文．农产品贮藏与物流学［M］．北京：科学出版社，2011．

［5］ 张天琪．大数据时代农产品物流的变革与机遇［M］．北京：中国财富出版社，2015．

［6］ 张天琪．农产品物流管理与实务［M］．北京：中国财富出版社，2013．

［7］ 张晓芹，黄金万．采购管理实务［M］．北京：人民邮电出版社，2015．

［8］ 周洁红，许莹．农产品物流管理［M］．杭州：浙江大学出版社，2010．

［9］ 朱彧，符瑜．农产品采购与供应管理［M］．北京：中国经济出版社，2014．